名校工程
职教创新系列

中国职业教育

名校/名校长创新管理评析

师资建设卷

国家教育行政学院职业教育研究中心 组编

总 主 编◎邢 晖

本册主编◎张长谦

西南师范大学 出版社

全国百佳图书出版单位 国家一级出版社

图书在版编目（CIP）数据

中国职业教育名校/名校长创新管理评析·师资建设
卷/张长谦主编．—重庆：西南师范大学出版社，
2012.9
（名师工程系列丛书）
ISBN 978-7-5621-5947-6

Ⅰ.①中…　Ⅱ.①张…　Ⅲ.①职业教育—师资队伍建
设—研究—中国　Ⅳ.①G71

中国版本图书馆 CIP 数据核字（2012）第 196184 号

名师工程系列丛书

编委会主任：马　立　宋乃庆
总策划：周安平
策　划：李远毅　卢　旭　郑持军　郭德军

中国职业教育名校/名校长创新管理评析·师资建设卷
Zhongguo Zhiye Jiaoyu Mingxiao/Mingxiaozhang Chuangxin Guanli Pingxi · Shizi Jianshe Juan
张长谦　主编

责任编辑：钟小族　陈　龙
封面设计：大象设计
出版发行：西南师范大学出版社
　　　　　　地址：重庆市北碚区天生路 1 号
　　　　　　邮编：400715　市场营销部电话：023-68868624
　　　　　　http：//www.xscbs.com
经　　销：新华书店
印　　刷：重庆五环印务有限公司
开　　本：787mm×1092mm　1/16
印　　张：16.25
字　　数：276 千字
版　　次：2012 年 9 月　第 1 版
印　　次：2012 年 9 月　第 1 次印刷
书　　号：ISBN 978-7-5621-5947-6

定　　价：35.00 元

《名校工程》

职教创新系列编委会

前　　言

职业教育，关乎国计民生，影响发展大局，在推动经济结构调整和产业转型升级、促进劳动就业和文化进步、推进教育结构合理化和人的全面发展等方面，其职能价值不可替代；在培养技能型人才和高素质劳动大军、解决持证上岗就业、提供终身学习、改善畸轻畸重的教育偏失等方面，更是功不可没。特别是当今，中国进入全面建设小康社会和转变生产方式的关键期，进入工业化和城市化快速发展的攻坚期，进入人力资源强国建设和教育整体改革发展的深入期，职业教育面临更大的机遇和挑战，更加任重道远。我们没有理由忽视和漠视职业教育，必须把职业教育放在更加突出的位置。

职业学校，是现代学校的重要类型，也是我国职业教育的主要形式。中等职业学校，是现阶段我国职业教育的主体力量。如果说普通中小学和大学在改革创新和发展中百花开放，竞相争艳，那么职业院校特别是中等职业学校（含中专、职高、技校、成人中专等）更像一簇后发的奇葩，含羞怒放，光彩夺目。职业学校历经数年的攻坚克难，在困境中闪亮转身，在曲折中奋步前行，在负重中实现跨越，办学成就和特色凸显：高中阶段"半壁江山"的规模、面向人人"培养技能"的功能、开门办学"前店后厂"的特点、校企合作"工学交替"的模式；面向市场需求的专业设置、对接职业标准的课程安排、工作任务导向的教学实施、融入工业文明的学校文化、技能大赛产生的社会影响；职校校长"多能性"的角色、职校教师"双师型"的素质、社会能人请进课堂、职校学生"多证在手"；职业学校与国际接轨、与市场接轨、与企业接轨、与社会接轨，办得有声有色、有滋有味、可圈可点。我们没有理由不认真总结职校经验，大力宣传职校成果。

职业学校管理，是教育生产力的"软件"，是"无本万利"的关键元素，是学校提升水平、健康持续发展的重要保障。与普通学校相比，职业学校管理既有共性，也有个性，其研究价值在于本身区别于其他教育类型的特殊规律。比如，管理环境的外生性和多面性，管理思想的社会性和开放性，管理主体的多层性和多类性，管理对象的特殊性和交叉性，管理体制的复杂性和合作性，管理范围的广泛性和整体性，管理内容的多样性和职业性，管理方式的灵活性和多变性，管理过程的复杂性和综合性，管理目标的适切性和多层次性，这些都是由职业教育的特点和特殊规律所决定的。

职业学校校长是职业学校的灵魂，一个好校长在某种意义上就是一所好学校。校长使命和学校管理是两个角度一个命题，也可以说是学校生存发展的动力和关键。与普通学校相比，职业学校的校长管理有独特的要求：思想更加开放、活动更加多样、体制更加复杂、模式更加灵活。但是迄今，无论是对学校管理工作的研究，还是对职校校长思想的挖掘，都显得比较单薄和分散，管理案例的搜集和研究还不多见，与"中等职业教育占据高中阶段半壁江山"的发展规模很不相称，与职业教育管理的多姿多彩和职校校长"多面能人"的类型特色很不相符，我们没有理由不更多地搭建一些平台，更多地聚焦职业学校管理，更多地关注一些"不一般"的职校校长。

本丛书是职校管理或校长管理案例研究的一次初步性尝试，也是2010年以来全国中职校长改革创新研究班的一个延展性成果。正是基于上述考虑，由国家教育行政学院职教研究中心牵头组编，全国各地中等职业学校（几乎均为国家级重点校）踊跃参与，形成这套《中国职业教育名校/名校长创新管理评析》系列丛书。其整体构思是：中等职教是主体，职校校长是主角，学校管理是主题，10个管理板块是重点；单块成册，集合成套，既独立，又关联，亦分亦合。丛书共10卷，分别为学校管理卷、特色德育卷、教学研究卷、师资建设卷、课程改革卷、就业指导卷、特色专业卷、校企合作卷、实训基地建设卷、农村职教特色卷。

丛书各卷的呈现思路大体一致，包含"名校/名校长简介—核心思想—实践应用—拓展反思—专家评析"等主要环节；每一卷分别聚焦一个主题，精选和荟萃十几篇有特色、有创新、有影响的典型院校管理案例，旨在提炼每一所学校的成功模式，展现不同类型校长相同或个性化的行动与思考，总结其改革和创新经验，对他校和他人提供启示和借鉴；同时，由业界专家和学者精心撰写了言简意赅、画龙点睛的点评，力求对学校进一步发展提供指导和启迪。另外，丛书在内容取舍和体例安排方面，既保证了内容的可读性，又力争能够体现观点的广度、分析的深度。

在丛书编写中对几个关系的认识和处理，有必要做些说明。一是绝对与相对的关系。好学校或称名校，好校长或称名校长，是具有一定内涵的相对概念，并非也不可能是绝对的。相对于1.36万职业学校和成千上万的校长来说，国家级重点校或省级重点校、改革创新示范校及其校长，称其为名校和名校长（有些校长确有相关的标志性的荣誉称号）并不为过，当然这种判断要动态地、辩证地看。二是共性与个性的关系。同是职业学校，办学和管理上必然有共性。但千校千面，各有特长，大家不同，大家都好，我们更侧重其个性化的特色。三是继承与发展的关系。任何一所学校都不可能割断历史，任何一位校长也不可能终身任职，过去、现在和未来，本书更立足于现实，基于眼前再看过往和明天。四是校长与学校的关系。本书实际上是两条主线，亦明亦暗，有些是以学校为明线，有些是以校长为明线，但主题都是管理创新。五是主观与客观的关系。本丛书力求事实可靠，素材准确，分析客观，但各卷各篇案例大多由学校自己撰稿，难免带有主观色彩；专家点评也多是基于案例文稿，如有不妥，敬请批评指正。

希望这套丛书能够发挥积极有效的作用。对于人们认识理解职业教育的地位和功能、探求把握职业教育管理和发展规律、深化拓展职业教育各项工作和管理改革创新，对于激发振奋校长群体和职教人的斗志精神、引领提升中职校长领导力和管理水平、展示讴歌职业学校的风貌风采，对于建设具有中国特色的职业教育，促进世界上最大规模的职业教育又好又快发展，如果对读者能够从某个点上有所裨益和帮助，我们就聊以欣慰和知足。

最后，向参与本丛书规划、创作、点评审稿的领导、专家学者，向提供案例材料的学校、校长，以及编写人员一并表示衷心的感谢！

编　者

2012 年 6 月

于国家教育行政学院

目　录
Contents

打造"双师型"团队，实施名牌战略
　　——北京现代职业学校　　　　　　　　　　　　1

以校本培训促进教师专业成长
　　——北京市商务管理学校　　　　　　　　　　25

创品牌，铸师魂，打造一流教师队伍
　　——北京市商业学校　　　　　　　　　　　　47

职教花苑奇葩，技术人才摇篮
　　——河北省丰宁职教中心　　　　　　　　　　63

以人为本，加大师资队伍建设力度
　　——河北省秦皇岛市卫生学校　　　　　　　　87

优化师资结构，提升教师能力
　　——湖北省当阳市职教中心　　　　　　　　103

构建以人为本的创新机制，打造强大高效的师资队伍
　　——内蒙古扎兰屯林业学校　　　　　　　　115

教师是提高教育质量的关键因素
　　——上海市商贸旅游学校　　　　　　　　　133

用制度创新构建学校稳健发展的平台
　　——安徽省芜湖工业学校　　　　　　　　　149

多维度打造高水平职教师资队伍
　　——浙江省桐乡市卫生学校　　　　　　　　165

目 录
C o n t e n t s

师资队伍是职业学校内涵发展的基础
　　——河南省郑州市经济贸易学校　　　185

加强师资队伍建设，服务地方经济
　　——浙江省绍兴县职业教育中心　　　203

加强师资建设，为教师专业发展架桥铺路
　　——浙江省永康市职业技术学校　　　221

探索职校教师培训新渠道
　　——广东省东莞市塘厦理工学校　　　239

打造『双师型』团队，实施名牌战略

——北京现代职业学校

名校／名校长简介

张长谦校长从教近四十年，专注于职业教育二十八年，现为北京现代职业学校校长，并担任着中国统计教育学会中职分会副会长、中国教育学会全国教育行政管理学术委员会委员、教育部行业指导委员会委员、北京市崇文区人大常委会教科文卫委员会副主任委员、北京市崇文区教育学会职业教育分会会长、北京市崇文区职业教育中心主任等社会职务。

由于工作成绩显著，张校长曾先后被评为北京市崇文区优秀学校管理干部、北京市崇文区素质教育之星、北京市德育先进工作者、北京市职业教育先进工作者、首都杰出校长、全国百名教育管理杰出人物。

在张校长的带领下，北京现代职业学校确立了内涵式发展建设思路，追求学校发展质量、规模、结构、效益的高度统一，一手抓内涵发展，一手抓外延拓展，在扩大外延的同时，更注重内涵式发展，大力加强学校的标准化建设，树立精品意识，努力提高教育教学质量，着力构建专业特色，走可持续发展之路。实践证明，由于注重加强内涵建设，坚定不移地走"以服务为宗旨，以就业为导向，以能力为本位"的职业教育发展之路，通过与用人单位紧密联系，共同制订培养人才的计划等方式，大胆、科学地探索出"订单式"人才培养模式，北京现代职业学校实现了特色化发展。另外，学校还有计划地在教育实践中进行了积极的探索，特别是在实训基地的申报、建设与使用以及校企合作、校本课程的开发、学习型组织的构建等方面，加强了"双师型"教师队伍的建设力度，取得了良好的成效，建立了一支优秀的"双师型"教师团队，最终走上了健康发展的"快车道"。

在学校的发展建设上，北京现代职业学校确立了内涵式发展建设思路。内涵式发展的实质是追求数量、质量、规模、结构、效益的高度统一。学校各有关部门在领导班子的引领下，一手抓内涵发展，一手抓外延拓展。在扩大外延的同时，更注重内涵式建设和发展，加强学校的标准化建设，树立精品意识，努力提高教育教学质量，

党政和谐

着力构建专业特色，走可持续发展之路。实践证明，由于学校不断加强内涵建设，坚定不移地走"以服务为宗旨，以就业为导向，以能力为本位"的职业教育发展之路，通过与用人单位紧密联系，共同制订培养人才的计划等方式，大胆、科学地探索出"订单式"人才培养模式，建立了一支优秀的"双师型"教师团队，最终走上了健康发展的"快车道"。

一所学校充满勃勃生机的重要标志之一，就在于使广大教职员工从不自主的被动状态中解脱出来，真正成为学校的主人。校长作为学校的管理者，要激发和调动全体教职工的积极性、主动性和创造性。一个人对组织目标有了认同感之后，就会产生一种肯定的情感和积极的态度，自觉承担责任，发挥出积极性和创造性，为其所认同的目标而努力奋斗。在管理中，学校坚持以人为本和教师爱校、敬业、进取的团队精神，激发了学生勤学上进的良好品质，使全校师生心往一处想、劲往一处使，促进了学校高昂精神风貌的形成。

为了开发和培育富有竞争力和鲜明特色的品牌专业，逐渐形成专业覆盖广、产业结合紧密、人才培养质量高的特色专业群，坚持在内涵建设上重点突破、整体推进，进而培养具有较强职业素质的专业人才，北京现代职业学

校在 6 个方面加大了工作力度：一是大力加强专业建设，进一步提高职业教育为区域经济、主导产业发展的服务能力；二是建立一支"双师型"教师队伍，开展深层次的校企合作，丰富教师的专业实践经历，提高教师的专业实践能力；三是加强实训基地建设，拓展其服务领域，建设共享性的实训基地；四是积极创造教学互动的职业情境，培养学生的岗位职业能力；五是重视干部队伍、思想政治教育工作队伍建设，加强学生工作，提高学生的综合素质；六是大力加强校园文化建设。

建设一支具有现代教育理念、结构合理、数量充足、技术精良的"双师型"教师队伍，在实现中等职业学校跨越式发展中具有重要的现实意义与实践价值。对于如何利用学校现有的各种条件进行"双师型"教师队伍的培养，北京现代职业学校有计划、有目标地在教育实践中进行了积极的探索，特别是在实训基地的申报、建

"双师型"教师队伍培养活动

设与使用，校企合作，校本课程的开发，学习型组织的构建等方面，加强了"双师型"教师队伍的建设力度，取得了良好的成效。

学校的工作重点是坚持以人为本，树立科学发展观，从学生终身发展、可持续发展角度出发，积极探索现代教学模式，把知识的传授和能力的培养紧密结合起来。在课程体系建设与改革过程中，学校始终强调课程体系建设与改革必须适应经济结构的调整和科学技术的进步，必须适应学生发展这两个要点，为教师的发展搭建平台，充分发挥校本培养的主导作用，以培养"双师型"和一专多能的教师为切入点，提高教师的素质，强化职业教育教师的适应能力。

实践应用

一、打造"双师型"团队，建立名牌战略

俗话说，强将手下无弱兵。教师在培养高素质学生上发挥的作用是毋庸置疑的。为了适应职业教育对教师素质的要求，提高教师自身的教学和实践

能力，北京现代职业学校采取多种方式提高教师的教育教学水平和职业技术能力，加强对教师校本培训的力度。为了推进"双师型"教师队伍建设，北京现代职业学校创设了"中等职业学校'双师型'教师队伍培养校本研究"课题，该课题经过评估被列入"十一五"教育部规划课题。学校以该课题为载体来提高教师的理论水平和专业技能，帮助广大教师完成了从传统经验型教师向现代学者型、反思型、研究型教师的转变。

在教育教学实践中，学校教师坚持"以服务为宗旨，以就业为导向，以能力为本位"的职业教育办学方针，不断升华职业教育的理念，潜心研究职业教育，探索职业教育的教学方式与方法，取得了丰富的科研成果。北京现代职业学校英语教研室有一支专业基础知识扎实、教学经验丰富、教学改革意识强、勇于创新、团结协作、师德高尚的教师队伍。这支队伍被评为"崇文区职教先进教研组"，并连续4年荣获"北京市先进青年文明号"称号。在完成教学任务的同时，英语教研室的教师牺牲了大量的休息时间，体现了极高的敬业精神和开拓进取的意识。教研室所做的多媒体课件获得了北京市职成教教材办的高度肯定，曾多次获得最佳设计奖、最佳创意奖、最佳效果奖、最佳制作奖、最佳动画奖、最佳剪接奖等奖项，并连续几年包揽最佳编导奖。教研室于2005年参加全国第五届多媒体课件大赛，荣获集体二等奖，个人参赛的作品均获个人优秀奖，为学校、崇文区乃至北京市职教系统赢得了荣誉。因此，北京市教育委员会教材办将学校定为北京市教学多媒体课件制作基地，学校开发制作的1—4册英语教科书配套课件被北京市各职业学校广泛采用。此外，学校会计教研室还承担了6门课改教材的编写、课件制作、课例制作，教师教学质量评价、学生学业评价标准的制订等多项北京市第二轮课改试验任务。"青年先锋论坛"更是在青年教师培养的活动中创造了一种新的团队学习形式。学校党支部和校团委以青年党校为依托，将青年教师组织起来，结合学校的教育教学实际情况，通过"青年先锋论坛"这一形式，开展团队学习活动，极大地提高了青年教师的素质。

学校的中心工作是教育教学，教育教学的质量是关系学校生存和发展的生命线。为此，北京现代职业学校围绕课堂教学主渠道开展多样化的校本培训活动，帮助教师形成了多元智能的人才观、关注过程的课程观、行动导向的教学观、多元评价的质量观，应用全新的教育教学理念，提升了教师队伍整体的教育教学水平。为将教师队伍打造成一支"双师型"团队，北京现代职业学校进行了一系列富有成效的探索和实践。

第一，提高教师的教学改革和课程改革的能力。学校教师在教学改革中进行了多方面的探索和实践，在文化基础课教学中进行"分层教学"改革，在专业课教学中进行"项目教学法""研究性学习"的探索。各学科均制订了鼓励学生主动探究学习知识技能的考核评价标准。

电子商务专业的教师，通过对企业进行调研及用人单位对学生工作情况的反馈，按照企业的职业岗位要求，开发了客户关系管理与呼叫中心实训课程；在教学实践中，采用"项目教学法"，以实训项目为核心重构实践技能和理论知识，打破原有课程的学科结构，形成了系统化的过程课程结构模式。北京现代职业学校将企业运营的真实业务项目移植进课堂，通过师生共同实施一个完整的"项目"来组织开展教学活动；对企业项目进行创造性的整改，根据整体化的职业分析，构建模拟真实工作情境的学习过程，将"工作过程"中的学习与课堂上的学习整合在一起，在整合过程中，促使教师提高综合能力和创造能力（设计能力）。

目前，学校有会计、金融、计算机网络、物流四个专业参加了北京市中等职业学校的课程改革工作。会计专业课的各位任课教师在企业调研、岗位实践的基础上，根据会计岗位的实际工作过程开发相关课程、修订大纲、编写讲义、整合资源，通过教学实践，让学生在模拟职业场景中完成学习过程，达到了课堂教学与职业岗位需求"零距离"结合的教学效果。

第二，提高教师的专业技能和实践指导能力。中等职业技术教育担负着培养初、中级技能型人才和数以亿计的高素质劳动者的任务。学校在课程改革的过程中注重加强专业技能课的教学，根据各专业的不同要求，研究制订专业技能训练的内容和要求，明确专业技能训练的目标，拓宽训练的途径，制订专业技能训练的相关制度和措施等，积极探索各专业技能训练教学的方式方法。在岗位技能调研、目标制订及实施训练过程中，专业课教师的指导能力得到了很大提高，多次在技能大赛中取得优异的成绩。

第三，提高教师制作多媒体教学课件及运用信息技术的能力。根据教师的需求，北京现代职业学校重点开展了教师教育技术培训。教育技术培训，立足于教师的实际需要，以主题活动为基本框架，以任务驱动为主要方法，注重理论和实践相结合，通过设计多样化的实践性活动使教师在参与过程中掌握知识、技能与方法，对教师提升教育教学理念、熟练掌握信息技术起到了极大的促进作用。同时，这也促使教师运用现代教育思想和理论来精心设计课堂教学、精心制作课件，积累了信息技术与学科教学整合的宝贵信息资料，从而为学校培养了一支能指导、能制作、能带动全校教师开展信息技术与各学科教学整合的骨干队伍。截至目前，这支骨干队伍已取得优异成绩，30多位教师制作的多媒体课件在全国性和北京市的比赛中获奖。

第四，提高教师的科研能力。苏霍姆林斯基对如何当好校长曾有一句经验之谈："如果你想让教师的劳动能够给教师带来一些乐趣，使天天上课不至于当做一种单调乏味的义务，那你就应当引导每一位教师走上从事研究这条幸福的道路上来。"

张长谦校长说，作为校长应该在教师精神创造这个领域上下工夫，努力把教师引上教科研这条幸福的道路上来，使教师真正将教书育人当做一种有意义的事业来追求。

多年来，学校坚持在教科研上下工夫，积极探索教书育人的新途径，努力提高教育质量。首先，张校长率先确立科研课题和主攻方向，带头进行教育教学的科研工作。张校长曾参加过北京市教委组织的办学体制调研课题组，对如何办好学校，探索有效的办学模式，以顺利度过职业教育的滑坡期进行了深入的研究。同时，张校长也很注意教育理论知识的学习，并把教科研的前沿信息编辑成册，每周一期，以供教师参考，取得了较好的效果。

新世纪的教育改革与发展呼唤教育科学为其提供、补充立足于实践的、富有生机的理论研究成果，要求我们努力以经济与社会的全面发展和教育改革的需要为导向，进行思想观念的创新、教育理论的创新和教育科研管理体制的创新。只有把教科研的水平提高到一个新的高度，职业教育的发展才能更好地适应21世纪的步伐。职业教育工作者应着力于探索新形势下职业教育改革与发展的新特点、新规律，遵循理论联系实际的原则，坚持把教科研作为教育改革发展的根本方向，大力开展教改实验研究。

21世纪职业教育事业的改革和发展，既对教科研工作提出了许多新的要求，也为职业教育科研水平的提高提供了难得的机遇。新世纪的职业教育实践呼唤着理论的创新，职业学校要以更加积极的姿态、更加宽阔的视野、更加深入的思考、更加大胆的探索去推动改革和发展。

二、积极搭建"双师型"教师发展的平台

打造一支优秀的"双师型"教师队伍是职业教育发展的需要。中等职业教育的办学目标和办学方向及其职业性、实用性和技术性的特征决定了从事职业教育的教师应该是"双师型"教师，"双师型"教师是中等职业学校的

骨干力量。为了建设一支面向新世纪的适应职业教育的高素质的教师队伍，北京现代职业学校认真贯彻《国务院关于大力推进职业教育改革与发展的决定》，以实训基地为载体，以点带面，加强专业课教师的职业岗位能力培训；以社会实践为突破口，强化教师专业综合素质的提高；以市区大赛为契机，提升专业建设水平。学校的这一系列举措，为"双师型"教师的培养和进一步提高搭建了一个广阔的平台。

根据职业教育的特点及教学服务对象的根本需要，学校认为，职教师资培养的最终目的，应该是在积累相关的职业实践和教学实践的基础上，使职教教师既具备相关专业科学和职业工作过程的知识，又掌握相关教育科学、职业教育教学法方面的知识。"双师型"教师的培养模式应该是一种从职业性原则出发的基于职业科学的专业教学论（职业教学论）模式。这种培养模式要求从职业教育的视角出发，以对专业科学和教育科学进行整合而形成的职业科学为前提，以职业教育的专业教学论为基础，培养"双师型"职教师资。这应该是"双师型"师资培养的一种理想境界。

第一，强化企业职业实践的训练，即教师直接参加与职业有关的企业实际工作的训练，通过下厂实习、职业考察等多种方式，熟悉并掌握相关的典型的职业工作任务和职业工作过程的经验与知识。这种企业实践训练贯穿于职教教师入职初期的适应阶段到多方面积累教学经验的成长阶段，直至专业素养趋于稳定的成熟阶段的全过程，能促进职教教师专业工作能力的提高。第二，强化职教教育理论的学习，即鼓励教师学习与职业有关的基本的教育理论，通过职业教育学和职业教学论等相关理论的学习，促进职教教师教育理论水平的提高，加深对职业教育的特征和规律的认识，尤其是对职业教育的对象、专业、课程与教学过程的特征的认识，并掌握职业教育的专业教学法。第三，强化职教教学实践的效果，即鼓励教师参与与职业有关的课程设计与实施的过程，通过在具体的职业领域的教学活动，帮助教师在熟练掌握职业工作任务和职业工作过程实践的基础上，运用职业教育学和职业教学论的理论，开发职业教育课程，成为驾驭职业教育教学过程的能手，并能根据自己的教学实践开展教学研究，以促进职教教师教学行动能力的提高。通过完成实践（企业实践）—理论（教育理论）—实践（教学实践）这一过程，学校教师始终保持与企业最新职业情境的紧密接触，始终保持对职教理论最新进展的跟踪学习，始终保持对教学实践最新改革的不断反思，不断提高自身的专业素养，在成长为"双师型"教师的道路上迈出了坚实的一步。

学校坚持"请进来、送出去",用心打造"双师型"教师队伍。为了更好地了解中职教学的发展方向和发展形势,学校聘请了北京教育科学研究院职业教育与成人教育教学研究中心柳燕君主任等到校做了《北京中职课程改革》和《新课标的实施标准》等报告,使全体教师对目前的形势有了深刻的认识,明确了新课程观念的具体内涵和操作方法,了解了以学生为主体的思想在教学过程和学生成长考核评价中的具体要求。

将一线教师送出去参加行业协会,是学校迈出建设"双师型"教师队伍的关键一步。学校组织相关教师参加了在天津召开的中职商贸、财会行业年会,及在杭州召开的物流行业年会,使教师开拓了眼界,并把最新的信息带到教研组、带进课堂。

金融学科的专业课教师通过参观北京财贸职业学院,对实训课程的讲授、实训教室的建设和利用、学生专业能力的培养、教师个人专业技能的提高途径又有了更明确的认识。

学校坚持以就业为导向,面向社会、面向市场办学。学校邀请了北京英贵思科技发展有限公司相关人员对学生进行了初级坐席员岗前培训,并组织了相关专业的教研组长、班主任参加了企业的培训讲座,使他们对企业对员工的素质、理论知识、专业技能方面的要求和聘用员工的考核标准有了清楚的了解。

文化课教师也迈出了可喜的一步。他们积极参与专业建设,与专业课教师共同走入企业进行调研,同时,为了使企业调研目的更加明确、更高效,他们还召开了专业建设牵头人会议。

总之,在教科研工作中,北京现代职业学校提倡教研、科研、课堂教学相结合,鼓励教师以科研带教研,进行教育教学的科研工作,并把前沿的教科研信息编辑成册,供教师参考。学校的广大教师不仅掌握了较娴熟的本专业领域内的职业实践能力,具有一定的职业实践经验和职业发展能力,以及对学生的职业发展提供指导的能力,而且掌握了职业教育的基本理论,具有较强的教学技能,能够按照职教生的学习规律正确地分析、评价、设计和实施职业教育的教学过程。教师素质的提高为学校教育教学质量的提升奠定了坚实的基础,也为学校进一步为社会输送高质量的人才提供了有力的保障。

三、在职教课程改革中,坚持"三个零距离"

课程是职业教育的重要载体,是把宏观的职业教育思想与微观的职业教学实际联系起来的桥梁。职业学校的课程设置必须按照专业的培养目标，对学校的教育教学、学生的各种学习活动的总体规划和全面安排进行科学统筹。科学的职业教育课程体系以就业为导向、以能力为本位，理论课程设置限定在职业岗位需求的空间内，突出了职业特色，同时，将选修课的任务表现在突出未来职业岗位的个性色彩上，体现了以学生为本的办学理念。

为适应市场需求，北京现代职业学校加大课程改革力度，努力实现三个零距离：一是教学内容与职业要求零距离；二是实践教学与职业岗位零距离；三是教育者与教育对象零距离。

在课程改革中，学校本着"重基础、综合性、宽口径、复合型"的需求，探索、构建以能力为本位、岗位为依据、素质为核心，适合职业教育特点的多样化的课程模式；本着创新精神，遵循优化教学结构和教学过程的原则，精简现有课程门类，突出职业特色和岗位技能培训，采取选修和必修相结合的

课改工作推进会议

课程模式。同时，打破学科体系，进行岗位分析，建立岗位能力本位的课程和教材体系；以岗位为主线，以职业需要为取舍标准，建立理论与实践双元的"厚基础、宽专业、多技能、多方向"的教学模式，培养适应一专多能的复合型职业人才，使职业教育能多层次、全方位适应市场经济和社会的需要，为职业教育的持续发展注入活力。

为适应社会对复合型人才的需求，学校已将各专业课程整合为公共基础课、专业基础课、专业课、专业技能课、实践课等模块，以便多层面地提高学生的各种能力。公共基础课既开设北京市教委统一规定的课程，也开设礼仪课、心理健康课、职业指导课、书法课等有利于学生身心全面发展的课程。专业基础课的开设立足于职业岗位的就业需要，以学生的可持续发展为本。专业基础课设置的内容更宽泛，以能够适应职业岗位的需要，有利于学生今后的就业，并在教学中突出实用性和实效性，收到了较好的教学效果。专业课、专业技能课、实践课的开设立足于学生的潜能向现实的职业素质转化，与社会政治、经济、文化的发展相适应，着力培养现代社会需要的有文化、有技术、有道德的高素质劳动者。这些课程的开设，以社会经济的发展为着眼点，以人力资源的开发和学生的可持续发展为落脚点，为培养出具有

较高职业素养的毕业生打下了坚实的基础。

北京现代职业学校从完善课程质和类的结构、调整课程量的结构三个方面出发，对课程设置进行了一系列改革，使课程设置更加有利于学生综合素质的培养，更贴近市场的需求和学校办学目标的需要。在课程改革中，学校坚决摒弃或调整那些过时的、脱离实际的课程，突出了课程的必要性、实用性、先进性和实效性，加强了对学生品德的培养，增加了文化基础知识和实践课程的比重。

课堂教学是实施素质教育的主渠道。学校认为，在课堂教学中，既要继承传统教学的优势，落实"双基"；又要从知识、能力、品格和方法等方面深入挖掘教材和多元教育要素，使学生受到求真、崇善、尚美的全方位教育；还要以培养学生创新精神和实践能力为目标，发挥学生的主体性，使学生掌握科学的学习方法，养成良好的学习和思维习惯，提高其终身学习的意识和能力，为学生的可持续发展打下基础。以此为出发点，学校在学生考核中执行综合素质测评的"积分制"，并把职业技能考核成绩和资格证书作为评判职业技能高低的重要标准，为学生就业能力的增强、综合素质的提高以及就业有路、升学有望奠定了基础。

为推动课程改革，学校每年都会安排专业课教师进入银行、统计局、计算机公司、医药公司等企事业单位进行为期两周的上岗实践再学习。重新"充电"，使教师的教学效果显著提升，这些教师指导的学生也在各类技能大赛中多次取得优异成绩。

2007年，在北京市"金蝶杯"金融财会大赛中，北京现代职业学校有3人获得一等奖、2人获得二等奖、5人获得三等奖，并在电算化比赛中取得了全市第二名的优异成绩。胡明老师获得"优秀辅导教师"金奖，仇颖、吴峥、张一梅老师获得"优秀辅导教师"银奖。

2008年，在北京市中等职业学校"络捷斯特杯"现代物流专业知识技能大赛中，学校取得初赛和决赛两个全市第一名的好成绩，参赛的6名选手中有1人获得一等奖、4人获得二等奖、1人获得三等奖。宋识明老师获得"优秀指导教师"一等奖，霍菲老师获得"优秀指导教师"二等奖。

2009年，学校参加北京市中等职业学校"康尼杯"第二届物流技能大赛，蝉联冠军，参赛的6名选手中，有2人获得一等奖、4人获得二等奖。在北京珠算协会组织的北京地区中职学校第三届财会综合技能比赛中，荣获计算器票币比赛团体总分第一名，5名参赛选手中有3人获得一等奖、2人获得二等奖；荣获计算器传票比赛团体总分第二名，5 名参赛选手中有 2 人以全市第一名、第二名的成绩获得一等奖，3 人获得二等奖，其中，崔林彦同学入选北京市代表队，代表北京市参加华北四省市比赛，获得二等奖。学校组队参加北京市建设学习型城市工作领导小组办公室、北京老教育工作者总会、北京市职业教育学会、北京市成人教育学会联合举办的北京市中职学校"CKCIM 杯"纵横汉字输入技能大奖赛，获得中等职业学校组特等奖，参赛选手中有 1 人获一等奖、1 人获二等奖、6 人获三等奖、1 人获优秀奖，获奖率达 100％。

课程改革要以学生的可持续发展为本，不能立足于一次性就业教育。《职业教育法》第四条规定："职业教育必须贯彻国家的教育方针，应该对受教育者实施思想政治教育和职业道德教育，传授职业知识，培养职业技能，进行职业指导，全面提高受教育者的素质。"《职业教育法》释义中明确指出："为适应时代发展、社会进步以及建立社会主义市场经济体制的要求，职业教育要不断提高教育质量，使受教育者的素质得到全面提高。按照受教育者德智体全面发展的原则要求，职业教育不仅要着力提高受教育者的思想政治素质，还要提高其经营管理能力和社会交往能力；要进行审美观的教育，培养受教育者在职业活动中创造美的能力；要积极开展健康教育，使受教育者的身心都得到健康发展。"这充分体现了职业教育的内涵，是职业教育课程体系构建的重要原则。

北京现代职业学校本着"以服务为宗旨、以就业为导向、以能力为本位"的教育思想，坚持"对内求实，对外求活"的办学特色和"就业有路、升学有望"的培养目标，在教育管理上始终贯穿"一切为了学生、一切服务学生"的理念，在教学上注重学生职业综合素质、实践操作能力和创业能力的培养，注重各专业实训基地的建设，提高实操

合作办学签字仪式

课程比例，保持着较高的教育教学质量和良好的社会声誉。用人单位对毕业生的普遍评价是职业道德和职业素质过硬，动手能力强。学校电子商务专业的实习生在中国首届"邮政数据库同版"工作中，承担了整个工作 80％的工作量，工作质量好，赢得了中国邮政局名址信息中心的高度评价。学校和工

商银行、招商银行、中信实业银行、北京市交通管理局、中国药材集团等多家用人单位保持着合作关系，就业率一直保持在95%以上。

四、"双师型"教师队伍建设是学校生存与发展的需要

（一）"双师型"教师队伍建设是学校课程改革的需要

目前，除专业能力之外，社会与企业对劳动者的实践能力和个性特征方面的综合素质的要求越来越高。以培养综合素质为目标的中等职业教育，必须针对"解决综合性实际问题"进行教学，这种综合性的教学往往涉及多领域、多学科的内容，包含技术、社会甚至环境等与工作过程相关的方方面面。因此，职业教育的课程开发必须打破传统学科系统化的束缚，把教学过程、学习过程、工作过程与学生的能力和个性发展联系起来。然而，系统化课程改革最根本、最关键的要素是教师，只有教师具备了双师素质，才能有效地指导学生完成课程项目的设计、协同操作与实施教学等一系列任务。因此，学校建立了相应的制度，保证专业课教师深入企业进行实践锻炼。

（二）"双师型"教师队伍建设是实现学校跨越式发展的关键

经过多年的努力，目前学校教师的素质和教学水平已有了明显的提高，学科带头人与教学骨干力量正在快速成长中，教师队伍的结构正在逐步优化。然而，一个不可回避的重要事实是，学校教师队伍的现状与中等职业教育改革和发展的需要还存在较大差距，教师队伍本身在专业结构等方面还不够合理，专业课与实训指导课教师的数量与质量仍不能满足学校长远发展的需要，相当一部分教师依然缺乏专业实践经验、必要的专业技能和教学理论知识，"双师型"教师队伍的培养仍缺乏有效的渠道与评价体系，这些都成为制约学校发展与提高的"拦路虎"。

建设一支能够适应学校长远发展的"双师型"教师队伍，既是学校实现规模发展的需要，也是提升学校内涵的需要。学校要以提高教师素质作为提升教育教学质量的突破口，实现由规模扩张向内涵提升的转变，最终实现学校的全面发展。

（三）"双师型"教师队伍建设有助于学校专业的合理设置与教学水平的提高

学校的生存与发展有赖于学校专业的合理设置，有赖于学校对市场需求的把握。教师深入企业的实践锻炼，不仅提高了教师的职业素质，也使教师

在掌握了相关的专业理论的同时，掌握了实践技能，了解了相关专业市场需求变化的最新动态，有助于教师在课堂教学中及时调整教学内容、传递相关信息，及时建议学校调整专业课程，使学校在竞争中抢得先机，保证毕业生符合社会的需求，增加就业率，提高毕业生的生存能力，从而吸引更多的生源。

五、积极探索"双师型"教师队伍培养的有效途径

为了建设一支面向新世纪的适应职业教育的高素质的"双师型"教师队伍，北京现代职业学校采取多种方式，不断加强教师培训力度，全面提升了教师队伍的职业素质。

（一）建立学习型教师研究组织，发挥骨干教师在校本培训中的辐射作用

骨干教师是师德高尚、业务精良的各学科带头人，他们具有丰富的教学经验和先进的教育理念，掌握现代信息技术教育手段，拥有深厚的教育理论功底。学校以市、区、校级骨干教师为中心，组织有发展潜力的青年教师组成学习型教师研究组织，开展各种研讨活动。

1. 组成学习型教师组织，促进教师的自身发展

学校构建了以学习型组织为载体的教师校本培训模式，以学习为平台，以研究为手段，促进教学相长，力求实现教师教学行为方式的转变，使教师由经验型教师转变为研究型教师，从而促进教师的专业化发展，实现学校的可持续发展，真正体现新课程改革的核心理念。

由于在实际的教育教学工作中，教师们的需求和发展方向不同，遇到的问题也不同，所以他们的兴奋点、工作需求和价值取向也不同。将有共同愿景的教师组织起来，形成一个个学习型小组，在同一理念下和同一目标下，共同学习有关教育教学理论，研究和探讨共同关心的教学问题，这样可以激发小组中教师的创造潜能，分享资源，达到共同发展的目的，也能使每一位主动加入到自主选定的学习型小组之中的教师都乐于将个人的愿景置于集体的愿景中去实现，真正打造出"学习共同体"。

2. 开展小组活动，实施教师的深度汇谈和平等交流

以骨干教师为中心，以学习型小组为单位开展的教育教学研究活动，包括听课、评课、理论学习、经验交流、同头备课等内容。同时，学校每学期都会安排高级教师、各级各类骨干教师、学科带头人讲示范课、评优课，组

织全体教师听课，并且请专家予以指导，选出优秀课例在课题交流会上展示，为全体教师提供学习、研讨的平台。此外，学校还通过教师论坛、教学沙龙、校本课题研究交流会、演讲比赛等形式，打破各种禁锢，营造平等、宽松、可以畅所欲言的环境，对关系课堂教学、教师发展的热点和难点问题进行研究、讨论、交锋，引导教师进行深入的沟通，撞击出思想的火花，使每一位教师都得到发展和提高。

3. 在实践中反思，在反思中改进

随着学习的深入、知识的积累和理念的更新，教师的思维方式和行为方式都受到了冲击。但如何将学习到的理论、知识、经验和方法，转变成自身的智慧，并以此指导教学实践呢？这就需要教师结合其实际进行系统的思考，梳理日常教学中的问题，通过对自己实践的反思和总结和对校本课题的研究，逐步形成新的理念、方法和对未来的行动计划，并用校本培训中取得的研究成果指导实践，解决现实问题。在具体实践中，学校引导教师通过教育案例和教学后记等进行个人反思，组织教师分享在教育教学过程中的体会、感悟、思考、变化等，进行信息交换和经验共享，为教师提供了一个反思工作、研究问题、更新观念、设计未来的平台。

4. 通过系统思考和专家引领，实现理论的升华

教师在共同学习、深度汇谈、平等交流、总结反思的基础上，通过个人的系统思考和专家引领，将自己的实践经验升华为系统的理论，并用理论指导自己的教学实践和自身发展。工作中，学校努力创造条件和机会，让教师"走出去"参加教研活动、研讨会和骨干培训，同时将专家请进学校，让教师走近专家和名师，将专家、名师的教育思想、观点和实践经验内化为自己的思想、观点，从而引领教师进行系统思考，实现理论的沉淀和升华，实现教师行为方式的转变，同时在这一过程中进一步唤起和激发教师自我发展的情感和动力，使教师经历从感受、感悟到提升的过程。

学习型小组以学习为平台，以研究为手段，促进了教师行为方式的根本转变和专业化发展，实现了学校的可持续发展，真正践行了新课程改革的核心理念。

在校本培训的组织过程中，大多数教师都能够参与其中。教师提出的问题受到了关注，研究的重心开始下移，多数教师感到自己在学校的培训活动中有所收获，教学研究意识增强，教学行为逐步合理化，教学理念不断更新，专业素质得到很大提高。

（二）通过校企合作，提高"双师型"教师的岗位实践能力

通过校企合作的方式培养"双师型"教师一直是学校关注的问题。校企合作也是学校培养"双师型"教师的重要途径。近年来，北京现代职业学校一直在积极探索如何利用学校和企业两种不同的教育环境和教育资源，采用课堂教学与教师参加实践工作有机结合的方式，来打造既具有扎实的专业基础知

校企合作会议

识、较高的专业理论教学水平，又具有规范的专业技能指导能力，掌握专业理论知识和操作技能与规律，同时又有相应的中级以上职业资格证书的"双师型"教师团队。

学校选择条件好、有实力又热心于支持职业教育的企业作为校外实习基地，安排教师利用暑假在相应专业的岗位上挂职锻炼。专业课教师直接参与企业的生产、营销、服务等方面的活动，及时掌握企业发展的最新动态、人才结构现状与人才需求状况、工作过程及所对应的岗位群。工作过程与教学过程的紧密结合，能够引发教师对专业建设、课程设置、教学内容、学生评价标准、学生职业素质培养、学生能力培养等方面的思考，全方位提高教师的专业能力，如专业分析能力、反思意识、校本课程的开发能力等。

学校先后与鑫诚志会计咨询公司、宣武区统计局、医科院动物研究所、北京洛捷斯特科技发展有限公司、英贵思科技发展有限公司建立了合作关系。通过合作，学校与行业企业建立了密切的合作关系，为教师的专业实践活动提供了有力的保障，促进了职业教育的课程改革。目前学校已先后派出了二十几位专业课教师到企业进行专业实习。通过实习，教师在校企合作中得到了锻炼成长，企业对教师的工作也给予了充分肯定。身处企业环境，教师的社会工作、人际交往、专业操作、处理问题等方面的能力都得到了锻炼和提高，许多教师已成长为专业的骨干教师。

（三）通过实训基地的建设和使用，培养"双师型"教师的专业技能

实训基地建设是中等职业教育教学基本建设的重要组成部分，是培养初、中级技术应用型专门人才与劳动者的基本条件之一。"十一五"期间，北京现代职业学校申报了三个实训基地的建设项目，并及时将其作为教师培

训的有效途径，鼓励教师积极参与。在参与学校实训基地的申报与建设的过程中，教师也展现出一系列积极变化。

第一，拓展了专业知识。教师专业知识的拓展包括三个方面，首先是知识量的增加，其次是知识质的深化，再次是知识结构的优化。在实训基地的建设和使用过程中，教师以广泛的文化基础知识为背景，以精深的专业知识为主干，以相关的专业知识为必要的补充，以丰富的教育科学知识和心理学知识为条件重新整合原有知识，构建了更为合理的、能够适应职业学校教育教学的专业知识储备。

第二，提高了专业技能。在参与实训基地的建设和使用过程中，教师掌握了实训设计与开发技能。实训基地的申报、建设与使用，要求教师掌握实训标准和具体的处理技术、组织实训活动和实施实训方案的策略等，同时要求教师能够利用各种课程资源，形成一定的课程设计与开发能力。

第三，树立了反思意识。实训为教师提供了广阔的发展空间，需要教师进行创造性的工作，将自己的教学活动与实际情境作为研究对象，对教学行为和过程进行批判与分析，不断地总结经验，树立反思意识。

第四，提高了教育教学研究能力。实训基地的申报、建设与使用过程本身就是教师参与科学研究的过程，教师不仅要研究社会、学校、学生的情况，还要研究实训设计、制度、方法、问题的解决等，这一过程提高了教师反思性研究的觉悟，促进了教师研究能力的提高。

在教师参与实训基地的申报、建设与使用过程中，实训意识的产生，促使教师站在设计者的角度组织和实施教学，并对实训各要素之间不协调的地方进行调整，这促进了教师专业化能力的提升。

（四）通过校本教材的编写，提高"双师型"教师校本教材的开发能力和对现有教材的整合能力

教材在教学体系中占有十分重要的地位。由于职业学校的人才培养目标以及专业设置的特殊性，教师必须掌握职业教育的校本教材的开发技术，解决好理论知识和技能操作、课堂教学和学生操作之间的矛盾，保证校本教材开发的质量，形成职业教育的办学特色。为此，在教师培训过程中，学校教师深入研究专业、开发课程、研究学生，确立了职业教育校本教材编写的新理念，提高了校本教材的开发能力，掌握了教材编写的先进经验与方法，提高了对现有教材的整合能力，提升了自身的专业素养。

第一，提升了确立课程目标的能力。职业学校的专业设置、课程设计及

教材的编写要与就业市场需求一致，要符合市场发展的规律。教师在校本教材的编写过程中必须确认课程的目标，必须以市场需求为导向、以劳动就业为目标、以学生在求学过程中的接受能力为依据。因此，在校本教材的编写过程中，教师对专业发展趋势、学生学习的兴趣、就业市场的需求等方面进行综合分析的能力，得到了极大提升。

第二，提高了对教材的整合与开发能力。在选择、组织课程内容的过程中，教师逐渐掌握了确立课程内容、调整教学结构的能力，以及多学科课程的整合技巧。同时，教师在教材开发的过程中需要了解国内外职教教材开发的经验，借鉴其开发的方法，并对国内不同地区和学校的课程内容进行分析与比较。在纵向与横向的对比分析中，教师掌握了教材开发的先进经验和方法，并在此基础上，开发出适合本地区、本学校实际需要的专门教材。目前，由学校教师主编与参编，并由出版社正式出版发行的教材有《会计基础与实务》《银行电子化业务》《银行理财与个人投资》《五笔字型与小键盘输入技术》《平面设计与制作实训技术教程》等。

（五）通过合作办学，为"双师型"教师培训搭建更为广阔的平台

学校的合作办学项目采取的是以北京市为中心，结对外省市兄弟学校以增强彼此的竞争力和创新能力的运作模式。在该项目中，学校大力开发"2＋1"合作办学模式。所谓"2＋1"就是指学校与合作学校联合在当地招生，学生前两年在合作学校接受两校共同培养，第三年由学校安排在北京的用人单位进行岗前培训、定向实习直至学生毕业后与用人单位签订劳动合同。由于目前我国职业教育存在着发展不全面、不平衡等问题，经济发达地区与欠发达地区、东部与西部、城市与农村之间职业教育发展的规模、速度与水平差距较大，师资力量相差悬殊。为此，在实际运作过程中，学校注意突出自身的专业特色，派驻各科教师到合作学校交流与学习，以激发教师的适应性和创造性，创设一种开放和相互激励的氛围，促进学校持续健康发展。

第一，通过合作办学，增强教师的课程开发能力。为改变合作学校以往单纯依靠向发达地区学校输送生源来维系生存的现状，提高其自身的专业建设能力，学校尝试让优秀专业课教师轮流到合作学校工作，帮助中西部地区、农村职业学校确立和建设新型专业，尤其是瞄准北京"世界城市"的发展定位，努力开发与建设现代服务业的特色专业，为北京的服务业持续输送了大量专业化技能型人才。为使合作办学专业（电子商务、物流、饭店服务与管理等专业）符合北京的城市发展定位，为首都经济转型与发展作出更大贡献，学校教师结合专业特点、当地资源以及生源特点开发新课程，在专业内容的调整、教学方法的改革等方面进行了有益的尝试，取得了长足的进步。

第二，通过合作办学，推动信息技术的广泛应用，提高教师将信息技术融入学科教学的能力。中西部地区教育资源不均衡，为与合作学校资源共享，学校探索运用现代信息技术的优势，利用空中课堂、网络教学、远程教育等，以信息技术创新教与学的方式和环境，开发、整合数字化资源，为合作学校教师与学生方便、快捷地获取优质学习资源、交流信息提供了基于互联网的学习平台，促进了现代信息技术与职业教育的深度结合，提高了学校教育教学的信息技术含量。这也促使教师打破思维定式，广开思路，形成了新的教育教学理念，也为教师今后进一步发展搭建起了广阔的支持平台。

目前，学校已与江苏宿迁、湖南吉首、河北邢台等地的兄弟学校开展了合作办学项目，推动了学校办学模式的创新，扩大了学校在社会上的影响力，激发了职业教育内部的活力与动力，促使学校建立了一支高素质的教师队伍，同时也为"双师型"教师的成长搭建了更为广阔的平台。

 反思拓展

一、学校必须确立人才资源是第一资源的战略思想

为了建设一支面向新世纪的适应职业教育的高素质的教师队伍，学校必须不断创造条件、不断加强教师的各项培训，必须确立打造名牌教师的战略方针，为教师搭建成长为"双师型"教师的平台，这个平台应紧扣教师的学历、专业技能水平、实践经验和教育教学方法这四个方面。

学校要有目的、有计划、按比例对各类专业教师进行专业培训，以进一步增强教师的专业能力。同时学校应制订政策措施，鼓励教师一专多能，鼓励教师取得各种职业资格证书。"双师型"教师队伍素质与能力的提高依赖于教师自身的教学和实践能力，学校应积极采取各种方式提高教师的教育教学水平和相关学历层次，促进他们在学校中树立良好的教风、学风。学校应重视教师的科研与教研能力的培养，以教研为主，科研为辅，逐步提高教师的教科研能力。

二、进一步发挥校本培训的主导作用

校本培训的一个重要作用就是促进教师的专业化发展。而衡量教师专业化发展的水平有两个主要指标，一是教师的研究意识与能力，二是教师的专业自主，即教师在特定的教育环境中可以自主选择特定的行动。教师的研究意识与研究能力是专业自主的前提条件，专业自主又可以促进教师研究意识与研究能力的提高。因此学校在今后要进一步加强对教师进行校本培训，并在这一过程中特别注重教师教育科研意识与能力的培养。学校应将校本培训的内容分为两个层次：一是现代教育理念、教育观念和教育技术的理解和掌握，并内化为教师专业素质的一部分，在教育教学实践中转化为教师自觉的行为；二是教师在教育实践中遇到各种的实际问题和积累的点滴经验在理论层面上的提升。同时学校必须根据教学研究的实际需要，选择恰当的形式与方法对教师进行培训。

必须使学校的校本培训活动从形式模仿转到注重实效上来，使多数教师都能够参与其中。教师提出的问题应受到关注，研究的重心应下移，使多数教师在学校教研活动中有所收获，教学意识和行为逐步发生积极变化。

三、加强对专业和教师的分析

职业学校"双师型"教师队伍的建设要避免盲目性，必须根据学校的专业设置和教师的实际，确定培养教师的数量和类型。所谓专业分析，是指对专业需求教师的数量、质量以及专业在学校中的地位及发展趋势等进行分析，简单地说就是分析专业现在及将来对教师量和质的需求情况，从而确定以专业需求为基础的培训目的、内容、形式、时间等。所谓教师分析是指对教师的个性特长、知识及能力结构、身心素质、家庭环境及发展方向等进行分析，并根据其从事的具体工作，查找其优势和不足，并据此确定教师培训的目的、内容、时间和形式。

四、建立培养"双师型"职业化教师队伍的机制

应依托企业，在产学结合中建设新型的职业化教师队伍。要使教师具备双师素质，就要建立教师深入企业一线从事实践工作的制度和机制，营造教师形成双师能力的氛围。校企结合，可以使教师面向学生时是教师，面向企业员工时是培训师，面向企业生产时是管理者。同时校企双方可以共同制订

人才培养方案，学校对教学质量进行过程监控，企业对人才质量进行目标评价；双方共同建设、使用实践教学基地，实现设施设备的互补；定期交流双方信息；人才共享，学校的教师到企业参加生产实践，为企业提供员工培训、技术咨询和智力支持，企业专业技术人员到学校举办专题讲座、担任兼职教师或指导学生实训。

五、建立健全激励制度，提高专业课教师参与培训的自觉性

专业课教师成长为"双师型"教师需要付出大量的时间和精力，要使专业课教师向"双师型"教师转变成为教师的自觉行为，还需要一个过程，学校必须采取相应的措施调动专业课教师的积极性、主动性。在"双师型"教师培养初期，对于已成长为"双师型"的教师，一是从待遇上提高其课时费并根据其实际工作情况，提高其效益奖；二是同等条件下，优先评职晋级、评先选优；三是给予更多的外出学习、参观、考察的机会；四是优先给予进修、培训的机会；五是对于"双师型"的培训、进修费用，给予适当补贴。随着"双师型"教师培养的大众化，学校可逐渐减少奖励，并把专业课教师必须是"双师型"教师作为一项制度确定下来，促进"双师型"教师的规模化，从而提高专业课教师自觉参与培训、进修的自觉性。

六、树立以能力为本位的教学理念，努力提高教师的综合素质

职业教育要发展，必须以能力为本位。职业教育是一个人在一生学习的时间长河中接受教育的重要一环。职业教育要为一个人在素质上奠定学会做人、学会学习、学会工作的基础。特别是在市场经济中，竞争是社会进步的基本法则，成功与淘汰机会参半。在人才竞争的社会里，思想上既要有控制能力，也要有承受能力；业务上既要有使自己的优势更上一层楼的能力，也要有受挫之后适应新环境的能力。因此，中等职业学校必须把实施素质教育的着力点放在"能力本位"上。以能力为本位的教育不是就业教育，更不是单纯的专业教育，而是"为人生做准备"的教育。以能力为本位不仅要让学生学会，还要教学生会学；不仅要教学生怎样做人，还要教会学生如何生存。因此，教师要进行"三个转变"，即由传统的知识传授者向学生发展的指导者、合作者转变，由"园丁""工程师"向学生发展的促进者转变，由"蜡烛""一桶水"向研究者转变，最终真正成为先进生产力和先进文化的弘扬者和推动者，成为青少年学生健康成长的引路人。

打造"双师型"团队，实施名牌战略

职业学校要解放思想、转变观念，坚持以能力为本位，科学地开发校本课程，改革教学思路，努力提高教育教学质量。教师要抓住以下三个主要方面去精心塑造每一名学生、严格要求每一名学生、虚心尊重每一名学生、热心关爱每一名学生。

（一）专业能力

教师要具备从事职业活动所需的技能及相应的知识。专业能力是基本生存能力，是劳动者胜任职业工作、赖以生存的核心本领。对专业能力的要求是具备合理的知识和能力结构，强调专业的应用性、针对性。

（二）方法能力

教师要具备从事职业活动所需的工作和学习方法。方法能力是基本发展能力，它是劳动者在职业生涯中不断获取新的技能与知识、掌握新方法的重要手段。对方法能力的要求是具备科学的思维模式，强调方法的逻辑性、合理性。

（三）社会能力

教师要具备从事职业活动所需要的社会能力。社会能力既是基本生存能力，又是基本发展能力，它是劳动者在职业活动中，特别是在开放的社会生活中必须具备的基本素质。对社会能力的要求是具备积极的人生态度，强调对社会的适应性、行为的规范性。

职业技术的特点在于更新快。劳动者在一生中将会多次变动职业、更新职业技能，这就要求我们坚持素质教育，以受教育者形成各自特色的全面发展的和谐素质结构为目标，为终身教育的实现而努力深化职业教育的改革。要坚持以能力为本位，积极完成职业教育培养人才的根本任务。

 专家点评

按照科学发展观的要求，职业学校应以学生终身发展、可持续发展为出发点，探索现代社会需要的人才培养模式，将知识的传授和能力的培养紧密结合起来。北京现代职业学校将"双师型"师资队伍建设与人才培养同时进行，确保人才培养模式的改革与创新。

教学理念与育人目标同步。为适应市场经济对技术型人才的需求，职业学校必须树立以能力为本位的教学理念，使学生获得具备从事职业活动所需

要的技能及相应的知识、工作方法和学习方法、行为能力。与此相应，学校围绕课堂教学主渠道开展多样化的校本培训活动，帮助教师树立多元智能的人才观、行动导向的教学观、多元评价的质量观；完成由传统的知识传授者向学生发展的指导者、合作者转变，由"园丁""工程师"向学生发展的促进者转变，由"蜡烛""一桶水"向研究者转变；提升教师的课改能力、专业技能和实践指导能力、制作多媒体教学课件及运用信息技术的能力和教科研能力。

培养模式与人才需求同步。为适应社会对复合型人才的需要，学校将"双师型"教师培养模式确定为基于职业科学的专业教学论模式。这种培养模式的目的是在积累相关的职业实践和教学实践的基础上，使职教教师既具备相关专业科学和职业工作过程知识，又具有相关教育科学、职业教育教学法方面的知识。学校坚持"请进来、送出去"，用心打造"双师型"教师队伍；提倡教研、科研、课堂教学相结合，促进三者良性互动。在"双师型"教师队伍培养的途径上，学校采取充分发挥骨干教师在校本培训中的辐射作用、建立学习型教师研究组织、开展小组活动的方法，通过反思和专家引领实现"双师型"教师理论的提升，通过校企合作提高"双师型"教师的岗位实践能力，通过实训基地的建设及使用培养"双师型"教师的专业技能，通过校本教材的编写提高"双师型"教师的校本教材开发能力和对现有教材的整合能力，通过合作办学为"双师型"教师培训搭建更为广阔的平台。

队伍管理与教学改革同步。教学改革是提高育人质量的关键，课程改革是教学改革的主要内容。在课程改革中，学校坚持"三个零距离"，一是教学内容与职业要求零距离，二是实践教学与职业岗位零距离，三是教育者与教育对象零距离。为推动课程改革，学校逐步完善了"双师型"教师队伍管理体制，每年安排专业课教师进入企事业单位上岗实践再学习；加强对专业和教师的分析，制订"双师型"教师队伍建设规划；建立健全激励制度，提高专业课教师参与培训的自觉性，成果显著。

（点评：佛朝晖）

以校本培训促进教师专业成长

——北京市商务管理学校

名校／名校长简介

北京市商务管理学校始建于 1980 年，是北京市首批设立的职业高中之一，现为国家级重点职业学校。建校 30 年来，学校为海淀区、北京市的经济建设输送了两万余名优秀毕业生，其中升入各类高等职业院校的超过 2000 人。

学校会计专业、美容美发与形象设计专业和会计综合实训基地、美容美发与形象设计实训基地是北京市"十一五"期间重点建设专业和实训基地，烹饪专业和餐饮服务实训基地是海淀区"十一五"重点建设专业及实训基地。实训基地的建设推动了学校的专业建设和教师的专业发展。2007 年，学校被教育部认定为国家级重点职业学校；2008 年，学校被评为海淀区阅读工程示范校；2009 年，学校会计专业被认定为北京市专业课程改革实验专业，经济教研室被认定为北京市职业院校专业创新团队。这些成绩的取得离不开教师队伍的贡献。

学校立足于职业教育的教育教学工作实际，立足于学校的专业发展、教师成长和学生成才的需要，采用"专业引领、同伴互助、自主反思"的校本培训方式，积极探索"自主发展，专业见长、人文见高"

的教育管理模式，积极帮助教师树立现代职业教育观念，更新专业技能知识，培养专业教师的理论与实践一体化能力。学校还制订了一系列校本培训制度，如《北京市商务管理学校"十一五"校本培训规划》《北京市商务管理学校校本培训管理制度》等，依照学校计划、学校教学计划、教师发展需求、继续教育的有关文件，每学期初制订校本培训计划，每学期末进行校本培训总结。在具体的职责分工上，做到专人负责、职责明确。同时，校本培训领导小组在组织管理、经费投入等方面也予以保障。只要是对教师发展有益的投入，学校都会优先给予考虑，并及时落实。如购买教师礼仪系列光盘以及相关学习书籍，组织教师参加教育教学考察进修，鼓励教师结合教育教学工作的需要积极参加心理咨询师、职业指导师以及有关行业的专业培训。通过以上种种举措，学校精心打造了一支师德高尚、素质良好、能适应现代职业教育要求的反思型、科研型、学习型和实践型的优质职业教师队伍。

核心管理思想

北京市商务管理学校根据《海淀区幼儿园、中小学、中等职业学校教师"十一五"时期继续教育工作意见》，认真落实了"十一五"校本培训工作。在培训中，学校立足于职业教育的教育教学工作实际，立足于学校的专业发展、教师成长和学生成才的需要，采用"专业引领、同伴互助、自主反思"的校本培训方式，促使教师树立现代职业教育观念，更新专业技能知识；促进专业教师的理论与实践一体化能力；积极探索"自主发展，专业见长、人文见高"的教育管理模式；培养"双师型"教师，精心打造一支师德高尚、素质良好、能适应现代职业教育要求的反思型、科研型、学习型和实践型的优秀职业教师队伍。

一、开展系列师德培训活动，促进学校核心价值观的形成

以"争做育人模范，当素质教育先锋"为主题，学校开展了"群众心目中的好党员""师德标兵""先进教师""优秀教育工作者"评选活动和"把骨干培养成党员，把党员培养成骨干"的双培养工程。在开展活动的过程中，学校引导广大教师进一步学习教师职业道德规范，弘扬正气，树立"忠诚事业、追求卓越、勇于担当、服务报国"的学校核心价值观。师德建设是学校师资队伍建设的重要组成部分，学校有计划、有组织地开展了一系列师德教育活动，在活动中提高了全体教师的职业道德水平。

二、专家引领校本培训，促进教师专业成长

结合中等职业学校的办学特点和学校专业的发展需要，为了提高教师的业务素质，学校聘请了全国知名专家、高校教授、企业管理人员、教学专家、行业专家、课程改革方面的专家等组成校

专家引领研讨会

本培训专家指导团队，对教师的教案、教学设计、课堂教学方法、新理念的运用等进行悉心指点，为教学改革把握方向。专家指导团队对学校教育工作的指导，满足了教师不断接受新知识、新理念、新方法的要求，使课程改革和教学改革取得实效，促进了全体教师的共同进步。

三、校企合作，使校本培训与行业紧密接轨

学校在专业人士的指导下，积极分期分批开展专业课程改革，进行综合案例教学项目开发，鼓励教师走进企业参加调研、实践，选派骨干教师去国外参观、学习、培训，促进了教师专业实践能力的提高，实现了理论学习与实践教学的统一。

2008年，美容与形象设计专业陆续引进具有行业背景、丰富的从业经验和培训经验的专业培训团队，确定了模块化的教学内容与教学方式，以保证学生能够接触到行业的最新理念、技术和标准。同时，学校配备了专业课教师作为助教，在课后的教学反馈、及时沟通中保证了学生练习的有效性，这不仅提高了专业课教师的业务能力，也开阔了学生的专业视野，提高了他们的专业水平。

2010年，学校与合作企业喜来登酒店进行深度合作。由酒店方派客房经理、专业人员对饭店服务与管理专业学生进行集中培训，然后采取"一对一"或"一对二"的形式进楼层实训。学校委派骨干教师全程参与，与酒店方共同对学生进行实践指导。同时，喜来登酒店为学生安排了专业讲座。学生通过近距离接触企业，了解了专业标准，提高了专业实践能力。

四、建立同伴互助制度，自主反思，推动教师专业发展

学校围绕教学基本功、有效教研和教学等主题开展了一系列活动，在教师自主学习的基础上，鼓励教师合作学习，深入反思。

（一）同伴互助式培训

2008年，学校先后安排了4名专业课教师到德国接受行动导向教学法的培训。教师学成归来后，为了加强培训的有效性，学校在精心研究的基础上，策划成立了若干个互助式培训小组，采用了体验式培训法培训其他教师，取得了很好的效果。

（二）同伴互助式指导

为加强教师队伍建设，特别是为青年教师搭建成长平台，学校制订了同

伴互助指导制度，通过突出一个中心（以教师专业水平不断提高为中心），实现两个转变（教育观念与教学行为的转变），促进三个提高（课堂教学能力的提高、教研水平的提高、与人协作能力的提高），以达到四个结合（学习与交流相结合、教研与教学相结合、教育理论与教学实践相结合、点上突破与面上推进相结合），最终实现以学生发展为本的高效课堂教学目标。

 实践应用

校本培训以其组织的自主性、内容的针对性、方式的灵活性等特点，为中小学教师继续教育提供了一个新的操作平台。它是以学校和教师的实际需求为出发点，以问题解决为中心，以教育教学实践为落脚点，以提高教师专业化水平为目的的一种开放式的教师培训方式。北京市商务管理学校自2007年实施校本培训计划以来，对于学校的建设、专业的发展、课程的改革以及教师的需求等，都进行了系统的、全面的、深入的研究、探索和实践，并取得了一定的成效与经验。

根据实际发展需求，2007年学校修订了《北京市商务管理学校"十一五"校本培训规划》，确定了校本培训的培训计划与培养目标，并将其纳入学校"十一五"发展规划。

学校成立校本培训领导小组，积极发挥团队小组的工作职能。学校领导积极贯彻教师"十一五"校本培训工作的指导思想，制订教师校本培训的有关规定和要求，定期召开校长办公会、行政会、教研室会、年级会等专门会议研究校本培训计划，落实校本培训主题，落实教师社会实践、校本教材开发等校本

专业团队

培训工作。学校除了设立由校长担任组长的校本培训工作领导小组外，还分别责成三个校区的教学主任具体负责工作落实。规范的校本培训制度使学校校本培训有计划、有落实、有检查、有总结、有提高。

首先，校本培训领导小组能够做到加强自身学习，做好学习的表率。各职能部门则制订周密的校本培训计划和校本培训制度，做好督促检查和考核工作，将校本培训落到实处。学校的教师也深刻地体会到，在知识急速更新

的今天，校本培训是帮助自身转换思想、提高专业水平的最佳途径，因此对校本培训的各项活动也有着很高的积极性。学校规定每两周进行一次跨校区的教研室（组）活动、每周进行一次备课组活动，并通过听评课、企业实践、读书活动、编写校本教材、组织学生实践活动和参加各级各类比赛来落实校本教研的各项工作。

其次，学校健全培训制度，严格培训管理，为校本培训做好制度保障、管理保障、经费保障和时间保障。

为规范学校"十一五"继续教育，保证继续教育的实效性、科学性，学校制订了一系列校本培训制度，如《北京市商务管理学校"十一五"校本培训规划》《北京市商务管理学校校本培训管理制度》，并依照学校规划、教学计划、教师需求、继续教育的有关文件，每学期初制订校本培训计划，每学期末进行校本培训总结。在具体的职责分工上，做到专人负责、职责明确。同时，校本培训领导小组在组织管理、经费投入等方面也予以保障。只要是对教师发展有益的投入，学校都会优先给予考虑，并及时落实。如购买教师礼仪系列光盘以及相关学习书籍，组织教师参加教育教学考察、进修，鼓励教师结合教育教学工作的需要积极参加心理咨询师、职业指导师以及有关行业的专业培训。

2007 年至 2010 年，学校安排了专项资金，组织两位教师赴新西兰参加专业培训。2008 年，学校安排了一位教师赴澳大利亚参加课程建设培训，同时还安排了两位美容与形象设计专业教师赴日本参加中国美容美发协会组织的学习活动。2009 年，学校安排了金融、会计、电脑美术专业共 4 位教师赴德国参加工作过程导向的课程培训。

2007 年至今，学校组织了德育管理干部和部分优秀班主任赴上海、浙江、广东等地参加各种德育研讨会，并参观学习；安排了教学管理干部、教研室主任赴上海、重庆、广东等地参加中职教学研讨会；安排了招生实训部门领导赴山东参加学习研讨；组织了部分教师参加北京市课程改革培训。学校还给教师陆续购买了《第五项修炼》《大教学论》《教育漫话》《细节决定成败》《工作过程导向课程改革》等书籍，鼓励教师在校本培训的过程中不断提高自身的人文素养和专业素养。

为了提高教师参与校本培训的积极性，学校对培训学习成绩显著、教育教学明显进步的教师给予了一定的奖励和表彰，并通过开展校级先进评选活动，鼓励教师进行教育教学的创新。

校企合作和校本教研的有机结合，为校本培训工作提供了一个新的操作平台，另外，培训形式的多元化以及培训内容的多样化也起到了促使教师更加积极地参与培训的效果。

一、师德建设

每学年，学校都要进行校级先进教育工作者的评选活动，评选一批师德高尚、业务精良的教师作为学校教师队伍的楷模，并在教师节进行隆重的表彰，此活动也成为师德建设的一项重要举措。在学习型党组织建设的过程中，学校积极开展"双培养工程"，发展了区级骨干教师王秀娇等成为中共党员。

2009 年 10 月，校本培训领导小组召开讨论会议，下发并学习了温总理听课、评课的文件，探讨从温总理听课、评课文件中得到的启示。

学校还组织全校教师观看甘兰佑老师事迹的录像。甘老师热爱教育事业，为了教育，他奉献了自己的一生，在几十年如一日的教育生涯中，在平凡的岗位上做出了不平凡的贡献。他的事迹深深打动了学校的每一位老师，观看录像时，很多教师都流下了热泪。

此外，学校还组织了党员教师进行师德演讲比赛，安排了部分教师参观反腐倡廉德育基地。

二、专家团队指导

为了提高教师的专业素质，学校成立了以庆敏、袁晓、冯家盛、严宝山等专家为主要成员的指导团队，为教师的校本研究保驾护航。每学期学校都会以一部分教师做市、区、校级研究课或评优课为契机，聘请了北京市、海淀区的知名专家来校指导，其中包括教学专家、行业专家和课程改革方面的专家。

专家点评

专家组对教师的教案、教学设计、课堂教学方法、新理念的运用等进行悉心指导，为学校的教学改革把握方向；教研室主任、教研组长、备课组长和任课教师则在听课后反馈意见，然后在教研组会上讨论，以达到全体教师共同进步的目的。

2010年3月13日，庆敏老师做了"一节好课的标准""说课是教师研究课的好方法""如何进行教学设计"专题讲座。与此同时，学校还聘请了原北京市职业教育数学学会理事长张进军老师，海淀区普教系统的知名教研员储群生老师、关宏老师、胡小力老师，职教中心的燕海霞主任等专家、老师为学校教师进行面对面辅导。此外，学校还提供了一些知名专家的演说课件、视频材料等供全校教师学习。

石莉老师在校本培训的学习过程中发现，当教师面临越教越疲惫问题的时候，就特别需要见多识广且又有较高理论水平的专家给予指导、帮助。学校定期组织的专家讲座给教师们提供了一个学习和交流的平台，在讲座后的交流中，经常会有教师为了某个观点而争论。争论中，教师们对理论有了更深刻的认识，经历了从理论到实践再上升到理论，并进一步指导实践的过程，从而真正领会到了教育专家的教学思想的深刻性，悟到了如何把理论运用到自己实际的教学当中，这种收获是丰厚的。

在专家讲座培训中，给石宏老师印象最深、最有启发的是专业插花大师王绥枝老师的一次插花培训。在培训中，王绥枝老师并没有讲插花的高深理论，只是用她的插花制作展示了她最直接的感受。石宏老师这样说："王绥枝老师在制作的过程中是边做边讲解，有时娓娓道来，有时凝神静观。她的每一个步骤都细致地考虑到了每个花叶的位置和角度。她在选取花时对色彩、大小、花形等考虑得十分周到，处理每一个细节的过程也都十分细致，以至于旁人如果不经点拨、不近前细看，就根本无法察觉到。她做出来的每件作品都给人一种耳目一新之感。每件作品风格迥异、造型构思巧妙，却都十分自然，使人无不为之惊叹。看了大师的作品，让人茅塞顿开、心情大悦。这让我真正体会到了大师的内涵，让我认识到了细节决定了作品的高度，也使我领悟到了工作的真谛，即从细节做起，用心去完成好自己的工作。"

接受教育专家的指导，汲取教育专家的思想、理念、态度、方法等能解决教师在学习、工作、教学过程中遇到的困惑和疑问。通过这样的培训，教师能够进一步明确不同的课堂教学模式、教学方法、教学目标等，做到教学相长，这样的培训也有利于教师进行自我剖析与检测，使得他们更加明确自身学习的方向。

三、校企合作

2007 年至今，学校每年都会召开用人单位座谈会，并邀请企业领导就学校专业建设、学生培养、课程设置等问题进行研讨，将用人单位的需要、社会需求等信息反馈到学校。同时，学校还安排了专人走访企业，以了解其用人需求，并将社会需求信息带回学校。在学校的专业建设中，学校还与行业协会、高校紧密联系，先后邀请了中国烹饪协会、北京美容美发行业协会的秘书长，扬州大学旅游烹饪学院的教授到校就专业发展前景、需求等召开主题研讨会。

本着为区域经济和中关村自主创新区建设服务的办学主旨，学校先后邀请了中关村管委会柳主任、中关村人才市场张主任等到校对学校干部、教师进行培训；聘请了海淀教委财务科、海淀区卫生局等相关部门领导到学校对干部进行财务管理、食堂卫生等专项管理的培训。

2005 年，学校各专业课教师开始走进企业进行调研、实习。

2007 年，电脑美术专业教师到相关企业进行了半年的岗位实践。几年来，学校陆续组织该专业学生参与了北京电影学院、中央电视台部分动画作品的创作。

2007 年，金融、会计专业教师利用寒暑假到会计师事务所和企业财务部门进行岗位实践。

2008 年，美容与形象设计专业引进业界知名企业的专业培训团队，确定了模块化的教学内容与教学方式。

2010 年 3 月，旅游专业 3 名教师参加了海淀区职教中心组织的专业培训，并参加了大潮国际旅行社组织的导游实地培训活动。

2010 年 3 月，刘娜老师参加了由教育部职业技术教育中心研究所组织的全国美容美发及人物形象设计专业教师"化妆与发式造型"培训班。

2010 年 7 月，烹饪专业的教师到喜来登酒店参加专业实践，电脑美术专业的教师参加了北京市专业技术培训。

与企业的深度合作，不仅使学生有机会深度了解企业，而且也使专业课教师团队获益良多。

四、专业课程改革

学校目前共有 4 个专业的 10 名教师参与了北京市课改工作。这 4 个专业分别是园林花卉专业、美容美发专业、金融事务专业和会计专业。其中，会计专业进行了合作式教学的尝试，以会计专业 2008 级的一个班作为试点，两名专业课教师打破课程界限，根据中小企业会计工作的实际流程设计了教学内容，构建了综合化的会计专业课程。在教学中教师将学生按照会计主体分成两组并同时进行实训教学，由浅入深，由简单到复杂，引导学生完成了从建立"会计"概念、做账到按照实际工作流程开展基本财务工作的实训。

2008 年初，学校引入了用友软件公司的"沙盘"，并对学校的专业课教师进行了培训。之后根据专家的建议，学校对沙盘教学进行了改革，以发挥沙盘直观教学的特点。根据会计专业课程各阶段教学的需要，教师借助沙盘深入浅出地让学生建立起对企业经营和财务工作的概念，能够让学生在"游戏"般的操作中感受企业运营中各个环节的紧密联系。

郑丽老师从 2010 年在职业学校使用新教材开始，先后参加了市级、区级的培训活动，与此同时，学校内的校本培训活动也以使用新教材为中心展开。郑丽老师说："在校本培训中，我的内心对语文教学又有了一些新的认识，这使我的专业知识又有了新的提高，对教学又有了新的感悟。"在教学中，郑老师和一线的同事们尝试着将这些理念在教学中体现出来。"首先，在备课中，我们强调'三维目标'的设计，重视知识目标、能力目标、情感目标的层级提升和实现，围绕单元模块整合教学内容。例如，第一单元的阅读与欣赏的学习重点是整体感知课文，课文中选取的四篇课文都是写人的文章，《我的母亲》和《卖白菜》分别用纵向贯通和截取横断面的不同方法，刻画了不同时代的两位母亲可亲可敬的形象，字里行间浸透了浓浓的亲情。于是，在教学中，备课组的老师将这两篇课文整合在一起，以整体感知的教学方法让学生感悟母亲的形象，在授课中向学生渗透感恩教育。在讲课时，我不禁讲起了自己童年时与母亲的故事，动情之处眼中闪动着泪光，学生也被感动了。当天的作业是让学生以电子报、手抄报、原创诗文、摘录感人语段等方式抒发自己对母亲的真情实感，第二天学生上交作业的情况非常好，作业中渗透着懵懂少年对母亲的感激、愧疚以及怀念之情。我们在欣赏学生作业之余也在思考，是什么引发了学生如此之高的学习兴趣，是什么让学生迸发出了如此真挚的情感——课文还是那些课文，老师还是昨日站在讲台前的老师，学生还是昨日调皮、慵懒的学生，究竟是什么呢？正是该阶段的校本培训让我们茅塞顿开，是新鲜的、贴近学生实际情况的新教材给我们的课堂带来了改变，是老师的勤奋、聪慧、执著催生了鲜活的课堂。"

五、同伴合作，互助指导

在教师自主学习的基础上，学校加强了基层团队建设力度，鼓励教师对一节课、一个主题、一种教学现象、一种教学方法等，共同切磋，共同研讨，以促进专业化教学团队的形成。

学校有四个专业教研室，即经济教研室、信息技术教研室、商务服务教研室和餐饮服务教研室，另外还有一个文化基础教研室，共五大教研室。以教研室和教研组为单位，学校每周都要开一次校内教研专业学习会议。教研室在开学初制订计划时，要制订出 16 次校内教研的主题，做到校内教研有计划、有

同伴互助

主题，抓细节、讲落实、有成果，并在工作过程中注重贯彻、落实和指导，突出实效。

同时，学校围绕教学基本功、有效教研和有效教学等主题开展了系列活动，这些活动由教研室主任带领教师积极参与，活动包括全校教师教学基本功比赛和教学展评、教师精品课展示、公共基础课教学设计比赛、专业课教师"理实一体化"教学设计比赛等。同时，每个教研室都执行了教学基本功展评活动的方案，其内容有说课比赛、板书设计比赛、课件制作评比和专业技能评比等。由于全体教师非常重视，因此活动开展得有声有色，每位教师都能够做到集体切磋、虚心学习、相互观摩、认真交流。

每年教师节，学校都会举办"一帮一拜师会"。2008—2009 学年的同伴互助"一帮一拜师会"上，23 对教师结成了互助对子；2009—2010 学年的拜师会上，有 10 对教师结成了互助对子；2010—2011 学年，学校本着在职培养与人才引进相结合的原则，从中央财经大学、上海戏剧学院、扬州大学引进了 3 名研究生，并安排了 3 名有丰富教育教学经验的骨干教师对新任教师进行培养。

通过建立同伴互助制度，学校教师之间形成了二人互助小组，并进行了一对一的指导，这对新任教师或青年教师在教学理念的更新、教学能力的提高上，有很大的帮助，也对整体教师素质的提高起到了很好的促进作用。这不仅为青年教师搭建了成长的平台，促进了青年教师成长，更为学校打造了

一支业务素质高、工作作风硬的教师队伍，促进了学校在职业教育领域的发展。

六、自我学习与自我反思

2007年6月，海淀区率先启动了教师阅读工程，并将其纳入"十一五"教师继续教育规划之中。教师阅读工程被列入学校重要活动之一，学校开展了系列读书活动，并定期开展读书论坛活动，将交流读书心得作为教研组校本教研的一项重要内容。每个假期，学校都会鼓励教师按照学校推荐的书目，有计划地读书，并且写读书笔记，以便开学后进行交流评比。

韩淑芳老师在2009年被海淀区教委评为"海淀区教师十大读书人物"，她在感悟中这样写道："多年来我养成了一种持剪刀读报的习惯，在读书看报时，每当看到与自己工作相关且有帮助的文章，我便剪下来，把它贴在一个大本子上，或将杂志中我认为好的扉页复印下来，集中在一个大夹子里。那一篇篇精美的文章就像是一位导师向我娓娓道来、点化我的心灵、启迪我的智慧、教诲我的思想，为我的教育教学工作增添了无穷动力。至今，我已积攒了几本厚厚的素材，每每翻看自己精心收集的小文章，心里都会涌起一丝丝甜蜜。读书是一种自我教育、自我提升和自我超越的手段，更是为师者的一种责任。"

对于为求知、共处、做人做事等一些普遍问题而撰写的《21世纪教师与父母必读》《学会求知》《学会做事》《学会共处》《学会做人》等书籍，韩淑芳老师首先静下心来将这几本书通读了一遍，然后结合学生的特点，选择一些生动的实例，在班会时间进行系列讲座，或在学校每班每学期一次的全校主题班会观摩时间，围绕求知、共处、做人做事的主题，让学生进行表演展示，这些活动收到了很好的效果。为了指导和改善自己的工作，韩老师又毫不犹豫地将《小故事，大道理》《有六Q的孩子有大出息》等书买了下来，学习书中的一些短小精悍、通俗易懂的寓言故事以及名人名家的经典语句。韩老师在课堂教学中适时地将书中的内容讲给学生听，让学生从中领悟一些道理，帮助学生学会做人做事，使他们拥有健康的人格，同时激励学生奋发学习、勇往直前。韩老师还经常在黑板的一角写出"细节决定成败""态度决定一切""方法总比问题多""一分耕耘，一分收获""怀着一颗感恩的心，珍惜现在""战胜自己""任何时候都不要失去希望"等诸如此类的句子，以此告知学生如何为人处世，帮助他们慢慢走向成熟，激励其走向成功。

为了丰富教师的阅读资源，学校专门拿出资金，带领各教研室主任、教研组长、教师代表集体购书，以保证图书馆中的藏书既是最新的，又是实用的，从而吸引教师前去借阅。在教研室活动时间及业余时间，教师们通过学习苏霍姆林斯基的《给教师的100条建议》、肖锋的《学会教学——课堂教学技能的与实践》，知道了因材施教的重要性，懂得了宽容是一种精神力量，认识到了赞美的巨大作用，体会到了学习的快乐；学习赵志群的《职业教育与培训学习新概念》、吴晓川的《当代职业教育管理理论与实践的研究》，懂得了相关国际职业教育与实践的新理论。通过阅读，教师们开阔了眼界，增长了知识，平和了心态，掌握了方法和技巧，明确了今后努力的方向。

同时，学校鼓励教师提高学历，攻读在职或脱产硕士学位。在"十一五"期间，石玉玲校长、邓莉红老师、李琳杉老师、吴艳老师获得了硕士学位。目前，钟玲老师、孙颖老师等17位教师正在攻读硕士学位。另外，还有部分教师正在进行第二本科学历的自学，如辛亮老师正在学习英语；闫现水老师正在自学中医理论，为推拿按摩课打基础。

另一方面，通过对职业教育教学过程的分析与研究，学校确立了人人必选的一个职业教育科研课题——把友善用脑的理念引入课堂教学和学生学习过程。这就要求教师围绕研究课题进行教育教学的探讨、课堂教学实验、技能训练，在实践中研究出解决问题的有效方法，总结出具有普遍意义的经验或理论，撰写论文或编写出适合学校情况的校本教材。教研室把课题研究和校本教研进行有机结合，通过课题研究，力求达到增强教师教育教学科研能力，提高教师教育教学素养水平的目的，并在不断的探索与实践中，将经验或研究成果固化成案例或论文，以备借鉴。

七、教师专项培训

（一）新任、新调入教师培训

新任教师要参加区级培训，合格后方能转正；同时校内安排一对一、以老带新的培训，由老教师对新教师、新调入教师进行指导、培训；另外，学校每学年都会开展"师徒结对"活动，安排专人对新任、新调入教师进行职业教育理论、课程改革、教学方法的培训。

（二）骨干教师、学科带头人培训

学校的骨干教师在教育教学、专业方面具有一定优势，因此，在培训中，学校充分发挥各层次骨干教师的辐射、帮带、示范作用，优先派骨干教师外出学习，参加新课改培训和教学观摩，有计划地让他们参加北京市职业院校"素质提高工程"，学习相关内容，派他们定期到相关的行业企业参加培训，以提高他们的动手实践能力，再由他们通过学校、教研组确定相应主题，带领大家共同学习，开展课改研究，或现场示范，让普通教师从中汲取经验和营养。骨干教师每学期要有计划地开展专业教学研究活动，讲公开课或研究课，在教学研究中发挥带头和示范的作用。16 位专业骨干教师还积极参加职教中心组织的专业骨干学习培训班，通过参加专业骨干学习培训班，缩短了自己的知识结构与行业要求的差距，提高了教育教学和科研的能力。

（三）班主任培训

学校通过德育理论、心理健康指导、班主任工作实务、教育实践等内容的培训，特别是请企业人力资源管理人员与班主任座谈，使班主任不仅牢固掌握了职业教育的规律，而且了解了用人单位的选拔标准和选拔方法，提高了班主任工作的实效性。

（四）编写校本教材

专业教材是专业人才培养的载体。无论专业课教师还是其他学科教师，都要及时将企业用人所需的新知识和新能力纳入教学内容中去，都要根据本校所开设的专业和学生特点不断改革教学方法，并经过教学实践的检验，编写出适合企业用人需求、适合本专业和学生特点的校本教材。

八、实施校本培训取得高绩效

（一）师德建设结硕果

学校领导非常重视师德建设，开展了系列师德建设活动。学校涌现出一批优秀的共产党员、班主任以及北京市、海淀区师德标兵。东云老师、李会芹老师、马旭老师、李金玉老师等被评为海淀区职成系统优秀班主任；范辉老师、藏蕾老师、李会芹老师、李晓芹老师、洪丽梅老师、东云老师等被评为海淀区优秀教师；常悦老师、张春溪老师在 2008 年被评为海淀区教育系统优秀共产党员；韩旭光老师荣获 2008 年度海淀区"青年师德标兵"荣誉称号；杜文静老师荣获第二十届北京市中小学"紫禁杯"优秀班主任二等奖。2010 年，在学校"群众心目中的好党员"评选活动中，石玉玲校长、杨杰书记、杨宁副校长、卫洁老师、张锡哲老师等共计 19 位教师当选，这些教师在各自的工作岗位上兢兢业业、乐于奉献，深受广大师生的好评，是当之无愧的好党员。

（二）教师教学专业水平明显提升

通过专家指点、自己总结与实践等途径，一批业务骨干脱颖而出，他们的教学设计、教研成果屡屡获奖。

2007年，北京市中等职业学校教案及教学设计评选活动中，钟玲、洪丽梅、王铁军老师获得一等奖。同年，在北京市中等职业学校青年教师数学教学评优课活动中，张静老师获得说课、讲课一等奖。2008年，在北京市中等职业学校商贸与财经类专业说课比赛、"高教社杯"第三届全国中等职校财经与商贸专业创新课说课比赛中，王明佳老师均获得一等奖。同年，在"高教社杯"第三届全国中等职校财经与商贸专业创新课说课比赛中，牛全宇老师获得二等奖。2009年，在海淀区中等职业学校教师教学基本功比赛和北京市中等职业学校公共基础课程教师教学设计（说课）比赛中，孙剑虹老师分别获得个人全能奖和一等奖。

这些奖项的获得离不开教师自身的努力，也离不开专家团队多年来的倾心指导。经过企业调研、行业专家引领，教师们精心编写的校本教材有的已正式出版发行，有的在市区级校本培训教材评选中获奖。

2006年，经济教研室教师参与编写了《会计综合技能》教材，该书由中国人事出版社出版。该教研室还承担了高等教育出版社中职新编教材《银行柜面技能》的主编工作。2007年，经济教研室教师在电子工业出版社中职新编教材《会计基础与实务》《结算业务实训》《会计综合实训》的编写工作中承担了主编、副主编工作，并有多篇教科研论文获奖。2007年，学校教师撰写的关于会计专业课程改革的论文获得海淀区科研创新成果奖。2010年，王明佳、常凯老师编写的课改教材《纳税申报与缴纳》由清华大学出版社出版。2008年，在北京市校本教材的评比中，吕芙蓉、史冬妹、马静老师编写的《中小企业会计实训》获市级一等奖。另有3本教材获区级二等奖、11本教材获区级三等奖。2009年12月，在第二届海淀区中等职业学校专业课自编教材（讲义）的评选中，吕芙蓉、史冬妹老师编写的《会计专业实训教材之二——企业创立》获一等奖，张勇老师编写的《美容院、美发厅经营与管理》以及由张勇、赵森、林曼娜、胡晨光、刘娜老师共同编写的《日妆》获得二等奖，另外还有4本校本教材获得了三等奖。

（三）课程改革促进了教学改革，课堂教学出现了新局面

2008 年，在北京市"迎奥运"专业技能比赛中，学校获得冷拼第一名、美发第一名、插花第一名。同年，在教育部等十部委联合组织的全国中等职业学校技能大赛中，我校的美容与形象设计专业获得 3 个二等奖、2 个三等奖、1 个优秀奖，烹饪专业获得冷拼项目二等奖。2009 年，在教育部组织的全国中等职业学校学生专业技能大赛中，学校获得美发比赛一等奖、新娘妆一等奖。同年，烹饪专业组成的代表队，积极准备北京市中职学校烹饪专业技能大赛，在学生和专业指导教师的共同努力下，在比赛中获得了 2 个二等奖、3 个三等奖的好成绩。在此过程中，学生的专业技能和专业意识都有较大提高。2010 年 4 月，金融、会计专业的学生参加北京市中职学校第四届财经技能比赛，获得二等奖 4 名、三等奖 10 名、参与奖 1 名，并获团体二等奖。同年 5 月，美容与形象设计专业学生参加北京市专业技能比赛，获得新娘妆、美发板寸一等奖。6 月，美容与形象设计专业学生参加全国职业院校专业技能大赛，获得新娘妆一等奖、美发板寸二等奖。2010 年 6 月，美容与形象设计专业学生参加北京市行业比赛，获得新娘妆一等奖，并且获得总冠军。

（四）课题引领校本教研，百篇论文获奖，阅读工程有成效

"十一五"期间，学校全体教师争做学习型和反思型教师，撰写了大量高质量的论文和研究报告，其中市级获奖、发表论文 14 篇，区级获奖、发表论文 98 篇，获得"十一五"优秀教育科研成果 4 项，11 本校本教材获市、区级奖励。2010 年 1 月，学校组织中层干部，参加了海淀职教中心中层管理干部培训班，培训班结束后，参与人员根据学习内容，结合岗位实际编写论文，其中 9 位教师获奖。在海淀区"十一五"课题研究优秀论文评选中，学校共有 14 位教师分获一、二、三等奖。

2008 年，学校被评为海淀区"阅读工程示范校"。在海淀区"我向全区教师推荐一本精品书"征文比赛中，睢凌敏老师获全区"教师阅读工程"读后感一等奖，另外还有 9 人获得二等奖、12 人获三等奖。2009 年，学校共有 22 位教师分别获得"影响我职业生涯的一本书"征文活动一、二、三等奖。2009 年 10 月，刘淑萍老师的《赏识教育——打开希望之门的金钥匙》获得海淀区"影响我职业生涯的一本书"征文评选一等奖。

 反思拓展

随着校本培训越来越专业、越来越深入的开展，学校工作也取得了丰硕的成绩。近几年，北京市商务管理学校在市区各种工作会上多次做德育工作经验交流、友善用脑课题交流、课程改革经验交流等主题报告。经验交流的过程也是一个获取信息、总结反思、共享提高的过程，能够推进校本培训的系统研究。因此，学校应进一步审视校本培训的实践与应用，以便更好地理清思路，加深认识，并在原有基础上进一步拓宽培训范围，提高培养层次，创新学习形式，为社会经济发展提供更加有力的专业人力支撑。

一、树立继续教育、终身学习的新理念

学校应进一步深化和加强全体教师对校本培训对教师专业成长的重要性、必要性的认识，转变思想观念、强化职教意识、拓展合作思路、树立校企多元化合作的理念。让教师充分转变观念，理解专业发展的内涵，能帮助教师为校本培训做好心理准备，拥有对校本培训所应有的认识高度。因此，学校需要做到理念清晰、认识一致、发展平衡。在理性认识的指导下，学校教师根据自身教学实践的经验总结或提升，选择了科学的、健康的校本研究理念。在这个日新月异的信息化时代、知识时代，作为"传道、授业、解惑"的教师，不论是青年教师还是中年教师或是老年教师都应树立终身学习的理念，满足学习型社会的要求，不然就不仅仅是自己的落伍，而且可能造成一代人的落伍。因此，从继续教育和终身学习的角度出发，学校应致力于不断增强教师自主研究的能力和课堂教学的能力，把教师逐步培养成具有终身学习能力的专业型人才。同时，对于职业学校本身而言，学校应强调做强、做大，保证人才培养方案的规律性，坚持自主发展，注重人才培养的质量，把学校办成"专业有特色，学生有特长"的名校，并且努力培养学生，使他们成为具有综合素质、熟练的专业技能、良好的职业素养、较强发展后劲的人才。

二、培养学习型教师，建立学习型组织

（一）开展读书交流活动，营造书香校园

学校应鼓励教师每学期阅读一到两本与自己专业相关的书籍，并写读书

笔记，鼓励教师在教研室内利用校本教研的时间进行交流，共享学习的成果和乐趣。这种学习交流活动，能推进学校教学基层团队的良性发展，形成热爱职业、关注学校发展、认真钻研业务、关心爱护学生的教师集体。学校还可开展系列读书论坛活动，将交流读书心得作为提高教师人文素养的一项重要内容。活动的有力开展能促进教师之间的思想文化交流，促进教师综合素质的提高，提升教师的思想境界，强化师德建设。

（二）提高教师的学历和学位，培养"双师型"教师

教学质量是职业学校生命力的根基，而高水平的教学质量，来自于高质量的"双师型"教师队伍。学校应加快建设一支数量适度、结构合理、高素质的、稳定的"双师型"师资队伍。"双师型"教师必须具有过硬的职业道德、系统的专业理论知识、丰富的实践经验，能够理论联系实际，解决实际工作过程中遇到的问题，既能胜任理论教学又能指导学生进行职业实训与生产实习。学校应采用学历教育来促进教师队伍整体素质和专业化水平的提高，通过激励将提高"双师型"教师质量水平转化为教师本人的内在需求，尽可能地将学校的整体利益与教师的个人利益挂钩，让教师清楚地感觉到学校的兴衰和自己息息相关。学校还应有计划地选送教师到教育部组织的教师培训基地参加培训，以提高他们的教育理论水平、更新他们的知识结构、开阔他们的视野，并选送有培养前途的青年教师报考、攻读在职硕士学位，培养一批骨干教师。

（三）鼓励教师积极参加课题研究，以科研促教研

学校应鼓励教师面向社会、面向企业、面向生产，直接参与技术开发，主动开展科技服务，承担科研项目，在项目开发和技术转化中锻炼和提高自己的能力，并在不断的探索与实践中，总结经验和研究成果。教师可以围绕研究课题进行教育教学探讨、课堂教学实验、技能训练等，并在实践中发现问题，找

教师说课训练

到解决问题的有效方法，总结出具有普遍意义的经验或理论。通过把课题研究和校本教研进行有机的结合，教师可以达到增强教育教学科研能力，提高教育教学素养水平的目的。

在课题研究的过程中，需要体现出团队的合作精神，以及每一个研究团队的精神面貌，充分发挥团队凝聚人心、锻炼队伍的积极作用。通过课题研究活动，学校不仅为教师搭建了一个自我学习、研究能力展示的平台，更重要的是能增强教师集体教研的意识，调动教师不断学习、共同提高教学质量的积极性，从而为提高教学质量奠定坚实的基础。

三、注重教师反思能力的培养

反思教学就是教师自觉地把自己的课堂教学实践作为认识对象而进行全面而深入的冷静思考和总结。教师可将它作为提高自身业务和改进教学实践的一种学习方式或一种再学习的活动。"我思故我在，我思故我新。"教师不仅要在教学中进行全面反思，还要在教学后进行积极的反思，只有形成反思的习惯，善于思考，不断发现问题，才能对自己的教学设计和实际教学活动进行理性的调整，从而促使自己积极探索与解决教育实践中的一系列问题。同时，教师可以充分利用每一次学习活动，包括同事之间、师生之间的交流、沟通、座谈等，进行反思、学习、提高、深化。由被动的模仿反思到主动进行自我反思，学校可以创造条件让教师逐渐尝到反思给教学带来的好处和喜悦，改变教师的心智模式，增强教师间或师生间的相互了解，使教师在和谐的氛围中交流知识、升华情感，使教师的思维在交流中碰撞闪耀、情感在交流中融会贯通，使教师从以往被动接受知识转变为主动汲取营养，使理论学习及其与实践的融合真正成为可能。学校应鼓励教师之间互助、合作和共享，以形成教师间相互激励、相互帮助和共同提高的积极依赖的团队关系。

四、广泛收集各种信息，创设学习环境，拓宽培训渠道

学校应积极关注国内外的教育科学理念和先进经验，采用"请进来，走出去"的一系列实践学习活动帮助教师成长，定期、不定期地邀请专家、学者来校讲学及对教师进行课题研究、论文撰写、课堂教学、心理辅导等方面的专项培训。另外，学校还可通过优质课评比、优秀教案展示、教学基本功比赛、课件制作比赛、教育教学个案积累、公开课等形式，不断提高教师的业务水平；通过应用信息技术的培训，充分运用现代教育技术手段，利用教师教育系统、卫星电视网以及计算机互联网相融通的教师教育网络平台，以通过远程学习、网络学习进行交流和分享的培训方式，提高教师学科教学与

信息技术整合的技能，以信息化带动教育的现代化。

因此，学校应继续以校本培训作为加强师资队伍建设的突破口，本着"务实求进"的原则，使学校教师观念更新、素质更优、综合实力更强，不断促进教育教学工作质量的提高，使得学校未来的发展真正实现教师与学校共成长、教师与学生共成长、学校与社会共成长，能更好地服务于中关村自主创新区核心区的建设，为职业教育的发展作出应用的贡献。

 专家点评

学习型组织是全体参与人员能够全心投入，并有持续学习力的组织。培育学习型组织的目的是完善组织结构和运行秩序。北京市商务管理学校以校本培训的模式培育学习型组织，探索出了成功的经验。

系统思考。系统思考是培育学习型组织的关键。一是规范校本培训管理制度。学校除了设立由校长担任组长的校本培训工作领导小组外，还分别设立了三个校区的教育教学主任具体负责工作落实。各职能部门周密组织教师的校本培训计划，即每两周一次的跨校区的教研室（组）活动、每周一次的备课组活动，并做好督促检查和考核工作，将校本培训落到实处。二是培训保障系统化。学校做好制度保障、管理保障、经费保障、时间保障。学校制订了系列校本培训制度；每学期制订校本培训计划，每学期末进行校本培训总结；优先考虑用于教师培训和专业提升的经费；保障教师接受培训的时间。

团队学习。团队学习是保持组织不断增长学习力的重要方式。学校以提高教师专业化水平为目的，以教育教学实践为落脚点，从学校和教师的实际需求出发而开展的校本培训本身就是一种团队学习方式。这种学习方式形式多样，内容丰富。在培训形式上，按照不同的分类标准，培训形式包括国外教材教法、课程培训和国内教育教学培训；有企业专家、行业专家、教学专家引领校本培训，还有校企合作中的培训；校内教师专项培训涉及新任、新调入教师培训，骨干教师、学科带头人培训，班主任培训和编写校本教材；有同伴互助式和同伴指导式培训，还有个人读书自学与反思。在培训内容上，培训的内容涉及师德建设、专业知识和专业技能。此外，同伴互助学习模式是北京市商务管理学校校本培训的一个亮点。同伴互助模式是在教师自主学习的基础上，针对一节课、一个主题、一种教学现象、一种教学方法

等，共同切磋，共同进步的团队学习模式。培训形式包括同伴互助式培训、同伴互助式指导、以教研室和教研组为单位的专业学习等。这种模式加强了基层团队建设，培育了专业教学团队。

反思超越。反思也是一种学习，是对自我行动的再认识、思考和总结，以便改进今后行动的学习方式。学校鼓励教师在教学中、教学后都进行反思，使其从模仿反思过渡到主动反思，善于思考，不断发现问题，对自己的教学设计和实际教学活动进行理性的调整，从而促进教学改革的落实。反思改变了教师个人的心智模式，加强了教师之间的交流与沟通，使教师树立了现代职业教育观念与终身学习的新理念，在专业发展上实现了自我超越。

（点评：佛朝晖）

创品牌，铸师魂，打造一流教师队伍
——北京市商业学校

名校／名校长简介

　　北京市商业学校创建于 1964 年，占地 13.3 万平方米，建筑面积 10 万平方米，现有在校生近 8000人。学校曾先后被评为国家级重点中等职业学校、全国教育系统先进单位、全国德育先进集体、北京市现代化标志性学校、职业教育教学研究基地、北京市依法治校示范校、首都文明单位。2011 年，学校被教育部确定为"国家级中等职业教育改革发展示范校建设计划"第一批立项建设学校之一。学校共开设了 21 个专业，其中会计、宝玉石鉴定与加工、眼镜配制、物流管理、电子商务、旅游服务与管理等专业在社会上影响广泛，是学校的重点专业和特色专业。学校年招中职生 1200 人以上，毕业生就业率始终保持在 99% 以上。

　　北京市商业学校开展成人学历教育，设有专科、本科、研究生班，与中国地质大学、中华女子学院、北京广播电视大学合作开办成人高考大专课程班，面向全国招生。学校积极开展校企合作、国际合作办学，与近百家大中型企业建立了合作关系，是百家企业的培训基地，并与国外十多所知名院校广泛开展合作办学，为学生的升学、实习、就业奠定了坚实的基础。

校长史晓鹤,高级职称,国家职业指导师、教育部全国中职教育教学改革咨询委员会成员、中国职教学会德育工作委员会副主任、全国商业中专研究会副主任、中西部教育顾问、北京市职教学会德育与学生管理工作研究会主任、全国教育系统先进工作者、全国中小学优秀德育工作者、全国教育系统巾帼建功标兵。

北京市商业学校

史晓鹤校长向教育部袁贵仁
部长介绍学校专业和学生作品

史校长始终坚持"以人为本,和谐共生"的办学思想,坚持学校应为学生健康成长服务、为教工事业发展服务、为首都经济社会发展用人需求服务;注重加强学校学术文化建设和战略研究,积极推进改革,坚持"依法治校、科研兴校、质量立校、特色强校"的办学宗旨,全力建设中职"旗舰校",使学校跨入了全国教育系统先进行列。她锲而不舍地追求"校风正、条件好、质量高、有特色、创一流"的办学目标,为教师营造了快乐工作、幸福生活、事业有成、彼此成就的良好氛围,促进了教师的快速成长,打造了一支一流的教师队伍。

北京市商业学校十分重视人才与师资队伍的建设工作，在"十一五"发展时期，在学校"十一五"规划的统领下，专门制订出台了《北京市商业学校"十一五"师资队伍建设实施方案》，进一步明确了人才与师资队伍建设的目标和具体措施，要求"努力培养，造就一支适合学校现代化、标志性发展与建设要求的、国内一流、基本接近中等发达国家先进水平的、高标准、高素质、高水平、数量适当、结构合理、富有创新精神、拥有现代教育教学理念、掌握现代教育教学方法和技术及手段的教师队伍"，提出"以全面提高教师队伍整体素质为中心，以体制创新、改革发展为动力，以结构性调整，用人制度改革和骨干教师、学科带头人、名教师、'双师型'教师培养为重点"，努力实现人才与师资队伍建设的两大转变，即从以数量规模发展为主向注重教师综合素质提高转变；从传统的人事管理向有效开发、合理配置教师资源、优化教师队伍结构，充分发挥教师自身的积极性、主动性、创造性，充分体现以人为本、科学管理的工作思路转变。

学校除了重点加强师资队伍建设之外，还按照科学、精简、高效的原则，认真贯彻执行《北京市事业单位聘用合同制试行办法》，继续深化以聘用合同制为核心的人事制度改革，依法加强人事劳资管理和岗位管理，发挥人才资源优势，进一步总结、完善综合配套改革方案，细化以人为本的管理制度，修订并完善岗位职责，强化岗位管理，积极稳妥地完成了各轮聘用及聘任工作。学校坚持公开、公正、平等竞争、择优上岗的原则，通过调整，逐步实现了教师与管理人员、教师与学生的合理配置；坚持德才兼备的原则，加强教职工队伍建设，形成了择优进入、严格监督、有效激励、正常退出的良好机制。

一、创新机制，积极探索教师分级管理体制模式

在加强人才与师资队伍建设的过程中，机制创新是关键。为进一步落实学校人才发展战略规划提出的各项目标和任务，学校人才与师资队伍建设首先从转换机制、创新人才管理模式、建立完善制度入手，坚持从实际出发、解放思想、实事求是、与时俱进，积极探索以聘用制为核心的人事制度改革，推进建立并逐步完善以聘任制为主的新的用人机制，实现了由身份管理模式向岗位管理模式的转变；坚持按需设岗、按岗聘任、竞争上岗的原则，实现教职员工能进能出、职务能上下、工资能升能降，优化配置人才资源，充分发挥全体教职工的积极性、主动性、创造性，形成了充满活力的用人机制和分配机制。2005年底，学校大胆提出对全校教职员工实行分级管理的设想，经过充分酝酿、广泛征求意见，先后制订出台了《教师分级管理办法（试行）》《行政干部岗位分级管理办法（试行）》《职工岗位分级管理办法（试行）》。在新制度中，除行政干部岗位分为三个等级外，教师岗位与职工岗位均分为四个等级，打破干部与教师、职工原有的以职称、年限、个人资格为主的分类管理方法，建立了新的以岗位职责、能力、绩效、贡献等为主要标志的分类管理办法。新制度不仅体现了以人为本、尊重知识、尊重人才，关心、爱护、帮助每一位教职员工，成就个人与学校事业的和谐发展的理念，而且为优秀教师、优秀人才提供了充分施展才能的机会和天地，最大限度地调动了广大教职工的积极性、主动性和创造性；不仅较大幅度地促进了教育教学质量水平的提高，而且比原有教职工考核评价方法更加科学、客观、公正、公平，同时也带动了学校其他工作的改革与创新，深受广大教职工的欢迎和好评。

二、夯实基础，加强教师先进教育理念的学习和培训

学校根据《学校师资队伍建设实施方案》及《创建学习型学校实施方案》提出的"树立全员学习、全过程学习、团队学习和终身学习的理念，健全和完善学习制度，开展丰富多彩的学习教育活动，逐步形成多层次、全方位的学习网络，建立相对完善的学习保障体系，全面提高各级人员理论知

识、业务技能水平"的要求，在全校范围内广泛开展以提高全体教职员工知识技能、业务水平为核心的学习型学校创建活动，大力营造全校上下人人讲学习、工作学习化、学习工作化、工作学习一体化的热潮。党委办公室、教育督导室两个职能管理部门在学校的统一领导下，分别就干部职工与教师的理论学习和业务技能培训提出具体的要求、内容和措施，并通过学校校刊、广播、信息报、教师教育理论学习参考资料等多种媒介渠道，从不同角度，利用不同方式，引导教职工参与各种形式的理论知识、业务技能的学习培训活动，将国内外职业教育的最新理念、最新方法、最新技术及时传递、介绍给教职工。为了配合教师教育理论的学习，学校多次邀请国内顶尖职教专家、行业

模拟银行

专家、企业专家等到校为教师做辅导报告及专题讲座。学校根据不同时期的学习目标与任务，定期组织开展全校性教师论坛，推进教育教学经验交流活动，使广大教师在接受教育、进行培训、互动学习的同时，不断受到来自社会、行业及专家、研究人员等多方面的新知识、新理论、新技术、新方法、新挑战的冲击和洗礼。

三、搭建平台，为优秀教师脱颖而出创造条件

为了鼓励教师在学校教育教学工作中更好地发挥作用，促使他们尽快成长，学校积极搭建平台，给予他们展示才华的机会和天地。如组织开展全校性的教学评优课、观摩课、研究课等公开课教学评比活动与教师教学技能展示及基本功竞赛活动，以及"十佳教学能手""十佳教师""十佳教学改革示范课""校级精品课程"评选活动等；组织推荐教师参加全市及全国各种教育教学、课程建设、教材建设、实训实验室建设、创新团队建设等评比活动，鼓励教师参加各种形式的课题研究及教育教学方法、手段和技术等的改革与创新活动等。这不仅使广大教师在活动中得到了锻炼，使他们的教学水平和业务技能水平得到了较大幅度的提高，而且也使一大批政治业务素质突出的优秀教师，尤其是发展潜力大、有培养前途的优秀中青年骨干教师涌现了出来。

学校旅游专业创新团队是 2007 年第一批北京市职业院校专业创新团队

之一。在学校的大力支持与帮助下，经过三年的创建，该团队成员的组织能力、合作协调能力以及实践能力都有了很大的提高。学校关注团队成员中每一位教师的个性化成长需求，为其制订了职业生涯规划目标和有针对性的培养计划，重点打造出了三级梯队的人才培养模式，形成了颇具特色与锐意进取的"雁阵"队列，即以系主任孙学英、教研室主任孙志英为代表的学科带头人为第一梯队，以郦华、徐东升、来君、胡建梅、霍虹等为代表的学科骨干力量为第二梯队，以朱海涛、杨菊等青年教师为主要代表的学科发展力量为第三梯队。该团队成员中，孙学英先后被评选为北京市市级骨干教师、北京市市级优秀教师、北京市经济技术创新标兵；孙志英成为北京职业学校旅游专业中具有较大影响力的知名教师；郦华晋升为高级讲师，并被评为北京市优秀青年骨干教师，2010年被学校选拔为商贸旅游系主任；来君晋升为讲师，商贸旅游系主任助理，酒店教研室主任；胡建梅成为旅游教研室主任；杨菊被评为北京市"紫禁杯"优秀班主任等。

会计专业在学校各方面的支持、帮助与团队成员的共同努力下，先后被北京市教育委员会评选为市级骨干特色专业、北京市中等职业学校重点专业、北京市中职学校会计课程开发实验项目牵头专业。专业团队被评为北京市职业学校专业创新团队，成为北京职业院校会计专业中最具影响力的团队。该团队学科带头人王一蓓先后被评选为北京市市级骨干教师、北京市经济技术创新标兵、北京市市级优秀教师。该团队学科带头人刘国成从一名普通教师迅速成长为该专业知名专家，并先后获得高级讲师、会计师、注册会计师"三师"称号，2008年在竞聘中被选拔为学校教学副校长；现任系主任丛秀云是北京市中等职业学校会计课程改革项目实验开发牵头人，于2010年被评选为高级讲师和北京市市级骨干教师。另外，该团队中的教师杨国萍、徐明仙、边成怀、胡冬鸣、王淑华、梁春秀等也都在专业建设、课程改革工作中作出了突出贡献，取得了优异成绩，成为团队建设中的核心力量。

与此同时，学校也在教育教学改革创新探索方面取得了一大批具有较高水平、较高推广实用价值的研究成果。教师参编教材、发表论文、承担课题研究、获得各种学术奖励成果项目的数量与质量都达到了建校以来的最高水平，并且有多名教师先后在市级教科研成果、市级评优课、市级教学改革示范课等评选中获得高级别奖励，一批年富力强的中青年教师通过这些活动也开始受到同类专业课教师及同行业学校的广泛关注，有些还享有一定的学术地位与较高声誉。

四、开门办学，双向流动

根据职业教育的特点与教学要求，学校始终坚持开门办学的思想，即"走出去，请进来"，鼓励教师深入企业挂职锻炼，参加社会实践和企业调研活动。学校结合专业特点，联系实际，专门制订了《教师社会实践、挂职锻炼及企业调研的暂行管理办法》《实践性教学管理办法》和《教师考核管理办法》等一系列规章制度，明确提出专业课教师每两年必须有两个月到企业或生产服务一线进行挂职锻炼和社会实践，鼓励和支持教师利用学校假期时间到企业进行社会实践和调研活动。这些措施有效地促进了教师与社会的密切联系及其与企业的互相协作，丰富了教师的社会阅历，提高了教师的职业素质和实践动手能力，促进了教师业务理论知识与实践操作技能的有机结合。在鼓励教师"走出去"的同时，学校还坚持"请进来"的做法，并先后制订出台了多项相关的管理试行办法。各系部在安排教学计划的同时，专门留出一定比例的岗位聘请企业及社会上具有丰富实践经验、符合学校任职兼课条件的优秀经营管理人员、工程技术人员及高级专门技术人才，来承担学校专业课与实践技能课的教学工作，并从企业陆续引进及长期聘用多名实用高级技能人才到校兼职或从事系部实验实训室的建设与管理工作，这些做法都取得了显著的效果。

五、走出国门，拓展视野，选派教师出国深造、学习、培训

为配合学校国际合作办学的需要，逐步实现与国际职业教育教学模式的接轨，拓展视野，学习借鉴、引进吸收国际最先进的职业教育办学理念与经验，学校从 2003 年开始，有计划、分步骤、有目的地选派各类教育教学管理人员，尤其是广大一线教师到国外深造、进修、学习和培训，其中除校级领导外，学校中层以上的教育教学管理人员有

国际合作

80％以上曾被选派出国学习、培训一次以上，其中，各系部主任及教学管理综合职能部门主任出国学习、培训的比率达 100％；各系部专业课教师共近30 人次曾被选派出国学习、培训，占全部专业课教师的 40％以上；英语课

教师被选派出国学习、培训人数比率达 70%，2006 年一次性选派 19 名教师赴奥地利学习、培训，2003 年、2005 年、2007 年选派近 20 名教师赴新西兰基督城理工大学、英国伦敦兰伯斯学院以及意大利、美国等国的高校学习、考察与培训，赴新加坡、法国、韩国、日本等国学习、培训的教师也超过10 人。

郦华老师在学校酒店管理专业的国际合作办学过程中，曾先后三次被派往德国、奥地利等国家学习、参加培训，积累了丰富的课程体系开发、教学质量管理等经验。在不断总结经验的同时，郦老师先后在国家级刊物上发表了《欧洲的导游职业》等多篇论文，参编了《旅游市场营销》等多部高职教材，从一名普通教师成长为学科建设和专业建设带头人及系主任，肩负起教育教学管理工作。她曾深情地写到："我的成长历程记录着学校对师资建设的重视，学校给教师的不仅仅是机遇，更多的是成长的沃土和阳光。我将继续努力，不断为职教事业贡献力量！"

王彩娥老师曾经这样谈到："伴随着学校的飞速发展，我也在快速成长。这些年来学校一直非常关注教师的成长，也为我提供了多次再学习的机会。2001 年我到哈尔滨商业大学脱产进修企业管理，获得了管理硕士学位；2002 年 4 月我接受学校委派，参加了英国城市协会 C&G 国际师资培训班；2006 年 9 月学校又派我赴奥地利学习国际酒店管理与服务；2007 年我参加了国际高级注册市场师认证课程的学习。这些学习机会提高了我的专业素质、开阔了我的思路、拓宽了我的专业领域，使我的教学水平得到了快速提升，成为学校课程改革的带头人，并得到了同行认可，得到了专家的好评，在学生测评和年终综合考评中始终位列学校的第一阵容。我还先后被评为学校一级教师、校级骨干教师，并连续多年获得'学校十佳教师'称号，2010 年我又荣获了'北京市骨干教师'称号，2011 年被学校聘为物流交通系的主任。我能有今天的成绩，应该感谢国家的职教政策，感谢社会企业为我们提供的支持，更要感谢自己生活和工作的这片热土——商校为我们搭建的平台。我庆幸自己是商校的一员，学校为每一位教师都提供了充分发展的空间和展示才华的平台。在这里，我们的青春和汗水没有白白抛洒，它换来的是学校的蓬勃发展，而学校的不断发展壮大，也给我们每个人带来了更多的机遇、更大的进步。"

六、实施名师工程，鼓励支持教师成名成家

学校《发展建设规划》明确提出："要坚持教育教学的中心工作地位，重点提高教育教学质量，改善教育教学方法。坚持以人为本，实施个人事业与学校事业和谐共生、共同发展的人才兴校战略，积极推进名师工程建设。"其具体内容包括三个方面，一是制订出台名师培养的具体实施方案，明确名师培养的目标；二是加强管理，保障名师队伍建设的质量，明确对名师的动态管理程序、年度考核办法及目标责任要求，设定名师专项课题，实行名师挂牌教学，支持名师著书立说，推介举办名师论坛，建立名师沙龙等；三是搭建舞台，充分发挥名师的帮带作用，组织名师辅导课，一帮一结对子，利用校刊开展"名师论坛"，利用学校媒体开办"名师谈课改""名师访谈录"等专栏。学校《教师分级管理办法（试行）》第十三条明文规定："学校对连续五年被聘为一级教师的人员，授予其'学校功勋教师'称号；对连续四年被聘为一级教师的人员，授予其'学校名师'称号。"目前学校专任教师队伍中具有高级讲师职称的有 39 名，一级教师 25 名，其中已进入名师备选名单的约 10 名，名师后备梯队培养人选 18 名，多数教师已经在各自的专业教学领域小有成就，享有一定的社会声望与知名度，并被上级有关部门授予专业荣誉称号或被聘为某学科领域的学术专家，如教育部德育教学专家组成员、全国中职教育系列物流专业教指委委员、全国商科职业教育教材编审专家组成员、北京市市级优秀教师、北京市经济技术创新标兵、北京市人民政府教育督导室督学、北京市职教系列教师高级职称评审委员会委员、北京市市级骨干教师、学科带头人评审委员会委员等。

七、突出重点，狠抓骨干教师队伍建设

学校在实施人才与教师队伍建设的过程中，尤为重视骨干教师队伍的建设，从 1999 年制订出台第一稿《学校骨干教师管理办法》以来，学校已先后三次对该办法进行了调整、充实和完善，学校骨干教师队伍也从第一批学校评审确定的十余名校级骨干教师发展到今天市校两级骨干教师及学科带头人总计四十余名，市校级骨干教师与一级教师总量占全体专任教师总数的30％左右。

学校对市校两级骨干教师实行动态管理，每年进行年终考核，符合骨干教师条件的重新认定其骨干教师资格，未能达到骨干教师条件的取消其骨干

教师称号。对于校级骨干教师的选拔，学校每两年评选一次，采取个人申报、系部推荐、公开竞争，并由学术委员会统一组织答辩、复审推荐，校领导班子研究终审批准的形式进行。市级骨干教师由学术委员会在校级骨干教师中推荐，学校领导班子审核同意上报后，由市有关部门批准，以确保公开、公正、公平和骨干教师队伍整体素质的高质量、高标准和高水平。

学校对市校级骨干教师采取多种形式的政策倾斜，一是公开表彰，颁发荣誉证书，宣传事迹，记入业务档案。二是优先安排国内外学习、进修、培训，优先安排外出参观、考察及参加学术会议，优先考虑工资奖励晋级。三是按月发给骨干教师津贴（随基本工资发放）。市级学科带头人每月津贴200元，市级骨干教师每月津贴150元，校级骨干教师每月津贴80元。四是年终效益工资，市级骨干教师增发40%，校级骨干教师增发20%。除此之外，学校还在骨干教师在职攻读硕士、博士学位等高一级学历的学费报销上给予较大幅度的倾斜，即在一般教师50%报销比例的基础上提高到70%；在课题研究、出版专著教材、发表学术论文、取得高层次学术研究成果等方面也都为其创造更为有利、更为宽松的环境与条件。这些做法不仅保证了骨干教师队伍的基本稳定，也充分调动和较好地发挥了骨干教师队伍在学校整体教育教学工作中的核心作用和主导作用，使其真正成为学校改革与发展可依赖的中坚力量和骨干力量。

原商贸系教师黄凤文，2005年作为重点培养对象被学校选派到北京师范大学攻读职业技术教育硕士学位；2007年被学校选派到英国伦敦城市与伊斯灵顿学院参加培训；2008年代表学校参加在江苏南京举行的中国职教学会学术年会；2010年作为学校成人学历教育主要负责人，被选派到香港参加"远程教育和网络教学高级研修班"的学习培训。在谈到个人成长经历时，她深有感触："作为骨干教师，学校为我们的成长搭建了广阔的平台，提供了很多机会。每一次的学习和培训，我都竭尽所能汲取营养，充实自己。伴随着学校的发展，我个人也在不断地成熟与进步。在商校的12年，我感谢学校的关心和培养，可以说，没有学校的培养，就不可能有今天的我。然而个人总是渺小的，一滴水只有融入大海，才能永不干涸。无论我身在何处，我都会常怀感恩之心，饮水思源；无论何时，我都会常怀关爱之情，心系商校。"

八、重视教科研，促进教师教学水平与教研水平的双提高

教科研工作是学校教育教学工作的重要组成部分，是推动学校教育教学

改革健康发展、提高教学质量的重要途径，同时也是培养人才、发现人才、锻炼队伍的重要载体和平台。职业教育的教科研虽不同于普通教育和高等教育，但其对教育教学工作的促进作用同样是不可低估的。学校历届领导对教科研工作都给予了极大的关注和支持。随着学校教科研水平的不断提高，教科研成果的数量逐年上升，参与教科研工作的教师人数越来越多，学校对教师获取教科研成果的奖励力度也越来越大，教师获得的各种学术奖励的层次和级别也越来越高，其中不乏市级和国家级奖项，发表的论文不仅有刊载在重要学术期刊上的，而且有刊载在全国核心期刊上的，有些教材不仅被多所学校选用，而且在全市教材评选中多次获得优秀教材成果一、二等奖。学校教师每年获得技能竞赛、各种学术奖励 300 余项。从 2000 年开始的几千元到 2006 年的近十万元，学校每年用于教师教科研成果的奖励基金也在不断提高。2007 年 9 月，学校再一次大幅度提高教师教科研成果及教学竞赛奖励标准，现在每年用于教师教科研成果的奖励基金为 15—20 万元，这种对教科研工作的重视与支持力度，不仅有效推动了教科研工作的开展，而且也极大地促进了教师教育教学水平的提高以及教学与教研的良性互动。

九、优化结构，引进人才，全面提高教职工队伍的整体素质

随着学校办学规模的不断扩大，原有教师队伍已不能满足快速发展的教学需要。解决人才需求最快速、最便捷、最经济、最有效的途径和渠道就是广纳社会贤良，从各方面引进教学急需的各类人才。几年来，学校先后从市内及外省市引进了中高级专业技术人员及应往届硕士研究生近 30 名，其中从外省市及本市有关高校及职业学校陆续引进具有高级职称的专业技术人才近 10 名，具有特殊技术专长的教师 20 多名，长期在校执教的外籍教师 2 人（奥地利籍教师 1 人，美国籍教师 1 人）。同时，学校还从在校现任中青年优秀教师中每年选派 5—10 人送往国内有关高校攻读在职硕士及博士学位，采取多种形式帮助现有教师不断提高业务能力和教学水平，不断调整和优化教师队伍的整体结构和素质。目前，学校具有研究生学历以上的教师（含博士研究生学历）共 42 人，占全校专任教师总数的 30% 以上。另外，学校还通过多种办法为这些教师的工作、学习和生活创造有利条件，解除他们的后顾之忧，并力求做到对人才不仅要能够引得进，而且还要留得住，更要用得好，真正做到用"感情留人、事业留人、待遇留人"。目前，这批高素质、高学历、高职称及具有特殊技术专长的专业技术人才不仅无一流失，而且都

在各自的岗位上发挥了很好的作用，绝大多数已成为学校教师队伍中的骨干力量及专业和学科带头人。

十、加强师德建设，为师资建设提供政治保障

学校在注重师资队伍业务技能与专业教学水平提高的同时，也非常注重加强教师队伍的师德建设，根据教育教学实践中存在的问题，不断改进师德教育的内容和方法，大力提倡教师走德能兼备之路。学校充分发挥思想政治工作的先进作用，认真做好深入细致的思想工作，使教师树立正确的世界观、人生观和价值观，增强了他们的事业心、责任

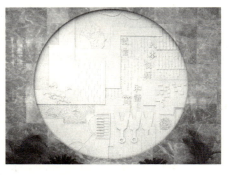

文化墙

感和敬业精神，为学校的发展与师资队伍建设提供了强有力的保障。

一、新时期师资建设面临的主要形势与任务

（一）国家级改革发展示范学校建设对师资队伍整体素质提出的标准和要求

学校在"十一五"规划时期，连续跨上三个大台阶，达到了目前国家职业教育发展所要求的最高建设标准。各种荣誉称号的获得不仅说明了过去工作的努力与回报，更代表着新的、更高的起点，新的更高的目标与追求，也预示着学校全体教职员工需要付出更多的努力。虽然过去几年来学校各项硬件建设得到了长足发展，达到了一定的规模和水平，取得了较好的建设效果，但是学校的软件建设依然存在较大的提升空间，尤其是师资队伍建设水平、教师的教育教学质量水平、教学管理水平等都还与国家级改革发展示范学校建设的目标要求存在一定差距，需要全体教职员工积极进取，努力不懈。

（二）打造强势品牌职业学校的目标赋予师资队伍建设更高的内涵和要求

温家宝总理在全国职业教育工作会议上指出，中国特色的职业教育必须

服务于社会主义现代化建设，着力培养适应经济社会发展需要的高素质劳动者和技能型人才；必须满足城乡居民对职业教育的多样化需求，为他们就业、创业和成才创造条件。《国务院关于大力发展职业教育的决定》就职业学校加强师资队伍建设、实施职业院校到企业实践制度、制订和完善职业教育兼职教师聘用政策、加强"双师型"教师培养等都作出了明确的规定，这对职业学校教师提出了更高的素质要求。作为全国职业教育名校，要实现打造强势品牌职业教育学校的目标，路还很长，任务还很艰巨。

（三）树立中国职教形象的要求对师资建设提出更严格的规则要求

作为北京市 6 所入选国家级中等职业教育改革发展示范学校的代表之一，学校的窗口示范作用越来越明显，国际化程度越来越高，学校的品牌形象越来越被认可，接受国内外职业院校及各种形式的来校学习、参观、考察、交流、调研的任务也越来越重。学校作为首都职业教育的先进典型，代表的不仅是北京职业教育的形象，在国际交流与国际职业教育合作中更是代表了中国职业教育的形象。因此，学校的每一位教师都是来访者、参观者和考察者了解、认识学校，了解、认识北京职业教育与中国职业教育的窗口，这无疑给教师队伍的整体素质与能力提出了更高的标准和要求。

（四）市场竞争给职校师资队伍建设带来发展空间和考验

全国职教工作会议的召开，党和政府对职业教育工作的重视，无疑为职业教育今后的发展奠定了良好的基础，给广大职业教育学校创造了极好的发展机遇。但同时市场经济的基本运行规则也决定了只有在激烈的竞争中勇于拼搏、勇于开拓、勇于创新者才能获得强大的生命力，而决定这一结果的最重要的元素就是职业学校的办学质量和办学效益，而办学质量与效益的最终决定因素就是学校师资队伍建设的水平。

二、国家级改革发展示范学校师资队伍创建的主要措施与建议

（一）进一步加强师德建设，提高教师的职业道德水平

继续推动师德建设工作，使师德教育经常化、制度化、科学化，根据教师在教育实践中存在的问题，改进师德教育的内容和方法，有针对性地开展师德教育，使教师树立正确的世界观、人生观和价值观，增强他们的事业心、责任感和敬业精神，使他们更好地教书育人、为人师表；加强对师德的考核力度，将考核结果作为教师聘任、晋升、奖惩的依据。

（二）进一步深化教学管理体制、师资管理体制改革

根据市场需求，着力调整教学结构，改革教学内容，改进教学方法，完善教学改革的各项配套措施。从实际出发，改革、完善师资管理体制，根据专业设置及教学岗位的实际需要，完善定编、定岗管理办法，改变单一、固定的编制结构，建立固定人员与流动人员相结合、专职教师与兼职教师相结合的制度。加大分配改革力度，合理拉开收入差距，在整体增加教职工收入的同时，注重向勇于改革、勇于创新的教师倾斜，向专业带头人和学科带头人倾斜，向成绩突出、贡献较大的教师倾斜。继续坚持公开、平等、竞争、择优上岗的原则，通过调整和分流，逐步实现教师与管理人员、教师与学生的合理配置。

（三）进一步提高教师的课堂教学质量与教学水平

继续抓好教师课堂教学的质量环节，执行学校各级领导与听课组随堂听课及教师互相听评课制度；继续坚持试行不同层次与不同类型的示范课、观摩课与研究课制度；继续加强教师教学基本功的训练，定期组织开展教师教学基本功竞赛评优活动；继续坚持学校说课比赛、教学能手及教学质量奖等评选活动；积极组织、引导广大教师改革创新，加强教学理论与方法的探索研究，努力为学校教育教学质量的提升作出更大的贡献。

（四）进一步强化实践性教学环节，加强教师专业技能与实践动手能力的培养

鼓励教师积极参加社会实践活动，促进教师与社会的密切联系，支持教师到企业进行兼职或挂职锻炼，深入企业开展调查研究，以提高综合实践与动手能力，促进教师的理论与实践的有机结合；严格按照《国务院关于大力发展职业教育的决定》的精神，建立职业教育学校教师到企业实践的制度，着力提高青年教师的职业技能和实践动手能力。

（五）进一步加大教师进修培训力度，促使教师树立终身学习理念

鼓励教师通过各种形式的学习、培训、进修不断提高自己的专业知识、技能与学历层次，落实与实施全市职业教育管理部门的统一规划与校本培训相结合的教师继续教育制度与措施，以适应在职教师自我学习、自我发展、自我提高的知识需要。鼓励教师参加学术研究，适当安排教师参加高层次、高水平的学术培训与交流活动；加大师资培训的经费投入，引导教师逐步树立终身学习的理念，不断提高教师的专业化水平和整体素质。

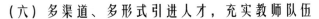

（六）多渠道、多形式引进人才，充实教师队伍

建立合理的人才引进与人才流动机制，有计划地开展人才引进工作，拓宽视野，多渠道、多形式争取各类优秀人才充实教师队伍，尤其是要注意面向社会、面向企业引进优秀的经营管理人员、工程技术人员、高技能人才来充实学校专业课教师与实习指导教师队伍。坚持"人才引进与人才培养相结合，以培养为重点"的学校人才发展战略观，在适当引进人才、不断充实教师队伍的基础上，重点做好内部挖潜与培养工作，采取多种形式帮助现有教师不断提高自身的业务能力和教学水平。

（七）完善制度建设，进一步规范教师管理工作

依据不同时期学校发展形势的不断变化，及时修订与完善师资队伍建设管理方面的有关规章制度，不断推进师资管理工作的规范化、制度化建设，严格程序管理，实施制度管理，倡导科学管理，不断加强师资队伍建设的政策研究力度，提高依法治校的水平。

学校的发展大都经历了数量扩展、质量提高、特色发展和文化发展的过程。师资队伍建设与学校的发展过程相似，需要经历规模扩大、专业提升、综合素质提高和特色化发展这一过程。北京市商业学校以国内一流、基本接近中等发达国家先进水平的师资队伍为标准，在师资队伍建设的过程中体现出以下特点：

特色化。特色化发展是师资队伍建设的高级阶段。学校以打造一流教师队伍为目标，师资队伍建设重点从以数量规模化发展为主转向以注重教师综合素质提高为主；从传统的人事管理向人本科学管理。学校重视提高教师的综合素质，推进师德教育的经常化、制度化、科学化；实行听课、评课制度，进行教学基本功等各项教学能力比赛，提高教师课堂教学质量和教学水平；强化实践性教学环节，加强培养教师专业技能与实践动手能力；进一步加大教师进修培训力度，促进教师树立终身学习理念。学校还创新机制，积极探索教师分级管理体制，以岗位职责、能力、绩效、贡献等为主要标志分类管理；合理拉开收入差距，在整体增加教职工收入的同时，注重向勇于改革、勇于创新的教师倾斜，向专业带头人和学科带头人倾斜；向成绩突出、

贡献较大的教师倾斜。

国际化。职业学校师资队伍的国际化与学校的整体水平紧密联系。北京商业学校是中职学校中的名校，发挥着示范作用，走在职业教育改革的前沿。根据国际合作办学的需要，学校引进外籍教师，有计划、分步骤、有目的地选派各类教育教学管理人员，尤其是广大一线教师到国外进修、学习和培训，为教师和干部开拓眼界、提升专业能力搭建了平台，促进了学校的蓬勃发展和品牌建设。

重科研。学校历届领导对教科研工作都给予了极大的关注与支持，使学校教科研水平不断提高，科研成果不断丰富，参与教师不断增多，成果获奖层次和级别不断提高。学校还采取科研奖励制度，促进科研成果向教学实践转化，使教学与教研良性互动、互相促进。

高质量。质量是一个综合指标，师资队伍结构合理，拥有现代教育教学理念，掌握现代教育教学方法、技术、手段，富有创新精神等都是高质量师资队伍的标志。学校十分重视转变全体教师的职教理念，开展丰富多彩的学习活动，逐步建设多层次、全方位的学习网络、建立相对完善的学习保障体系，全面提高了教师的理论知识与业务技能水平。学校通过技能展示、公开课比赛，评选教学改革示范课、校级精品课程等活动，为优秀教师的脱颖而出搭建了平台；实行双向交流，支持教师到企业挂职锻炼，广纳企业能工巧匠到校兼职兼课；实施"名师工程"，鼓励支持教师成名师、名家；突出重点，狠抓骨干教师队伍建设；优化结构，引进人才，全面提高了教职工队伍的整体素质。

（点评：佛朝晖）

名校／名校长简介

戚玉国，河北丰宁人，1964年生，毕业于河北教育学院教育管理系，大学本科学历，中学高级教师，2000年5月至6月在华东师范大学参加国家级骨干校长高级研修班学习。2000年被承德市委市政府评为市级优秀知识分子。2003年被确定为河北省"211"工程骨干校长培养对象。戚玉国积极撰写有关教学与管理方面的论文，在省级以上教育类刊物发表论文16篇，在市级教育类刊物发表论文5篇。从2007年至今，戚玉国担任丰宁职教中心校长，负责职教中心的全面工作，在农村职业教育办学特色方面积极创新，发展思路明确，成绩显著。

戚校长认识到，具有过硬专业素养和专业能力的师资队伍，是一所学校核心竞争力的标志，师资队伍的建设要走内涵式发展之路，渗透到学校工作的各个环节。为此，在戚校长的领导下，丰宁职教中心为教师提供了广阔的成

校长戚玉国

职教花苑奇葩，技术人才摇篮

——河北省丰宁职教中心

长平台以及充足的培训资金，出台了一系列行之有效的政策和切实可行的制度，重点做好了以下四个方面的工作：一是建立具有激励性的教师评价体系，促进教师思想和工作水平的提高；二是持续开展教师岗位培训，不断提高教师的业务素质；三是建立良性的教师补充机制，逐步优化教师队伍的结构与层次；四是倾力实施职教"名师建设工程"，全方位对教师进行培养。丰宁职教中心的种种举措，针对性强，高效直接，有力地促进了教师团队的成长，为学校的进一步发展奠定了坚实的基础。

职教花苑奇葩，技术人才摇篮

——河北省丰宁职教中心

大力发展职业教育是我国教育事业的重要举措，《职业技术教育法》的颁布、《国务院关于大力发展职业技术教育的决定》的出台，以及国家"十二五"规划的制定，都突出了职业教育的重要地位。而职业教育的健康发展和质量的提高，与建设一支强有力、高水平师资队伍是密不可分的。教育部《关于"十五"期间加强中等职业学校教师队

丰宁职教中心科技楼

伍建设的意见》指出："建设一支专兼结合、数量充足、素质优良、结构合理、适应全面推进素质教育的高质量的教师队伍。"教育部《关于进一步深化中等职业教育教学改革的若干意见》指出："进一步优化教师的素质结构，提高'双师型'教师的比例。"这些文件都说明不断加强职业教育师资队伍建设不仅是当务之急，也是一个长期任务，更是中等职业教育质量和生存的保障。师资队伍建设的着力点在于"优化师资队伍的学历结构、专业结构、职务结构，提高师资队伍整体素质"。

丰宁职教中心始终将师资队伍建设放在工作的突出位置。经过几年来不懈的努力，教师的职业道德不断提高、业务水平不断提升，教师队伍的学历、职称、专业课教师数量以及年龄结构均向合理方向发展，保障了学校各项工作的健康有序开展。教师中拥有本科学历者占96%，拥有高级职称者占教职工总数的30%，专业课教师中"双师型"教师占专业课教师的70%，老中青教师比例为1：3：2。

具有过硬专业素养和专业能力的师资队伍，是一所学校核心竞争力的标志。师资队伍的建设要走内涵式发展之路，渗透到学校工作的各个环节。学校要为教师提供进步和提高的平台，提供充足的培训资金，出台行之有效的

65

政策和切实可行的制度，重点应做好四个方面的工作：一是建立具有激励性的教师评价体系，促进教师思想和工作水平的提高；二是持续开展教师岗位培训，不断提高教师业务素质；三是建立良性的教师补充机制，逐步优化教师结构与层次；四是倾力实施职教"名师建设工程"，全方位对教师进行培养。

一、建立具有激励性的教师评价体系

建立具有激励性的教师评价体系就是建立发展性的教师评价结构框架和具体标准。这种评价以促进教师的专业发展为最终目的，是一种双向的教师评价过程，建立在双方互相信任的基础之上，和谐的气氛贯穿评价过程的始终。学校始终坚持对教师教学工作进行综合考核，对教师的工作进行整体评价，通过评价促进教师持续发展。

学校制订了《教师综合考核实施办法》，对教师各方面的工作进行评价，其内容包括教学质量、学生民主评议、日常工作考勤、业务学习和技能、工作实绩、师德师风六个部分。坚持每月考评，学期小结，年度汇总，将综合考评结果作为教师评优、评奖、名师评选、职称评聘的重要条件。学校还制订了《常规教学管理标准》《班主任工作四项评比办法》《教研组教学工作考核办法》《实训室管理考核办法》和《教科研工作考核办法》，进一步细化各项工作，使教师在工作时有据可依、有章可循，能够在工作中发挥主观能动性。

二、持续开展教师岗位培训

持续开展教师岗位培训就是针对教师的实际情况、教学中存在的问题，坚持开展教师培训，提高教师的思想水平和业务素质。近年来，学校坚持开展以师道讲座为主的师德培训，以计算机应用能力为主的现代化教学手段培训，以专业技能竞赛为主的专业实践能力培训等活动；每年都按计划选派优秀教师参加国家级骨干教师培训、省级学科带头人培训、市级专业课教师专业能力培训，选派专业骨干教师到联办学校和联办企业进行专业技能学习，选派优秀教师到先进的中等职业学校进行学习；同时认真抓好教师的业务学习，提高教师的工作能力，使教师掌握先进的职业教育理论、教学方法以及学生管理方法。

三、建立良性的教师补充机制

建立良性的教师补充机制就是畅通教师进入学校的道路，通过不断引进优秀的专业课教师，强化师资队伍，调整师资结构，提高教师专业素质，引进先进的教学理念、教学方法，带动全体教师共同提高。学校重点实行"空编管理、合同聘用"的教师引入办法，根据专业建设的实际需要，向社会公开招聘具有大学本科及以上学历的毕业生和县内知名的高级专业技术人才。

"空编管理、合同聘用"，就是不在编制之内进行教师招聘，而是由县财政拨付专项资金发放招聘教师工资，学校按照"因事设岗、按岗聘任、人事相宜、事职相符"和"淡化身份、强化岗位"的原则，具体落实专业课教师招聘，制订招聘教师工资标准，与招聘教师签订合同。学校为此制订了《招聘空编管理教师规定》，规范了招聘空编管理教师的程序和方法；制订了《空编管理教师教学工资考核办法》，加强了空编教师的管理；制订了《空编管理教师工资管理实施办法》，保障了空编教师的利益。

四、倾力实施职教"名师建设工程"

"名师建设工程"是指学校把积极进取、工作富有成效、业务素质高、有经验、有潜力的教师通过一定的标准和程序选拔出来，并对其进行针对性的培养和管理的一系列工作的总和。学校为此专门制订了《职教名师评选、使用和管理实施办法》，全面实施"名师建设工程"，通过职教名师的培养和选拔，树立优秀教师的权威，提高优秀教师的待遇，并以此带动学科带头人、骨干教师、"双师型"教师、优秀班主任的培养，从而造就一支过硬的教师队伍。

培养专业骨干教师队伍，是以学科教师为基础，通过各类活动带动与促进教师业务素质的不断提高，逐步进行针对性培养，从中选出学科教学能力和科研能力突出者，使其成为专业骨干教师的过程。学校每年都开展评选"师德、教学、管理、技能、科研"五项标兵活动，整体促进专业骨干教师的培养，这提高了专业课教师中"双师型"教师的比例，增加了优秀班主任的数量。

实践应用

一、建立激励性的教师评价体系，促进教师水平的提高

《教师综合考核实施办法》自 2008 年初开始实施，在实施过程中，每年学校都不断总结得与失，年末对其进行修订，第二年继续实施。在几年的实践中，有很多实例值得借鉴。

1. 教学质量评价部分，涵盖了对教学工作以及教师能力水平的评价。课堂教学评价不仅要求教师上好课，更要求教师具有熟练运用多媒体技术等现代化教学手段进行教学的能力。教案与计划的执行评价，一是规范教师课前备好课，二是提高教师把控实施教学计划的能力，三是提倡在电子备课的基础上提高计算机应用水平。在实践初期，部分老教师学习计算机应用技术的积极性不高，但经过学校的大力倡导下，很多老教师也克服了很多困难开始认真学习。48 岁的贾海玉老师就是其中的一位典型代表，他开始时对计算机一窍不通，可看到别的老师多媒体课上得津津有味，也开始学起计算机知识来，而且比谁都起劲，提出的问题也最多，又做起了"学生"。现在贾老师已经能够熟练地运用多媒体进行教学了。平时他最爱说的一句话就是："计算机没有什么，手熟而已。"

教研活动评价不在于形式，而在于督促教师参加各类教研活动，通过活动提高教师的教学水平。教务处、专业部、教研组认真组织开展教研活动，如教学讲座、示范课、观摩课、推门课、问题研讨会、课题研究、教学论文撰写、优秀课件评选等。学校还要求名师和教研组长每学年必须上好一节示范课、做好一次讲座、发表一篇高质量论文。起初很多教师认为讲座是专家和学者的事情，根本瞧不起同事的讲座，也不把讲座当一回事，不愿意去听。为此，学校教务处只能硬性要求，对出勤教师进行点名。经过几次讲座，教师感觉学到了很多东西，也开阔了视野，参加的积极性逐渐提高，后来甚至出现了提前占座的现象，20 次讲座教务处只点了 3 次名。后来，很多教师反映一年 20 次讲座太少，应该增加到一个星期一次。推门课活动是教务处倡导的教师业务学习活动，要求教师一个星期至少听两节课，听课教师不用与授课教师打招呼，可以随时像学生一样到教室听课。2008 年开始实行时，教师对此有很多看法，如"这样听课是不是对授课教师的不尊重，假如

授课教师没有准备好教学怎么办"，对此，教务处和专业部领导先带头进行推门课的授课，邀请普通教师听课。坚持了一个学期后，授课教师没有感觉有什么冒犯，也没有出现教学准备不足的问题。之后，推门课成为常态教学活动，教师通过推门课学教法、学管理、学经验，乐此不疲。

2. 学生民主评议部分，就是通过学生对教师进行测评、问卷调查和召开学生座谈会，最后综合给出学生对教师的满意度评价。方案开始实施时也出现很多意见，多数教师质疑学生民主评议的可信度，担心对学生管理严会被学生打低分、说坏话。鉴于此，学校决定先进行一个学期的试验，试验得出的教师等次不计入考核。学校挑选了 10 个班级作为实验班，对任课教师进行学生民主评议，每月进行一次，给出教师等次，一个学期后进行汇总，得出学期教师等次。之后，学校将学生给出的最后结果与教师平时的工作表现、学期学生学科成绩进行比对，竟发现比对结果与设想几乎一致：平时工作表现优秀、教学成绩好、学生管理严格的教师，学生民主评议给出的满意度就高，相反满意度就低。学校把试验结果向全体教师公布，消除了教师的顾虑，使得学生民主评议得以顺利开展。

3. 业务学习和技能考核部分，主要目的是督促教师进行业务学习，积极参加教师培训，取得职业资格证书，以此带动全体教师逐步提高。在业务学习方面，学校的主要目的是要在校内形成一个良好的学习氛围。为此，学校规定教师学习要记学习笔记，每月学习笔记不少于 2000 字，教务处月初给出学习的主要内容，月末进行检查。在几年的学习过程中，教师们都养成了良好的学习习惯，不用督促就能自觉地进行学习，教师的学习笔记不仅有教务处规定的学习内容，还有很多规定外的与教学相关的内容，而且学习次数远超规定数量。李海波老师自学了计算机网络基础，成为学校一名优秀的网络管理教师。教师通过学习，其业务水平和职业教育的理论水平以及个人素养都有明显的提高，这进一步促进了其工作水平的提高。

在取得职业资格证书方面，学校要求专业课教师取得国家级四级及以上职业资格证书，为专业教学起导向作用，为学校"双师型"教师数量的提升起到推动作用。学校对此项工作态度非常坚决，对一些持反对意见的教师进行多次深入的谈话，使他们真正认识到，学校要发展，没有一支理论与技能过硬的专业课教师队伍不行。这样的考评是为了督促和鼓励专业课教师进行专业技能学习，以达到"双师型"专业课教师的要求。经过学校的细致工作，原本持反对意见的教师赞同了学校的做法，积极投入专业技能学习中，仅 2010 年就有 3 位教师取得技师证书（国家二级），6 位教师取得高级证书（国家三级），12 位教师取得中级证书（国家四级）。

4. 工作实绩考核实行加分政策，基本涵盖了工作的各个方面，包括行政奖励、发表论文和出版论著、教学课题研究、教学比武和技能竞赛、教学成绩突出、班主任工作、职业资格证书的取得、实训室管理等。在发表论文、出版论著、课题研究三个方面，学校的目的是通过对教师教学研究的肯定和教科研活动的鼓励，使教师自身发展和自我提高得以实现。3 年来，张来勇老师在出版的《计算机应用基础》教材编写工作中任副主编，刘伟老师在出版的《数据库案例教程（Visual Foxpro 6.0）》教材编写工作中任副主编，徐建民老师在出版的《就业指导》教材编写工作中任副主编；学校教师在国家级报刊上发表论文 20 多篇，在省级报刊上发表及获得省级奖励的论文 50 多篇，在市级报刊上发表及获得市级奖励的论文 60 多篇；结题的国家课题 1 个、省级课题 2 个，正在研究中的国家课题 2 个、省级课题 2 个、市级课题 3 个、校级课题 5 个。

开展教学比武和技能竞赛，学校的目的是对课堂教学和专业技能教学成绩突出的教师进行肯定，这是对教师专业发展与提高的激励。吴雪峰老师在 2010 年河北省中等职业学校电子电工说课比赛中荣获二等奖，刘伟、汪艳萍和骆文华老师获得 2010 年河北省中等职业学校学生技能大赛优秀指导教师奖，王晓燕老师获得 2010 年承德市说课比赛一等奖，刘伟老师获得 2010 年全县第二届班主任基本素质大赛二等奖，计算机教研室获得 2008 年承德市计算机教师技能比赛团体二等奖，杨秀萍老师获得 2007 年承德市 CECA 计算机大赛优秀指导教师奖。

在考核内容中，学校加入了在各类大型活动中取得优异成绩一项，这也是对教师在"四节活动"中取得的成绩的表彰。学校把开展丰富多彩的学生活动作为学校工作的重要组成部分，确定每年 4 月举办文化节、6 月举办艺术节、9 月举办体育节、11 月举办科技节，力图通过活动的开展促进学生全面发展，同时提高教师的组织能力、创新能力，丰富教师育人的方法和技巧。在历年的"四节活动"中，涌现出了一批优秀的教师，这些教师也正是学校学科教学、班级管理的行家里手。学校代表县高中阶段学校参加"中华经典诵读"比赛，获得省三等奖；参加全县"彩色周末"演出，非常成功，获得县委县政府和社会各界的好评，多次获得县政府奖励；教师合唱队 2009 年参加县庆"七一"歌咏比赛，获得第一名；参加县中小学运动会，多次获得团体第一名，团体操多次获得奖励，王树忠和王春文老师还获得"承德市优秀体育工作者"称号。

5. 师德师风考核实行减分政策，目的是约束教师行为，不断提高教师的职业道德，使其真正做到为人师表，给学生树立良好的榜样。学校制订了《教师教学和管理行为违规违纪处理办法》，与教师签订了《教师课堂教学安全管理责任书》，教师办公室张贴县教育局制订的《中小学教师师德行为的六项规定》，从各个方面加强师德师风教育，为教师的发展负责，为教师的事业负责。学校多名教师获得各级德育工作者称号，刘晓晓老师被评为全国中等职业学校德育工作先进个人，张来勇老师被评为河北省中等职业学校德育工作先进个人，刘伟、王凤杰、杜鹃和王淑霞老师被评为市级优秀工作者，骆文华、赵亚东和梁文革老师被评为县级优秀共产党员，王明军、刘立新、李革运和张作新老师被评为县级优秀德育工作者。

二、持续开展教师岗位培训，不断提高教师业务素质

师资队伍建设单单靠人才的不断更新是不现实的，也不符合县情。真正把这方面工作做好，必须在学校原有的教师队伍身上下工夫，把内涵发展作为工作的重点，抓紧、抓实、抓好教师岗位培训，在工作中逐步提高教师的职业道德水平和业务技能水平。只有开展好教师岗位培训，才能使老教师更好地发挥余热，才能使新教师更快地适应工作岗位，才能确保新老教师有机结合。学校十分注重教师岗位培训工作，把它作为学校教学工作的重要组成部分，在抓好师德师风培训的基础上，大力开展教师的教学基本功培训、计算机应用能力培训、专业技能培训，鼓励教师提高学历、取得职业资格证书，坚持选派教师到校企进行学习。

（一）开展以师道讲座为主的师德师风培训，不断提高教师的职业道德水平

"百年大计，教育为本；教育大计，教师为本；教师大计，师德为本。"教师要想做好教学工作，前提就是要具有良好的师德师风。一名合格的教师，必须要有科学朴素的价值观，其行为举止必须符合社会公德的要求。教师要使自己既有科学素养，又有人文精神；既有专业知识，又有健全人格；既会做事，又会做人。在师德师风建设中，学校成立了领导小组，制订了相应政策，重点抓师道讲座、学习和撰写师德师风论文、树立德育典型等活动。

学校成立了以党总支书记为组长的师德师风建设领导小组，制订了《师德师风建设规划》《师德标兵评选办法》《教师教学和管理行为违规违纪处理办法》等文件，每学期初组织教师学习《中小学教师职业道德规范》《中小学教师师德行为的六项规定》。

目前，师道讲座活动已经坚持了 3 年，学校每个月进行一次讲座，要求全体教师参加，并邀请县内优秀教师和县外专家学者来校讲学，力求通过优秀教师的感人事迹感染教师，通过专家学者的师德实践培养教师。

学校要求教师撰写师德师风论文。教师在师道讲座的基础上，基于自己的切身感受和工作实践，每月必须撰写一篇师德师风论文。学期末学校进行师德师风优秀论文评选，对撰写优秀论文的教师进行表彰奖励。一名青年教师在参加一次师道培训后深有感触地写道："作为一名新教师，在日后工作中要学习的东西有很多，碰到意外的困难是在所难免的。只有通过反复的研究和领悟，才能真正成长为一名合格的人民教师。既然选择了教师这个职业，就要怀着一颗为学生无私奉献的心，带着对学生全部的爱走上讲台。这一信念不仅是促进我们青年教师成长的内在动力，更是作为一名教师应当时刻谨记不能丢弃的精神支柱。在教育工作上初为人师，要经得起锻炼，更要受得住约束。"

按照《师德标兵评选办法》，学校每学年进行一次师德标兵评选活动，把忠诚于教育事业、思想道德过硬、业务精良、教书育人、无私奉献、严谨治学、为人师表、深受学生爱戴的教师，树立为学校师德标兵，并在校内表彰大会、广播、图窗、校报上对他们的事迹进行宣传，使之成为其他教师学习的典范。

（二）开展"我要提高，人人提高"活动，提高"双师型"教师数量和质量

"双师型"教师是指具有较高的教育教学水平和较强的专业操作示范技能，具备教师专业技术职务资格证书和相应职业资格证书的复合型专业人才，国家《面向 21 世纪深化职业教育教学改革的原则意见》中提出了职业学校要加强"双师型"教师队伍建设的要求。加强"双师型"教师队伍的培养，努力提高中青年教师的学历水平、技术应用能力和实践能力，是中等职业学校适应以就业为导向、强化技能性和实践性教学的要求，是提高教育质量的关键。

"我要提高，人人提高"活动，是在学校提出加强师资队伍建设要求的

基础上提出的，力求通过活动提高学校教师整体学历水平，使专业课教师取得相应专业的职业资格证书，达到国家规定的"双师型"教师标准，从而进一步提高教师专业素质，提高学校办学质量。到 2010 年底，在学校教师总量不断增长的前提下，达到本科及以上学历的教师占 96％强，专业课教师中取得相应专业四级及以上职业资格证书的教师达到 60％。

1. 认真制订、执行激励性的管理制度。为保证"我要提高，人人提高"活动的顺利开展，学校制订了切实可行的活动方案，对各项任务提出了具体要求，明确了教师要达到的目标和完成的时间，在政策和资金上给予充分的支持。学校规定，教师学历考试时间按正常出勤对待，达不到本科学历不能参加职称评聘；教师出外学习涉及的支出由学校垫付，培训费、差旅费、教材和工具费用实报实销，在生活上给予补贴；对考取国家四级及以上职业资格证书的教师，学校报销报名费、差旅费，并给予一定的物质奖励；考取国家三级及以上职业资格证书，是专业骨干教师评选、特殊岗位津贴发放的重要条件；职称评聘、评优评模、外出学习考察等，在同等条件下优先考虑"双师型"教师。

2. 要求学历不达标教师积极进行学历进修。学校要求所有专任教师必须达到本科学历，没有达到的教师要在 5 年内完成学历进修，取得学历。要求提出后，教师积极响应，通过自学考试、电大函授、网络大学等多种形式参加学历进修。这些教师中有青年教师，也有老教师，他们克服了诸多困难，在不耽误正常工作的情况下，认真刻苦学习，多数教师经过 3 年的努力就达到了学历要求。

3. 专业部积极组织教师进行专业技能学习。教务处内各个专业部根据专业特点，制订专业技能培训计划，按计划组织教师进行学习。培训教师由校内名师、学科带头人和骨干教师担任。培训内容由专业部征求教师意见后统一确定，分学期进行不同内容的培训。培训时间为每个星期五的下午，未取得职业资格证书的教师必须参加。几年来，机电专业部进行了 PLC 技能、电子产品装接与调试、电机修理、钳工、焊工等培训，计算机应用专业部进行了 Excel、计算机装配调试、网络综合布线、平面设计等培训，对口升学专业部进行了 Photoshop、会计电算化等培训，艺术专业部进行了幼师手工、书法、工艺美术、餐饮服务等培训。

4. 选派专业课教师参加培训。学校每年都会争取更多的培训指标，选派优秀教师参加国家、省、市组织的各类专业培训，选择责任心与专业理论强，但专业技能不足的教师到合作企业、联办学校参加学习，学习新知识、新观念、新技能。自2007年开始，学校先后派了80多名教师参加各级培训，其中参加国家级培训21人次、省级培训55人次、市级培训15人次；先后派出30多名教师到北京、天津、浙江、山东、辽宁和省内合作企业、联办学校进行学习。

（三）开展计算机技术培训，不断提高教师的信息化教学水平

信息化教学要求根据现代化教学环境中信息的传递方式和学生对知识信息加工的心理过程，充分利用现代教育技术手段的支持，调动尽可能多的教学媒体、信息资源，构建一个良好的学习环境，在教师的组织和指导下，充分发挥学生的主动性、积极性、创造性，使学生能够真正成为知识信息的主动建构者，从而达到良好的教学效果。教师只有具备一定水平的计算机应用能力，才能更好地开展信息化教学。

之前，学校大部分教师不会做课件，不会用电子表格计算班级成绩，不会发电子邮件，也不会处理学生办理毕业证所需的电子照片，更不会进行多媒体教学。针对上述情况，从2007年开始，学校每周对教师进行一次全员计算机应用能力培训，从文字录入开始，到办公软件、图像处理、网络基本知识、课件制作、多媒体教学设备使用，按培训计划逐项进行。每一项培训完成后，都会进行考核，对没有过关的教师再进行重点培训，直至达到要求的标准。目前，多数教师的计算机应用能力有了明显提高，基本能够独立完成课件制作，能够较好地开展多媒体教学。2010年，李春喜老师制作的多媒体课件《食品公司壁纸》，获得河北省中等职业教育优秀多媒体课件评选三等奖；2009年，吴雪峰老师制作的多媒体课件《收音机焊接与调试》，获得承德市中等职业教育优秀多媒体课件评选二等奖。

通过几年的计算机应用能力培训实践，学校总结认为，教师信息化教学水平的提高，由低到高分为四个阶段，即从会使用信息技术的一些操作，到把IT作为学习对象，再到把IT作为教学辅助工具，最后达到把IT作为学生的认知工具。学校在培训过程中不应该只是简单的培训，还应该尊重教师能力发展的规律，科学合理地安排培训。

1. 学校应该将培训内容与目标按照应用信息技术的四个层次分为几个等级，待教师完成低一级层次目标后再实施更高层次的培训，培训的模式也应因层次的提高而相应改变，信息技术应用层次越高，越要多考虑采用与受训教师本人学科任务结合的自主行动研究方式，引导已经掌握信息技术的教师

结合自己的学科教学实践进行研习。学校关注教师与信息技术应用结合的四个层次，可以避免对教师进行重复同一层次的低水平操作技能培训，为教师的信息技术培训提供个性化的需求，使信息技术培训明确阶段与层次，便于培训的规划与管理。

2. 学校要鼓励教师在信息技术技能及其教学应用的学习过程中，结合自身的学科教学实际和经验教训，来消化、吸收这些新的技能、技巧与理论，形成被培训者即教师本人对这些技能、经验与方法的新的理解与重新建构，并在实际教学中自觉运用这些技能与方法进行教学资源与教学过程的设计与决策，从而不断提升信息技术应用层次与水平，塑造运用信息技术革新学科教学模式的理念。

3. 学校要在培训中围绕与迎合教师本人的实际问题与预期目标设计一系列具体任务，在有交流协作与指导的前提下，规定教师利用信息技术完成具体任务的时间。这种以教师本身教学问题为中心的任务驱动训练方式能大大提高受训教师的培训兴趣与实践能力。

三、建立良性的教师补充机制，逐步优化教师结构层次

建立良性的教师补充机制离不开各级领导、各级部门的支持，离不开学校自身的投入，也离不开教师队伍的稳定和培养工作。学校在起步阶段时，多数教师都是文化课教师改行而来，他们虽然能够刻苦学习、积极钻研业务，但仍然有部分教师不能达到专业教学的需要。特别是近几年来新理论、新技术、新方法、新专业、新设备层出不穷，中等职业教育对学生专业技能水平的要求逐步升高，这使得专业课教师队伍的诸多问题更加突出，严重制约了学校的发展。为此，学校通过多种渠道，建立良性的教师补充机制，广泛引进优秀的专业课教师。3 年来，学校共引进 40 多名专业课教师，其中事业编制专业课教师 6 人、特岗专业课教师 5 人、空编管理教师 23 人、实训指导代课教师 4 人、专家级教师 8 人，逐步解决了在专业课教师数量和质量上存在的问题。

（一）大力引进事业编制教师和特岗教师

在县政府、县教育局的支持下，学校采用了引进在编教师的模式。在自然减员的情况下，县政府每年都会等额补充教师，无论减员的教师是专业课教师还是文化课教师（占多数），学校一律补充专业课教师，这样既保证了经费的使用平衡，也使学校文化课教师臃肿的情况得以改善。

县教育局十分重视学校的教师队伍建设，与学校达成特岗教师补充协议。在教师编制计划中，若出现专业课教师不足的情况，学校可以从历年招聘的特岗教师里，挑选专业对口、教学水平高、专业技能水平过硬的教师，担任专业课教师。

（二）引入空编管理机制，使空编管理教师成为学校专业教学的中坚力量

引入空编管理机制，是学校充分利用国家政策的一项举措，是县政府支持职业教育的一种体现。在使用空编管理教师时，学校既要培养他们，充分发挥他们的作用，也要逐步提高他们的待遇，使他们能够安心工作、努力工作，从而真正融入学校，成为学校专业教学的生力军。

2008年春季，学校的物流专业、机电设备安装与维修、电子电工专业和计算机网络技术专业因专业课教师严重不足，严重影响了教学的正常开展。学校领导班子及时研究对策，在没有县里资金支持的情况下，大胆决定向社会招聘空编管理教师，并制订了招聘和使用空编管理教师的规定。通过宣传，很快就有40多名全日制本专科毕业生来学校应聘。经过学历审核、职业资格证书审核、面试谈话、专业能力考察、课堂教学试讲等招聘环节，7位应聘者走上了讲台。教学正常后，学校向县政府、县教育局提出申请，使用空编管理教师进行教学，得到批准之后，县财政局及时拨付了资金，并支持学校今后根据需要继续招聘。此后，学校便根据专业需要提前规划，及时补充招聘。

在工作中，学校加强了对空编管理教师进行教学理论和教学方法培训的力度，使新教师很快适应了教学工作，逐步成长为专业教学能手和骨干，并全部取得了教师职业资格证书。学校对空编管理教师和在编教师一视同仁，考核一样、工作要求一样，对作出突出贡献的一样进行表彰奖励，工作违规的一样进行处罚，他们也同样可以对学校工作提出建议和意见。学校在把县里拨付的专项资金全部用于支付空编管理教师工资的同时，还拿出一部分办公经费为他们发放各项劳动补贴，并制订了《空编管理教师工资管理实施办法》，以保证他们的工资逐年增加。

（三）招聘阶段性实训指导代课教师，满足专业实训课和教学实习的需要

专业课的一些实训教学和教学实习，并不是什么时候都有的，实训处便将其划分到不同时间段进行组织。校内教师能够胜任的，由校内教师进行指导，校内教师不能胜任的，再向社会聘请实训和实习指导教师。这些教师在学校实行阶段性工作时间制度，在实训实习期间他们和其他教师一样正常上班，只负责实训实习指导，学校按标准发放工资，实训实习结束则解除聘用合同。这样做的好处是，学校既可以节省很多费用，学生的实训实习也能得到充分指导。

钳工工艺实训课一般都由校内教师负责，但企业的综合实训实习要求比较高时，学校就聘请企业工人担任指导教师。沈师傅是县燃气设备厂的老工人，钳工技术高超，已连续4年在学校担任阶段性实训实习指导教师。沈师傅工作认真，指导细致，要求严格，已带出了很多优秀学生，深受好评。

（四）聘请兼职专业课教师，满足单一学科专业的教学需要

学校不可能配齐所有专业课教师，一些临时性的课程也没有必要配备专门教师，对这样的课程教学，学校采取聘用兼职教师的办法。兼职教师只负责按课节到学校进行教学，完成相关的教学任务，不在学校坐班。对于他们的具体教学要求，教务处会临时通知，学校定期发放兼职工资。

幼师专业一年级开设了珠心算课程，但学校没有专门的教师，而县青少年活动中心的教师水平很高，于是学校就聘请咸百龙老师来校进行教学，一个星期一个班上两节课。为配合县文化广播局文化工作的需要，学校开设了剪纸课、布糊画课，但学校没有专门的教师，于是就聘请县剪纸大师张东阁、布糊画大师滕腾来校进行讲座教学，每个星期各两节课。在进行农村"双带头人培养工程"教学、农村退耕还林培训教学时，学校还聘请了县农业局、林业局等多家单位的专家来校教学，专家们实践经验丰富、与农村接触多，农民上课很积极。

四、实施"名师建设工程"，培养专业骨干教师和优秀班主任

学校全力培养职教名师、专业骨干教师和优秀班主任，在对全体教师进行岗位培训基础之上，在道德品质、业务能力、班级管理等方面，重点打造一支精英级的教师队伍，使他们能在工作中充分发挥重要作用。

（一）实施"名师建设工程"

学校实施"名师建设工程"，其目的一是能让这些经选拔而来的"名师"快速成长，成为名副其实的名师；二是以点带面，发挥榜样示范和辐射作用，用他们的真才实学和人格魅力感染同校教师、感染全体学生，促进良好教风、学风和校风的形成；三是利用名师的效应，在社会上充分展现学校的

整体办学水平。从 2009 年起，学校开始实施"名师建设工程"，成立了以校长为组长的职教名师评选领导小组，具体评选工作则由教学主管副校长负责落实。学校根据上级主管部门的具体要求，结合学校的实际情况，按照名师所应具备的职业道德、专业知识、专业能力与文化素养等基本素质，制订了《职教名师评选、使用和管理实施办法》。

2009 年"双带培养工程"开学典礼现场

1. 职教名师的培养。从 2009 年 10 月起，学校进入职教名师培养阶段。学校组织召开了职教名师评选宣传动员会，提出职教名师应具备的条件、应该在教育教学中发挥的作用、在社会中应为学校承担的责任，并号召全体教师为成为一名职教名师而努力。全校教师自愿申请报名，在报名表中注明自己的工作成绩，写明自己在工作中的具体努力目标。经过领导小组初步审核，确定 48 人为培养对象，并向全体教师公布，要求其他教师关注他们今后一学年的工作情况，为后面的民主评选做准备。在培养过程中，学校引导教师做好四个方面的工作：（1）走进学生的内心，成为学生心中的名师。教师的价值是通过学生来体现的，教师只有走进学生的内心，了解学生的现状，看清学生眼中的世界，明确学生的需求，服务学生，才能实现教书育人的目标，从而成为学生心目中的好老师、名师。（2）开展课例研讨，成为教学名师。课堂是教师施展才华、实现价值的场所，课堂教学水平是衡量教师水平最重要的指标之一，因此，名师应该是学科教学的骨干，是学科教学的带头人，是课堂的名师。（3）主持科研课题，成为学术名师。教师要成为专家型、研究型名师，就要积极进行科研课题研究，用研究的眼光、态度和方式来开展教育教学活动，并在研究中提升自己的教学艺术，全面提高教育教学的效率与质量。（4）开设专题讲座，成为业务名师。教师应每学期至少开设一次专题讲座，讲座内容是针对当时学校普遍面临或已经存在或可以预见的问题。教师应用敏锐的观察力、善于思考分析与总结的头脑、扎实的理论功底以及风趣幽默的语言魅力，完成好讲座。

2. 职教名师的评选。2010 年 10 月，学校开始了第一届职教名师评选活动。初选由全体教师对 48 名候选人进行投票，评选出 26 名教师进入复选。进入复选的教师要填写评审表，教务处根据教师评审表填写的工作成绩和学期目标的完成情况，比对教务处教师工作成绩和目标完成情况的档案进行复选、审核，选出 16 人推荐到学校领导小组。学校领导小组依据教务处的推荐意见，结合候选人对学校作出贡献的大小，按照评选标准，最终选出 12 名教师。对于这些教师，学校将符合条件的向上级主管单位推荐评选县、市、省级名师。其中，李俊华老师被评为省级职教名师，王春文老师被评为市级名师，五位教师被评为县级名师。职教名师评选每年举行一次，每次历时一个学年，上学年没有被评为名师的候选人，如果没有特殊原因，就会自动进入下一学年的候选人当中。这使每位教师都认识到，只要努力工作、完成各项任务就一定能成为职教名师。

3. 职教名师的使用。学校对评选出的职教名师提出了明确要求，要求他们遵守《中小学教师职业道德规范》，为人师表，团结协作，成为师生的道德楷模；主动担任班主任或其他教育教学管理工作，并能够取得良好效果；承担满工作量教学任务，在教学方法上不断改革创新，并能够取得良好的教学成绩；积极参与教科研工作，每年至少有 1 篇较高水平的教研论文、经验总结或科研报告在市以上专业刊物上发表，或在市级以上论文评选中获奖；发挥示范指导作用，每年在校内至少承担两次以上示范公开课或观摩课；任期内至少要培养 1—3 名青年教师；主动承担并完成上级业务部门交给的教学、科研、培训等工作任务；积极参加学历进修及各级教师培训，每年撰写读书笔记不少于三万字；积极参加社会公益活动，为学校赢得更多的社会声誉。

4. 职教名师的管理。每届职教名师任期 3 年，任期结束后称号自行取消。在任期内学校对其实行动态管理，学校对其履行职责情况每年考察一次，考察合格者继续享受名师津贴。凡推荐参加省、市、县级教学名师以及省级特级教师评选的，必须具有"校级职教名师"称号。对职教名师实行三项优先：优先安排参加国家、省、市级培训、学习，优先评聘职称（评职时同等条件下优先考虑），优先评优评模。教务处为名师建立成长档案，每年按其职责量化考核细则，如实记载他们的主要业绩和考核、奖惩情况。职教名师在任期内，有下列情形之一者，经学校教学名师管理委员会审批后，收回证书，取消其称号及相关待遇：专业技术人员年度考核不合格者；按照教育局师德考核意见，师德考核不合格者；一年内请假超过上班时间一半或有旷工行为者；年内教师教学工作综合考核与评价成绩在专业部内列后 1/2 者；其他应予取消称号的情况。

（二）加强骨干教师队伍建设

学校培养专业骨干教师，就是要发挥骨干教师在专业建设上的重要作用，用他们的专业素养和专业技能水准来引领其他教师，高标准培育学生。一位骨干教师就是一笔财富，一位骨干教师就是一个航向标，一位骨干教师就是一座动力无限的"核电站"。加强骨干教师队伍建设，以骨干教师为龙头，带动与促进教师业务素质的整体提高，对于提高学生的学习质量，促进学校良好学习氛围的形成，是非常有效的办法。

1. 制订学校骨干教师评选标准。在教育主管部门制订的骨干教师评选标准的基础上，结合学校的特点和实际情况，学校领导班子具体制订了骨干教师的评选标准，在征求意见后，由校委会批准实施。

2. 开展骨干教师业务培训。分期、分批组织教师参加市级、省级、国家级教师培训，以及到企业和兄弟学校进行学习。以职教名师为指导教师，对相近专业的教师进行培训；组织教师参加各级各类竞赛活动，在活动中不断提高他们的水平和能力；组织教师参加教学科研活动、积极撰写论文、参与课题研究，通过科研深化自身能力。

3. 骨干教师的评选。学校采取个人申报、教务处审核基本条件、学校依据标准选出骨干教师的方式，每年评选一次骨干教师。评选出的校级骨干教师，可参加市级、省级骨干教师的评选，也可参加校级职教名师的评选。2008年，学校决定在全校160多名教职工尤其是任课教师中培养骨干教师40名，到现在学校已有省级骨干教师2名、市级骨干教师5名、县级骨干教师8名、校级骨干教师40名。

4. 骨干教师的管理。参照职教名师的管理办法，每届骨干教师任期3年，任期结束后称号自行取消。学校在任期内对其实行动态管理，对其履行职责的情况每年考察一次，考察合格者继续享受骨干教师津贴。凡推荐参选省、市、县级骨干教师以及校级职教名师的，必须具有"校级骨干教师"称号；评聘职称、评优评模时，同等条件下优先考虑。

（三）狠抓优秀班主任队伍建设

培养优秀班主任，就是要充分发挥优秀班主任在班级建设中的主导作用，用他们博大的胸怀、真诚的爱心、勤奋的工作为学生树立学习的榜样，用他们的班主任工作实践带领其他班主任向更高目标迈进。学校在优秀班主任队伍建设中，主要抓了以下几方面工作：

1. 以德为先，进一步加强班主任队伍的责任心和爱心教育。在学校教师队伍中，对学生的一生影响最大的就是班主任。班主任是班集体的组织者、领导者、管理者，学校贯彻党的教育方针、实施素质教育都要通过班主任工作来实现。班主任工作对一个班集体有着决定性的影响。班主任的一言一行都在深刻地影响着学生的成长和进步，班主任对学生心灵的影响是任何教科书、任何道德箴言、任何惩罚和奖励制度都不能替代的一种教育力量。人格高尚的班主任是引导学生健康成长和进步的一面旗帜、一盏航灯。一个学生能否成才，一所学校能不能办好，班主任起着举足轻重的作用。学校不断加强班主任的师德教育，通过专题教育、主题活动、典型引路、舆论导向、制度约束、民主测评等途径，不断强化班主任的责任意识。

2. 进一步创新各项制度，探索班主任队伍建设的途径和方法。

（1）建立有效的学习制度。教育教学改革和发展对班主任提出了新的更高的要求。怎样适应时代和社会要求、培养什么样的人和怎样培养人成为班主任工作的根本问题。学校对班主任的学习要求没有停留在过去传统的做法上，而是及时给班主任注入了带有浓郁时代气息的要求，强化其使命感和责任感。学校要求班主任在学习中做到四个结合：一是学习与专题讲座相结合。根据需要，确定专题学习内容，有针对性地开展专题学习活动。二是学习和经验交流相结合。既开展学习优秀班主任的先进事迹报告会，介绍先进经验，也通过论坛、沙龙等形式，让班主任自由平等地进行交流和对话，在共同学习中实现共同发展。三是校内与校外学习相结合。学校组织班主任外出学习、观摩，借鉴先进经验，并将其灵活运用到自己的工作中，以提高工作成效。四是学习与实践操作相结合。学校邀请了相关工作有成就者进学校为每位教师讲述其成功的经验，同时通过具体的实践来指导班主任的工作，使每位班主任从理论到实践再到理论有一个质的飞跃。

（2）实行班主任研修制度。马卡连柯说过："教育者的技巧，并不是一门什么天才的艺术，但它是一门需要学习才能掌握的专业。"班主任不仅要有饱满的工作热情，还要有一定的工作方法和艺术，不仅要在所教学科上有较高的水平，还必须具备学生思想道德教育、学生发展指导、心理健康教育等相关专业的知识和技能。因此，开展班主任培训进修工作在全面提升班主任队伍能力和素质中具有十分重要的作用。学校建立了完善、必要的班主任研修制度，积极探索出不同层面、形式多样、行之有效的校本研修活动。

（3）推行班主任资格准入制度。《关于进一步加强和改进未成年人思想道德建设的若干意见》指出："要完善学校班主任制度，高度重视班主任工作，选派思想素质好、业务水平高、奉献精神强的优秀教师担任班主任。"这表明，不是所有的教师都能担任班主任，担任班主任是有条件和选择性的。为保证班主任队伍的整体素质，学校积极推进班主任资格准入制度，并鼓励青年教师参与学校德育工作，对成长比较快的青年教师，经上岗培训考核合格后可优先推荐其担任班主任。

（4）实行班主任工作评价制度。对班主任工作绩效进行科学、公正、合理评价，并把评价结果作为奖惩、职务晋升的重要依据，不断提高班主任的待遇，这样就会对班主任队伍建设产生积极的促进作用。学校在班主任工作绩效评价方面进行了积极的探索与研究，经过多年的完善，制订了《班级考评办法》《班主任工作四项评比办法》，在班主任工作绩效评价的目标要求、内容形式、方式和方法上有所突破，从而改变了班主任工作干与不干、干多干少、干好干坏一个样的现状，有效激发了班主任工作的活力，强化了班主任的岗位责任意识，提高了班主任工作的效率。

3. 在政策上进一步倾斜，创造有利于班主任队伍成长的良好环境和条件。为班主任创造一个和谐宽松的成长环境和条件格外重要。有成长意识而无成长条件，成长之路必定充满曲折和坎坷。有了成长环境和条件，成长者就会努力汲取营养，不断丰富自己的教育思想，反思自己的行为，总结自己的方法，即使是不思进取者也会耳濡目染而慢慢成长起来。学校加强教育教学管理，营造良好的校风、教风和学风，为班主任工作创造了良好的外部环境；同时理解、尊重、依靠、信赖班主任，既在工作中严格要求他们，也积极为他们创造机遇，支持他们的专业发展；既鼓励班主任发扬奉献精神，也不断改善班主任的待遇，进行物质和精神双重激励。学校从四个方面给班主任以政策倾斜：（1）建立班主任评优序列。每学年开展校级十佳班主任、德育标兵、德育带头人评选活动。受表彰的班主任享受相应的待遇。（2）提高班主任的职务津贴。根据学校的实际不断调整班主任的月津贴，优秀班主任的津贴由学校进行奖励，真正让班主任成为学校中令人羡慕的岗位。（3）加大班级工作考核奖励力度。学校修改并逐步完善了班级工作考核奖励办法，注重过程管理和考核，通过日检查、周评比、月总结的考核办法，把班主任工作的追求点转移到教育和管理的过程上来、转移到教育和管理的细节上来、转移到教育和管理的效益上来。（4）开通优秀班主任培养的"绿色通道"。在着眼于班主任整体素质提升的同时，学校关注对优秀班主任的重点培养，有计划地选送骨干班主任到省内外名校学习、进修，邀请校外理论水平高、实践经验丰富的优秀班主任来校举办讲座，以迅速提升班主任的工作能力和艺术水平。

 **反思拓展**

一、继续推进专业师资建设标准化工程

学校应以培养"双师型"教师为重点，着力构建一支数量充足、结构合理、素质精良的专业课教师队伍。

（一）加强师德建设

学校加强教师职业理想和职业道德教育，增强教师教书育人、技能育人的责任感和使命感；要求每一名教师都要做到关爱学生、严谨笃学、自尊自律，以自身的人格魅力、学识魅力和精湛技艺感染学生，做学生健康成长的指导者和引路人。学校应将师德表现作为教师考核、晋级、奖励的首要内容。

（二）建立补充机制

学校每年从高等院校招录毕业生，从社会和企事业单位聘请专业技术人员、高技能人才担任专业实训指导教师；优化教师结构，使重点专业师资队伍年龄、学历、职称结构合理化，形成相应专业的学术梯队。

（三）培育专业名师

学校继续选派骨干教师参加国家、省、市级培训，到联办学校考察、进修、见习；组织好师道讲座、信息技术应用能力培训和教师专业技能大赛活动；通过研修培训、学术交流、项目资助等方式，培养专业教学骨干、"双师型"教师、技术名师。

（四）健全考核制度

学校应做好以"教学评价、学生评议、师风评定、岗位考勤、技能考试、业绩考核"为内容的教学工作综合考评工作，进一步细化考评程序和评分标准。

（五）提高教师待遇

学校应不断改善教师的工作、学习和生活条件，吸引优秀教师和优秀人

才长期从事职业教育工作；实行专业骨干教师特殊岗位津贴制度，培养优秀专业带头人，打造名优专业教师品牌。

二、认真落实以人为本的科学发展观，优先发展教师教育

教育大计，教师为本。适当超前、优先发展教师教育，建设高素质的教师队伍是教育事业乃至经济社会发展的战略要求。优先发展教师教育是认真落实以人为本的科学发展观的应有之义。科学发展观的第一要义是发展，核心是以人为本。十七大报告关于优先发展教育，建设人力资源强国的思想，特别是关于加强教师队伍建设、重点提高农村教师素质的要求，贯穿了以人为本的科学发展观，对于教师教育事业和教师队伍建设具有十分重要的指导意义。优先发展教师教育是推进基础教育改革与发展的迫切要求。全面实施素质教育，以课程改革、课堂教学改革和考试评价制度改革为核心的人才培养模式改革正在全面推进。教师是素质教育的实施者，无论是转变教育思想和更新教育观念，还是改革教学内容、方法和手段，都取决于教师队伍的素质，取决于教师对课程改革的深入研究和对教育的深刻理解。优先发展教师教育是教师专业化发展的必然要求。随着社会发展对教师要求的不断提高，教师教育必然走向专业化、终身化、社会化。在教师继续教育中不仅要帮助教师提高学历和增加技能，还要帮助教师不断更新观念，形成和保持终身学习、反思、研究的习惯和能力，增强教师不断提高专业水平的使命感，从而促进教师专业知识的积累、专业技能的增强和专业情感的提升。

三、加强教师培训机构领导班子建设

学校按照精干高效的原则，通过竞争上岗的方式，选拔聘任思想政治素质过硬、道德品质良好、热爱教育事业、懂得教育规律、熟悉教师工作、富有改革创新精神、具有大学本科及以上学历和较强组织管理能力、具有团结协作精神、作风民主的教师担任行政主要负责人或进入领导班子；采取切实有效的措

丰宁职教中心领导班子全体成员

施，建设一支专兼职相结合的优秀教师队伍；选配最优秀的教师从事教师进修教育教学工作，并为教师的学习与提高创造条件；要将信息技术培训与各

学科培训有机结合起来，根据不同职务、不同层次的教师开展培训；要通过与高等学校、电大、教科研等机构开展联合或合作等多种形式办学，积极探索以教师继续教育为主的多元化、适应时代发展的培训形式，提高教师的综合实力。

四、继续探索适合本地区、本学校的师资队伍建设新路子

学校要有计划地组织教师定期深入开展调研工作，了解教育教学改革动态，更好地为教师继续教育服务；要建立一支相对稳定的、高质量的兼职教师队伍，聘请专家、学者和企业管理人员担任兼职教师；调动一切可以调动的教育资源，做到县内外结合，为教师继续教育服务。加强教师进修培训网络体系建设；积极探索新形势下教师进修的模

2010 年 7 月省专项检查组与教师座谈

式，逐步建立开放的教师培训网络体系，运用远程教育手段为教师继续教育服务；要以校本培训为主要组织形式，在全体教师的继续教育中给予指导帮助，提供优质服务。按照小实体、多功能、大服务的原则，为本地区公民社会化学习服务，为提高公民科学文化素质服务，在服务中拓展生存和发展空间。积极探索多元化、适应时代发展的办学形式，不断增强学校的综合实力。

专 家 点 评

　　不断加强职业教育师资队伍建设是一项长期任务，更是中等职业教育质量和生存的保障。丰宁职教中心将打造一支具有过硬专业素质和专业能力的师资队伍，作为学校生存与发展的核心竞争力，开展了全方位的师资队伍建设工作。

　　范围覆盖全方位。学校师资队伍建设覆盖了教师的增量、存量和动量。增量是指新补充的教师数量。学校依靠县政府和县教育局的支持，逐年引进事业编制教师和特岗教师；争取县政府经费支出，招聘紧缺专业需要的教师，实行空编管理。存量是指学校当前的教师数量。学校重视教师岗位培

训，在工作中逐步提高教师的职业道德水平和业务技能水平，使老教师能更好地发挥余热，新教师更快适应工作岗位，确保新老教师有机结合。动量是指具有临时性和流动性的兼职教师数量。为满足专业实训课和教学实习的需要，学校招聘了阶段性实训指导代课教师；聘请兼职专业课教师，以满足单一学科专业教学的需要。

运行机制全方位。师资队伍建设包括"引""培""提"三个重要环节。学校师资队伍建设运行机制涵盖了这三个环节。在引入环节上，学校建立良性的教师补充机制，广泛引进优秀的专业课教师，包括有事业编制的教师、特岗专业课教师、空编管理教师、阶段性实训指导教师和专家级教师。在培养环节上，学校在抓好师德师风培训的基础上，开展教师的教学基本功培训、计算机应用能力培训、专业技能培训，鼓励教师提高学历和取得职业资格证书，坚持选派教师到校企进行学习。在提高环节上，学校在对全体教师进行岗位培训基础之上，在道德品质、业务能力、班级管理等方面，着力打造一支精英教师队伍，包括职教名师、专业骨干教师和优秀班主任，使他们在工作中发挥示范作用。

体系建设全方位。学校师资队伍体系建设包括运行与监督两个方面。在运行机制方面，覆盖了引进、在职培训和提升素质的整个教师成长过程。在监督机制方面，学校做到了全面评价。学校将学生评价与学校评价相结合，教学研究评价、课堂教学评价和专业技能教学评价相结合，对教师全面工作进行整体评价，通过评价促进教师持续发展。学校将运行机制和监督机制结合起来，保障师资队伍建设的质量。例如，在职教名师培养方面，学校要求职教名师和教研组长每学年必须上好一节示范课、做好一次讲座、发表一篇高质量论文；承担两次以上示范公开课或观摩课；培养1—3名青年教师；积极参加学历进修及各级教师培训，每年撰写读书笔记不少于三万字等。

培养内容全方位。在培养内容上，学校系统考虑，从师德师风建设入手，囊括了学历进修、专业职业资格证书的获取、专业技能学习，到联办合作校企进行学习和实用技术培训等，从"德""能""技"三个方面提高教师的专业素质。不但培训内容全面，学校还采取了全方位的措施，将校内学习和校外学习、个人学习和集体学习、知识学习和技能锻炼有机统一，提高了教师培训效率，成绩显著。

（点评：佛朝晖）

以人为本，加大师资队伍建设力度
——河北省秦皇岛市卫生学校

名校／名校长简介

　　秦皇岛市卫生学校成立于 1988 年，是一所集全日制专科、（3+2）高职、中专、成人教育及短期培训为一体的市属中等医学职业学校。学校现有教职工 220 人，其中专任教师 174 人，其中具有硕士研究生学历的教师 31 人。专任教师中高级职称者占 74.7%，专业课教师中"双师型"教师占 64.6%，市政府认定的学科带头人和市职业教育骨干教师 18 人。现有各类全日制在校生 4354 人，成教本、专科学生 800 余人。开设护理学（含涉外护理）、医用电子仪器与维护、药剂学、口腔工艺技术等 15 个专业，其中护理、医用电子仪器与维护等专业就业率达 100%。学校的办学实力和办学水平位于全市同类院校的前列，学校的发展定位、办学方向、办学理念和办学模式对全市中等职业学校建设产生了较大影响。

　　建校 20 余年来，学校已为社会培养了两万余名初、中级医疗卫生技术人才和实用型劳动者。毕业生立足秦唐，辐射京津，遍布省内外，多人获"河北省护理标兵""技术状元""护理操作标兵"等称号，很多毕业生已成为管理者或业务骨干，仅秦皇岛市第一医院就有 13 名护士长毕业于秦皇岛市卫生学校，她们为地方经济建设和医疗事业的发展作出了应有的贡献。

　　在师资队伍建设方面，秦皇岛市卫生学校以人为本，秉承"尊重教师、依靠教师、服务教师"的理念，把满足教师终身学习和全面发展需要、维护和保障教师切身利益作为教师队伍建设的出发点和落脚点，抓住引进、培养和提高三个环节，致力于提升教师队伍的整体素质。学校积极引进高学历、高层次人才，优化师资结构；多渠道加强教师实践技能的培训，着力建设"双师型"教师队伍。学校鼓励教师开展科研活动，调动教师科研创新工作的积极性和主动性，提高其教科研水平和专业学术水平；通过集体备课、相互交流、培训进修等方式加强青年教师的培养，全面提高其教学能力，为学校发展储备后续力量。学校重视师德师风建设，开展优秀教师经验交流会、师德师风报告会等主题教育活动，真正把"教书育人、管理育人、服务育人"的"三育人"工作落到实处，使广大教师的思想素质和职业能力大幅度提高，初步建设了一支具有现代教育理念、师德高尚、专业精湛、善于创新、充满活力的师资队伍，为学校的可持续发展提供了可靠的人才保障。

秦皇岛市卫生学校以科学发展观为统领，在国家大力发展职业教育的背景下，制订《2008—2012 年发展规划》，明确了学校的发展目标。学校积极贯彻"教育以育人为本，以学生为主体；办学以人才为本，以教师为主体"理念，创特色、抓内涵、促和谐、求发展，坚持"以服务为宗旨，以市场为导向，以

校园一角

就业为目标，培养高素质、实用型、技能型劳动者"的办学宗旨，确定"以人才培养为核心，以专业建设为重点，以内涵发展为主线，以队伍建设和基础能力建设为支撑，全面提高办学水平"的指导思想，不断深化教育教学改革，提高教科研水平和教学质量；加强教师队伍和管理队伍建设，提高整体综合实力；加强基础设施建设，改善办学条件，优化办学环境；产教结合，强化动手能力的培养，为地方经济结构调整和技术进步服务；加大培训力度，学历教育和行业培训并举，开辟国外就业市场，为促进就业、再就业和"三农"服务；实施"全员、全程、全方位"育人战略，把立德树人放在首位，加强校园文化建设，丰富"第二课堂"内容，全面提升学生素养，不断提高核心竞争力，促进学校全面、协调、可持续发展。

在师资队伍建设方面，学校以人为本，牢固树立"尊重教师、依靠教师、服务教师"的理念，把满足教师终身学习和全面发展需要、维护和保障教师切身利益作为教师队伍建设的出发点和落脚点，抓住引进、培养和提高三个环节，提升教师队伍整体素质。学校引进高学历、高层次人才，优化师资结构；多渠道加强教师实践技能培训，建设"双师型"教师队伍。学校鼓励教师开展科研活动，注重调动教师科研创新工作的积极性和主动性，提高其教科研水平和专业学术水平；通过集体备课、相互交流、培训进修等方式加强青年教师的培养，全面提高其教学能力，为学校发展储备后续力量。学校重视建立科学完善的教学管理体系，在教学质量监控方面构建纵向管理与横向管理、目标管理与过程管理相结合的网状管理体系；开展专家评教、同行评教、学生评教等多层面教学评价活动；进一步健全教学、科研等管理制度，为教师专业发展搭建平台，提供政策、资金保证。学校重视师德师风建设，开展优秀教师经验交流会、师德师风报告会等主题教育活动，真正把"教书育人、管理育人、服务育人"的"三育人"工作落到实处，使广大教师的思想素质和职业能力大幅度提高，初步建设了一支具有现代教育理念、师德高尚、专业精湛、善于创新、充满活力的师资队伍，为学校发展提供了人才保障。

实践应用

一、深入实际，剖析现状

学校十分重视师资队伍建设。近年来，为提高教师整体素质，适应迅猛发展的职业教育要求，以更好地将核心管理理念落到实处，学校主要领导多次召开专题研讨会，认真剖析了学校教师队伍现状。

一是专业课教师数量不足。随着中等职业教育的蓬勃发展和学校招生规模的扩大，教师数量明显不足，尤其是专业课教师和实习指导课教师比例偏低。二是部分教师教学水平较低。大多数教师毕业于医学院校，教育理论知识相对缺乏，受传统观念影响，对能力本位的中职教育模式理解不透彻。三是一些教师欠缺教科研意识，研究能力不足。教师教学任务繁重以及不同程度地存在重教学、轻科研倾向，直接影响了学校教科研活动整体水平的提高。四是专业课教师临床实践能力不足。一些专业课教师毕业后直接进入学校，缺乏临床工作经验，实践能力较差，教学中很难把理论知识与临床实际结合起来，这导致学生达不到就业岗位的要求。尽管国家要求职业学校教师应成为"双师型"人才，但由于受不同目的驱动，学校内部普遍存在重数量、轻质量，重形式、轻实质的现象，表现为片面追求职业资格证书数量，而忽视职业能力的提高。五是少数教师受社会"拜金主义"影响，职业道德有待进一步加强。

二、有的放矢，增强实效

（一）把好"进口关"，优化教师结构

为优化教师结构，近3年来，学校积极争取市教育主管部门和人事部门的支持，向社会公开招聘并引进人才。2010年，为更好地落实《国家中长期教育改革和发展规划纲要（2010—2020年)》，学校加大了师资队伍建设力度，把好"进口关"，把住"人情关"，进一步完善教师招聘制度，提高了教师学历层次，优化了教师结构。

众所周知，招聘工作中的最大问题就是如何应对"人情关"。学校为了保证将真正高素质的人才招聘到教学一线，高度重视各项组织工作，成立了由校领导、专家组、人事和纪检部门负责人组成的校内考评小组，共同制订招聘方案，拟定招聘办法及程序。整个招聘考核过程分笔试、面试与试讲三个环节，笔试采取闭卷、面试采取抽题答辩、试讲采取现场打分的方式进行。总分为100分，其中笔试占20%、面试占30%、试讲占50%，80分以上者获得招录资格，学校择优聘用。学校将包括招聘学科及人数、范围、条件、办法、程序以及招聘纪律等在内的《招聘教师工作实施方案》公开在市人才网、市教育网和学校网站发布。招聘过程中，考评小组严格按应聘人员的素质和水平进行现场打分，及时公布各阶段成绩，公示拟录入员情况，零投诉完成了招聘工作。10名硕士研究生、14名本科生走向工作岗位，学校教师的学历层次得到了进一步提高。

（二）抓好"培养关"，提高教学综合能力

人才培养是学校师资队伍建设的首要工作。学校174名专任教师中，45岁以下中青年教师约占教师总数的70%，35岁以下青年教师约占教师总数的50%。青年教师能否迅速成长，已成为影响学校发展的一个重要的因素。

为此，学校成立了青年教师培养工作小组，制订了《青年教师培养方案》，以提升教师职业道德素养为前提，并开设"教师职业道德修养""教育心理学""教育法规"等专题课；以提高教师教学综合能力为基础，有计划地开展说课、教法、学法等专题讲座；实行"导师制"，推进"青蓝工程"，为每位青年教师配备一名教学经验丰富的骨干教师或副高职以上教师作为导师，进行一对一的系统辅导，鼓励青年教师积极参加各级各类说课、教学设计等专项比赛，无论是日常教学还是参赛准备，指导教师全程指导，必要时

教学督导组成员集体指导。通过教研组集体备课、青年教师组内说课、教学公开课、观摩课等方式，全面加强青年教师教学综合能力的培养，使其迅速成长为教学能手。在具体实施过程中，学校采用"六字"方针：

1. "备"

中等职业学校的教学要求理论知识以"必需、够用"为度。学校近3年来新入校的教师有43名，他们大多缺乏实际教学经验，缺乏把握教材的意识和能力。在日常教学中，老教师依据每一章节教学内容的特点，通过集体备课，着重指导青年教师如何把握教材，使其认真研究教材在本专业中的作用和地位，然后根据人才培养模式的特点，从行业岗位需求与学生的就业情况出发，依据不同职业特点，帮助青年教师分析、整合、扩充教材内容。

"预防医学"这门课程中设有关于传染病学的内容，而传染病学又作为一门独立学科为学生开设。在讲授这一内容时，老教师指导青年教师集体备课，与相关学科的教师沟通，重新整合教材内容。"预防医学"侧重讲授易感人群的预防措施，而对于传染病的基本知识、传染源、传播途径、患病人群的治疗措施则由"传染病学"讲授。帮助青年教师依据教学内容选定具体的课型、教法、学法，从教材地位和作用、教材重难点、学情分析、教法和学法等方面着手设计教学过程，使青年教师把握教材的能力快速提高。

语文课在讲授《洛阳诗韵》这篇课文时，有位老师进行了这样的教学设计：一是分析课文在本单元的地位和作用。二是从知识目标和能力目标方面，确立本课时的教学重点和难点。三是进行学情分析，虽然护理专业的学生具有自主学习的能力，但是她们基础知识薄弱，表达能力欠佳。为了提高她们的表达能力，使她们在未来的护理岗位上与病人能够进行良好的交流与沟通，就要注重互动环节，锻炼学生的表达能力，在教学过程中渗透"以就业为导向"的职业教育理念。四是明确本课教法，即任务法、启发点拨法、对话法、情境教学法、多媒体教学手段辅助教学，通过真实的情境模拟，使学生产生学习的愿望和兴趣，树立自信心，在体验、认知、实践、合作与交流的氛围中学习并运用语言，提高自身的综合语言运用能力。

经过一年的磨炼，青年教师把握教材和组织教学的能力明显提高。

2. "说"

教学设计完成后，学校要求新教师在组内公开说课，系统地讲述该教学设计的理念和依据，介绍本课程的阶段目标及教学设想、本课或本章节在教材中的地位和作用、教学重点与难点、授课内容的整合与实际操作的关系、教学思路和课堂教学结构、板书设计、本课所选的教学方法及依据、多媒体和其他辅助手段的应用等，然后评议、答辩，相互切磋交流，使教学设计趋于完善。

3. "评"

除了组内说课并及时点评外，学校还设立了教学工作指导委员会，成立了教学督查领导小组和教学质量评估小组，建立了教师和学生之间的双向监督机制，制订了《教师教学评价体系》和《教学质量监控体系》，每学期进行检查性听课，设置专家评课表、同行评课表、学生评课表等。学校通过开展专家、同行、学生的立体评教等教学督导活动，进行立体评课，细化考核指标，从"教"与"学"两方面全方位考察教师课堂教学的整体情况，课后及时交换意见，指出其教学过程中的主要得失及值得探讨和改进的地方，从而有效地促进了教师教学整体水平的提高。

4. "听"

学校规定教龄不足 3 年的教师每年听课时数不得少于 32 节，并要求他们带着问题去听课。听课是快速提高教师教学水平的最佳途径，它可以使青年教师在实践中学习老教师好的教法、对突发问题的处理方式，进而形成自己的教学风格。

一位青年教师写下自己对听课的认识和感受："作为一名青年教师，在真正靠近神圣的讲台，深入到教学中时，我才猛然发现，坐在教室里听讲与站在讲台上授课之间的差异是多么大，尤其是对于一名刚从医学院校毕业的学生来说，教育学方面的知识与实践经验几乎为零。那个时候我不懂得教案的书写要求，不知道什么样的板书才算是规范的板书，甚至一个人站在没有学生的空教室的讲台上，都会觉得手足无措。学校的很多老教师都不遗余力地积极提携我们这些初出茅庐的青年教师。有一次讲解妇产科护理教学中'产后出血'那一章节，我想锻炼一下自己，在没有去听老教师的课之前，先是自己绞尽脑汁写了一份讲稿，然后在办公室里讲给自己听，一堂 50 分钟的课，我只用了不到一半的时间就讲完了，而且自己听起来都觉得干巴巴的，让人提不起兴趣。这堂课到底该怎么讲呢？带着这个问题，我认真地去听了课才发现，原来'产后出血'的病因可以延伸到许多方面，而不是单单像我一样照本宣科，直接照着书本一字不差地念；原来按摩子宫的手法可以如此立体地演示给学生，而不是简单地说一句'大家看一下书中××页的插图'；原来可以有很多生动的病例，既可以提起学生的兴趣，又可以让他们了解得更深刻。听完课之后，我又修改了讲稿，并且开始试着讲给组里的老师听，她们总是耐心地给予指导，不厌其烦地示范，并指出我的不足之处，然后我再试讲，他们再提出意见。反复几次之后，我才敢说能把一堂课完整地讲授下来。这使我深刻认识到，听课是提高自身教学能力最好、最快的方法。"

5. "讲"

课堂是教师专业成长的根基，是教师提升教学艺术的"试验田"，教师只有通过讲课，才能将自己的教学设计真正地在实践中展现出来，同时，讲课效果的好坏也直接体现了教师驾驭教材、课堂以及组织教学的能力。经过以上环节和试讲后，对初步胜任教学任务的新教师，学校每学期都会给他们安排一周2—4节的教学任务，让他们在实践中进行磨炼，并安排指导教师跟踪听课，及时点评指导。在讲课的过程中，学校要求教师要将德育和美育渗透到教学过程中，以兴趣唤起学生的积极情感，用情感净化学生的心灵。

一次，一位老师向大家介绍过这样一个案例："在欣赏《提醒幸福》一文时，一开场我就对学生说：'大家一定记得这样一句名言——世界上不缺少美，缺少的是发现美的眼睛。而我要说：世界上不缺少幸福，缺少的是感知幸福的心灵。今天就让我们一起来感受生活带给我们的幸福吧。'了解了毕淑敏对幸福的界定之后，我提出问题：你觉得自己什么时候是幸福的呢？学生说，下雨了，爸爸给我送来雨伞的时候；天冷了，妈妈给我端来热腾腾的面汤的时候；我心情不好，老师向我投来关切的目光的时候……我又问学生，为什么你们觉得这时是幸福的呢？学生们不知如何回答。我启示他们，这时候你是不是觉得自己被亲切温暖的感觉包围了呢？大人们的举动是不是使你的心灵得到了抚慰呢？接下来，我又围绕课文提出的观点'幸福就是没有痛苦的时刻'列举了一系列现象，让学生明白我们现在就生活在幸福之中，每个人都要怀有一颗感恩之心，用知识和本领回报关爱我们的人、回报社会。"

6. "思"

学校要求新教师上完每堂课都要依据指导教师与学生的反馈和自己的感受，写出对本节课的教学反思，总结得失，对自己的教学行为、设计及产生的结果进行审视与分析，在教学实践中借助行动研究法不断探索与解决自身的教学问题，尽快找到最适合自己的教学方式，走出教学误区。

这是一名刚刚走向讲台的教师所写的课堂反思："曾经我以为自己积累了一定的知识储备，也借鉴了许多有经验的老教师的优秀教学方法，应当可以胜任教学工作。可是当我真正在三尺讲台上'传道、授业、解惑'时，才发现这些是远远不够的。我的授课对象是同一专业的两个班级，这也就意味着同样一次课程，要讲两次，讲完课后我意外地发现，同样的内容，第二次讲授时往往从教材解读与设计、教法与学法的选择、课堂细节的处理等层面比第一次有很大进步和提升，这时我才真正理解了美国教育心理学家波斯纳所说的：没有反思的经验是狭隘的经验，至多只能是肤浅的知识。反思对于教学的重要性是不言而喻的，而这种反思给我带来的帮助是巨大的。在讲'妊娠诊断'一课时，刚开始我只能顺着课本的顺序按部就班地将知识系统地讲出来，课下我不断问自己：是不是应该将妊娠妇女早期妊娠的主要表现由因到果引出，而不是简单地讲有什么表现？怎样利用示教模型，才能使学生觉得更生动、形象？带着这些问题，我不断摸索——在图书馆翻阅资料、到网上看相关的教学视频，找到好的方法之后，先将这些内容讲给非医学专业的朋友或同事听，在他们能听懂的基础上，加入专业性的知识，争取将完美的课堂教学呈现给学生。只有将课前的精心准备与课后的认真反思结合起来，做一个有心人，不断总结问题，调整自己的知识结构与实践方式，才能实现一个青年教师的成长。"

（三）抓好"提高关"，提高教师的科研能力和"双师型"教师的比例

1. 以"点"带"面"，提高教师的科研能力

学校非常重视教师科研能力的提高。近3年来，学校共有24名教师攻读博士、硕士研究生学位，部分专业课教师通过学历教育进行相关课题研究，撰写研究论文，不仅提升了科研能力，科研范围也从自然科学研究逐步扩展到教育科学研究，这也激发了其他教师参与教育科学研究的热情。

为切实规范学校的科研工作，加强对科研工作的领导，学校在科室机构改革中专门成立科研中心，负责开展各项科研活动，并组建以校长为组长的科研工作领导小组，下设专家论证小组，制订《科研管理办法》《教师在职攻读学位及研究生学历管理办法》《教师参加学术会议、编写教材管理办法》等，对科研申报、立项实施、结题、经费管理、科研奖励等进行论证审核。学校每年都会划拨专项科研经费以鼓励和支持专业技术人员开展科研活动和技术开发，对科研成绩突出的专业技术人员进行奖励。

科研中心积极组织教师参加各级各类科研项目申报。随着立项课题的不断增加，越来越多的教师被带动起来，主动参与科学研究工作。为保障课题研究的质量，科研中心对科研活动实施全程管理，定期开展科研知识培训，就如何申报、如何开展课题研究等问题进行探讨；多次邀请治学严谨、科研经验丰富、科研能力强的专家、学者举办科研专题讲座，传授科研的基本知识和方法，提高教师对科研的认识，激发教师的科研兴趣，使教师了解和掌握科学研究的重点，提高他们捕捉课题的敏锐性。

科研中心及时督查立项进展情况，定期召集课题组成员互相交流研究中的困惑与心得，及时掌握科研课题的最新动态，并给出指导性建议，激励课题组人员。同时，有计划、有重点地挑选一批专业带头人、科研骨干到兄弟学校进行短期学习，参与课题研究和科学实验，并最大限度地为他们提供必要的物质保障，为其创造更多外出学习、进修、考察和参与学术交流、参与社会科技实践的机会，促进科研人才的成长和教师科研能力的提高，力求实现学校科研工作的可持续发展。

3年来，学校教师先后承担了国家级科研课题1项、省级科研课题16项、市级科研课题10项，获得省市级奖励18项；撰写学术著作3部，主编及参编各级各类教材47部，发表论文97篇；3人被聘为同等学力人员申请硕士学位导师组成员。

学校教师编写的部分教材

随着科研工作的大力开展，学校提出要进一步加强科研力度，突出实用型研究，将科研成果转换为生产力或运用到教学实践中。为此，2009年，学校积极开展校本科研，鼓励教师围绕学校的现实问题开展研究，对学校的定位、人才培养模式与规格进行探讨，对课程设置、教学方法、教学手段改革进行理论联系实际的研究尝试。在校本科研过程中，35项校级课题立项，教师的科研能力普遍得到提升。

目前，学校取得的一种治疗女性更年期综合症的药物及其制备方法和一种治疗缺血性脑病的中药组合物及其制备方法两项专利已应用到临床实践中，另一项研究成果"桂皮醛对大鼠根尖周炎根管中内毒素水平及根尖周炎症的影响"也已应用到临床实践。

教师部分科研成果

科研工作的开展促进了学校教师队

伍整体素质的提升，教师的科研积极性空前高涨，教师的职业道德水平、职业素质、科研能力有了大幅度提高，这使学校的科研工作走在了同类院校的前列，各项工作呈现良好的发展态势，促进了学校教育教学的改革与发展。

2. 以制度为保证，提高"双师型"教师比例

为适应现代职业教育的发展要求，学校鼓励专业课教师参加各种与医学相关的职业资格培训、考试，每年选派 4—5 名专业课教师到医院见习。近 3 年来，学校已先后派出 6 人参加国家级骨干教师培训、90 余人次参加各类学术活动或到各大学、医院学习。

学校一名中医学教师在秦皇岛市中医院中医脾胃科专家门诊进修，参与诊断和治疗了近 500 名患者，详细记录了胃炎、胃溃疡、胆囊炎、肠炎、颈椎病、神经官能症、反流性食管炎、食管癌、胃癌等疾病的临床表现，掌握了以上疾病的治疗方药和调理禁忌；另一名教师在呼吸内科专家门诊进修期间，参与诊断和治疗了近 800 名患者。

教学相长，到医院进修的教师回校后，不仅将临床最新知识、最先进的诊断和治疗方法带进了课堂，还有针对性地将实践知识与书本内容结合起来，运用临床病例，生动地进行讲授，学生的学习效果明显提高，教师的临床技能也得到了极大提高。

学校还积极为教师创设具有真实职业场景的实训环境。2009 年，学校获中央财政支持，投资近 400 万元建立了国内先进、省内一流的基础护理、内科护理、外科护理实训基地。这为提高专业课教师的实际操作能力，在教师中积极开展"岗位能手"练兵活动并形成制度提供了条件。学校每年都会拿出一定的资金，为教师购置物品，让教师们练习缝合技术以及美容针刺法，在实训基地加强基本功训练，这使教师们的实践能力得到了极大提高。

教师有了娴熟的技术，学生的各种技能也随之得到迅速提高。学校连续几年在省教育厅举办的临床技能考核中名列前茅，7 名教师获"优秀指导教师"称号，5 名教师被评为秦皇岛市"岗位服务标兵"和"岗位服务能手"。

此外，学校还十分重视师德师风建设，积极开展科研、再学习、教育和教学"三种能力"的培养和奉献、协作、进取、实干、开拓"五种精神"的教育活动，通过树立典型、专题讲座、经验交流等方式，使广大教师的思想素质和职业道德大幅度提高，初步建成了一支具备现代教育理念、师德高尚、专业精湛、勇于创新、乐于奉献的教师队伍。

在师资队伍建设方面，秦皇岛市卫生学校有较完善的教师培养方案，引进、培养、提高各环节衔接紧密，并制订了一系列相应措施，初步建设了一支勇于创新、乐于奉献、业务精湛的教师队伍，但仍应从以下几个方面进行拓展：

一、开展系统学习和实践活动，全方位转变教师观念

《国家中长期教育改革和发展规划纲要（2010—2020 年）》提出，职业教育要面向人人、面向社会，坚持以能力为重，着力提高学生的学习能力、实践能力、创新能力，使学生学会知识与技能、学会动手动脑、学会生存生活、学会做人做事，促进学生主动适应社会，开创美好未来。

目前，职业学校的学生整体素质偏低，要适应社会的要求，必须从根本上转变教师观念，让教师适应学生，进而找出一种切实可行的教育方法，这样才能培养出满足社会需求的优秀人才。为此，学校将采取如下措施：

一是在教师中开展系统理论学习。让教师利用每周的业务学习时间，听取全国知名职业教育专家的各类讲座录音，使广大教师了解当前职业教育发展的现状，更新教育理念，增强创新意识，实现教育教学理念的更新和职业教育的要求同步，树立"我们面对的就是这样的原材料，要把其加工成有价值的产品；我们面对的就是这样的学生，要把他培养成有用的劳动者"的观念，做到真正意义上的因材施教，促进学生的发展。

二是在教师中开展"每月一案例"活动。无论专职教师还是兼职教师，每人每月必须记录一个教学案例，总结自己的教学得失，不断进行教学观念的反思，更新观念。

三是开展"集体会诊"活动。在教师中定期召开交流会，让他们共同讨论教学得失，共同找出教学中出现的问题，使教师尽快摆脱原有的不足之处，真正发挥教师的主导作用和学生的主体地位。

二、完善"传、帮、带"机制，确保青年教师的成长

为加强青年教师的培养力度，使"师徒制""导师制"得以传承，学校应进一步完善相应的"传、帮、带"机制。

中国职业教育

名校/名校长创新管理评析

师资建设卷

98

一是增加培养时间，由原来的半年跟踪培养延长到一至两年；由导师制订完整的跟踪指导计划、培训要求和考核方式，未"出徒"的要"回炉"，多次淬炼，直到能独立胜任教学任务。

二是设立青年教师跟踪培养专项资金，以人为本，尊重导师的劳动，专款专用，保证"传、帮、带"工作机制正常运转。

三是不断完善从指导教师到受培教师、从过程跟踪到年度考核、从机构设置到工作职责等多方面、全方位的"传、帮、带"机制，引导青年教师迅速成长。

三、强化实践教学能力的培养，加快"双师型"队伍建设

近年来，尽管学校十分重视"双师型"教师的培养，但由于医学教育自身的特点，与其他类型的职业学校相比，学校"双师型"教师比例仍然偏低，针对青年教师已占全校教师一半的现实，学校将在以下几方面不断加强"双师型"队伍建设：

一是实施高技能青年教师队伍建设计划，加强实践技能培训，有计划、有步骤地安排临床课教师到医院和社区门诊进修和见习，参与医院的临床实践，提高实践技能。

二是建立青年教师职业技能考核激励机制，发挥职称评定和绩效考核杠杆作用，鼓励他们参加各类职业技能培训，对已获取职业医师和职业护士资格的教师给予一定的物质奖励，使更多青年教师成为拥有"双证"的"双师型"人才。

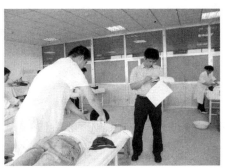

教师技能考核

三是加大青年教师参与实践教学的力度，要求每位青年教师每学期负责一定的实践性教学任务和学生实习指导工作，提高青年教师专业实践技能水平。

四是引进医院和相关医疗单位的专家或有名望的医师、护师来校担任兼职教师并指导工作，加强实践教学，带动专任教师实践技能的提升。

四、实施"名师工程",增强社会影响力

有名师才会有名校。"名师工程"是学校教师队伍建设的主要举措,是实现"质量立校、管理强校"的重要保证。通过国家级重点中等职业学校评估,学校清醒地认识到,尽管有了18名学科带头人和骨干教师、3名华北煤炭医学院同等学力人员申请硕士学位导师组成员,但"名师"比例不高,真正在社会上有一定影响力的教师并不多。学校将从以下几个方面着手实施"名师工程":

一是创设良好环境,首先,创设良好的领导环境。领导是学校的灵魂,领导的素质就是学校的素质,领导的境界就是学校的境界。学校领导将一如既往地坚持"以人为本"的管理和服务理念,不断提高教师的幸福指数,政治上提携、业务上引领、生活上关怀、成长中助推。其次,创设良好的学习环境,积极营造更加浓厚的学习氛围,建设学习型校园。第三,创设良好的人际环境,确保竞争在制度的约束下进行,使人人都明白"我应干什么,我该怎么干"。

二是建立倾斜政策。凡被评为市级以上学科带头人和骨干教师的,按政策规定,享有相应津贴;优先安排外出学习和参观学习,参与学校重大教育教学改革制度的制订。

三是严把锤炼关。抓好课堂锤炼,苦练内功,使教师在课堂实践中学会教学,在课堂实践中磨炼本领,求得"真经"。只有在不断的磨课和公开课中锤炼课堂教学技巧,长期"摸爬滚打",才能使课堂教学艺术达到炉火纯青的境界。

四是严把反思关。学校要求教师认真做好教学反思,做到把课前、课中、课后的反思相结合,写出较高质量的反思性文章,做"实践的反思者"和"反思的实践者",真正成为有社会影响力的名师。

日新月异的职业教育,对职业学校的教师提出了更高的要求,对职业学校的师资队伍建设提出了新的标准。在不断的教学实践中,必须把师资队伍建设作为学校发展的头等大事,以育人为本,不断增强办学活力;改革创新,不断提高教育现代化水平;提高教师队伍的质量,为实现学校的可持续发展不懈努力!

能否提高教育质量，实现学校快速和健康发展的关键取决于师资队伍质量的高低。秦皇岛市卫生学校以师资队伍建设为核心，走内涵发展之路，全面提高了学校的教育教学水平。学校的师资队伍建设抓住引进、培养和提高三个环节，提高了教师队伍的整体素质。

教师培养重实效。培养是提高教师教学能力的关键，是师资队伍建设的首要工作。为保证培养效果，学校从制度建设、工作机制和培养内容三个方面着手，迅速提高了在职教师的教学水平。在制度建设方面，学校实行"导师制"，开展"青蓝工程"，为每位青年教师配备一名教学经验丰富的骨干教师或副高职以上教师。在工作机制方面，学校成立青年教师培养工作小组，制订《青年教师培养方案》，并完善"传、帮、带"机制，增加培养时间，设立青年教师跟踪培养专项资金，完善了过程跟踪、年度考核、机构设置和工作职责等体系；通过教研组集体备课、青年教师组内说课、举办教学公开课和观摩课等环节帮助青年教师迅速成长为教学能手。教师培养内容全面，包括"备、说、评、听、讲、思"六个环节，展现了校本教研的完整过程。特别是"思"与"讲"这两个环节，对青年教师改进教学、提高教学水平发挥了重要作用。

专业提高靠实践。职业教育的实践性对中职专业课教师动手实践能力有较高要求。为强化实践教学能力，加快"双师型"教师队伍建设，学校积极为教师创设具有真实职业场景的实训环境；有计划、有步骤地安排临床课教师到医院和社区门诊进修和见习；鼓励青年教师参加各类职业技能培训，对获取职业医师和职业护士资格的教师给予一定的物质奖励；要求每位青年教师每学期担任一定的实践性教学任务和学生实习指导工作；引进医院和相关医疗单位的专家或有名望的医师、护师来校担任兼职教师并指导工作，加强实践教学，带动专任教师实践技能的提升。

教师科研显实力。科研是推动教师专业发展和教学改革的助力器。学校十分重视教师科研工作。学校专门成立科研中心，负责开展各项科研活动，并组建以校长为组长的科研工作领导小组，下设专家论证小组，制订规章制度，对科研申报、立项实施、结题、经费管理、科研奖励等进行论证审核。为保障课题研究质量，科研中心对科研活动实施全程管理，如定期开展科研知识培训，邀请专家、学者举办科研知识讲座，及时督查立项进展情况，定期召集课题组成员，互相交流研究中存在的困惑与心得，及时掌握科研课题的最新动态，并给出指导性建议。科研工作的开展促进了学校教师队伍整体素质的提升，彰显了学校教师队伍的专业化实力。

此外，学校在教师引进、教师职业道德建设和名师打造等方面进行了积极的改革与实践，实现了教师队伍素质的全面提升。

（点评：佛朝晖）

名校／名校长简介

优化师资结构，提升教师能力
——湖北省当阳市职教中心

当阳市职业技术教育中心的前身是创办于1988年的当阳市职业高中，学校先后与当阳市成人中专、宜昌电大当阳分校、宜昌市当阳卫生学校、当阳市第三高级中学四所学校合并而成，是当阳市唯一一所由市政府主办、市教育局主管，集职业教育、成人高等教育、职前职后培训于一体的综合性全日制中等职业学校。当阳市职业技术教育中心是国家级重点中等职业学校，曾先后获得"湖北省文明卫校""宜昌市文明单位""宜昌市名牌学校""宜昌市花园式学校""宜昌市中等职业教育先进集体"等荣誉称号。

学校拥有一支德才兼备、结构合理、门类齐全的师资队伍。现有教职工228人，专任教师199名，其中高级教师41人、湖北省学科带头人3人、宜昌市学科带头人9人、当阳市学科带头人21人、"双师型"教师78人。学校现开设有农村医学、护理、计算机应用、机电技术应用、模具制造技术、服装制作与生产管理、化工工艺、玻璃工艺、陶瓷工艺9个专业，其中电子技术应用专业为湖北省示范专业，护理专业为湖北省合格专业，计算机应用专业为湖北省宜昌市示范专业。目前学校有全日制中职生 3750 人，成人高等教育学生 310 人。

学校认为，职业教育就是就业教育。在社会经济发展中，中等职业教育肩负着培养数以亿计的高素质劳动者，也就是为社会培养技能型实用人才的光荣使命。要想完成这一光荣使命，学校就必须具备思想素质过硬和业务素质精良的师资队伍，尤其是专业课教师队伍。作为一所几经整合的学校，当阳市职教中心在优化师资结构、加强专业课教师队伍建设方面下了很大工夫，打造了一支素质高、职业道德过硬、教学能力突出的师资队伍。

《中国教育改革与发展纲要》明确指出："振兴教育的希望在教师，建设一支具有良好师德师风、政治业务高、结构合理、相对稳定的教师队伍是教育改革和发展的根本大计。"职业教育就是就业教育。在社会经济发展中，中等职业教育肩负着培养数以亿计的高素质劳动者，也就是为社会培养技能型实用人才的光荣使命。要想完成这一光荣使

实训大楼

命，学校就必须拥有一批思想素质过硬和业务素质精良的师资队伍，尤其是专业课教师队伍。作为一所几经整合的学校，当阳市职教中心在优化师资结构、加强专业课教师队伍建设方面下了很大工夫。

一、通过"双培双引"，优化师资结构

"双培"就是指学校自己培训专业课教师与选派专业课教师外出参加省级和国家级培训相结合的教师培养模式。当阳市职教中心是一所农村职业学校，师资结构不合理，文化课教师偏多，专业课教师紧缺。对于富余的文化课教师，学校根据其所教课程与专业课的关联程度，安排其参加校本培训，并加大专业课知识的培训力度，采取教师自学和在校或到工厂以师徒结对的方式进行培养，同时针对学校实验实习设备的更新补充，积极选派相关的专业课教师接受设备供应企业的工程师现场培训，使他们及时掌握所学专业的新知识与技能；选派部分青年理工类专业教师参加省级或者国家级"双师型"教师培训。"双引"就是指向高校引进紧缺专业应届本科生和研究生充实专业课教师队伍，向企业或社会引进专业技术人员担任兼职教师。学校每年都会向上级主管部门申请，要求增加编制，从高校引进紧缺专业应届本科

生和研究生来校充实专业课教师队伍。同时结合实际需求，高薪从企业或社会聘请技术人才担任专业课指导教师。

二、通过专业实践，着力打造高水平专业课教师队伍

熟能生巧，百炼成钢。专业课教师的专业技能水平必须通过反复动手操练，才能真正有效地得到迅速提升。一方面，学校在定期开展的学生技能竞赛活动中，明确要求相关专业课教师也必须参加，甚至有时要与学生同台竞技，一较高下。另一方面，学校每年都有计划地安排专业课教师到实训基地担任实习指导教师，或参加企业生产实践，与企业零距离接触，掌握企业真正需要的专业技能，从而大大提高了教师的专业技能。同时，学校积极鼓励专业课教师参加劳动部门组织的技能等级考试，督促专业课教师考取所教专业的等级证书，参与更多的社会实践活动。

学校从创办至今，期间经历了三次大的整合。

1999 年 5 月，根据湖北省教委、省计委《关于组建县（市）中等职业技术学校，实施"512 工程"的意见》的文件精神，为了落实《职业教育法》和《湖北省人民政府关于加快发展职业教育的决定》，进一步优化市职业教育资源配置、理顺职教管理体制、提高职业教育的办学质量和办学水平，实现当阳市职业技术教育由速度、数量型向质量、效益型转变，当阳市委、市政府决定将原当阳市职业中专（市职业高中）、当阳市成人中专、宜昌电大当阳分校合并，组建当阳市职业技术教育中心。此次整合，有效遏制了当阳市职业教育招生恶性竞争、专业建设重复、资源浪费严重等不良现象，对于规范招生秩序、调整专业建设和学校合理布局、提高办学效益，具有极大的促进作用。

20 世纪末，中职学校实行并轨招生，各中职学校的招生数量和质量呈现下降趋势。到 2002 年左右，大部分中职学校招生已异常艰难。鉴于原当阳卫生学校生源严重不足、学校发展步履维艰的实际情况，2002 年 6 月，当阳市委、市政府决定将原当阳卫生学校从市卫生局剥离，划归市教育局管理，并入职教中心。此次整合，对于盘活当阳卫校、加强市职教中心专业建设、扩大市职教中心办学规模等具有十分重要的意义。当阳市职业教育步入了健

康可持续发展的轨道。

根据《国务院关于大力发展职业教育的决定》和《湖北省人民政府关于加快发展职业教育的决定》的文件精神，2006 年 12 月，当阳市委、市政府紧紧抓住国家大力发展职业教育尤其是中等职业教育的良好机遇，决定将原当阳市第三高级中学并入当阳市职教中心。这次整合，对加快当阳市职教中心的建设，推动职业教育又好又快发展意义重大，为当阳市职教中心成为当阳市人力资源开发、农村劳动力转移培训、技术培训与推广、扶贫开发与普及高中阶段教育的重要基地奠定了坚实基础，同时也有力地促进了当阳市中等职业教育与普通高中教育的协调发展。

前两次整合，都是对几所职业性质的学校进行的整合，整合后其在师资结构上问题不大，文化课和专业课教师比例大体相当，只是专业课教师整体素质不均衡、年龄老化，专业课教师社会实践少。但第三次整合却给当阳市职教中心带来了一个大问题，那就是师资队伍结构不合理。原当阳三高的教师都是文化课教师，而且都是从普通师范学校毕业，多年从事普教，他们被划归当阳市职教中心，使得当阳市职教中心出现了文化课教师富余、专业课教师紧缺的情况。原当阳三高为发展普教，从各乡镇调入了大批文化课教师，但在组建职教中心时，教育主管部门只能调走极少部分文化课教师到其他学校。等到原当阳三高在 2008 年停止招生时，文化课教师更显富余，职教中心师资结构不合理的现象也就更加严重了。当年在职教职工 227 人，其中专任教师中，文化课教师有 116 人，而专业课教师只有 32 人。另外，当时的专业课教师实践机会少，缺乏真正意义上的专业课教师（"双师型"教师）。

为了加强师资建设，学校在几次整合中也不断选送一部分文化课教师到高校培训，然后充当专业课教师，但要使这些教师真正成为合格的专业课教师还需要一个相当长的过程。原三高停止招收普高生后，虽然每年学校对口高考班也可以消化部分文化课教师，但这并不是长久之计，因为职业教育的目标就是为社会培养技能型人才，这要求教师也必须是"双师型"人才。由于种种原因，从高校应届毕业生中招聘专业课教师非常困难，前几年只招聘到 3 名专业课教师，有的来了之后只待了几天就走了。学校财力有限，无法聘请那些经验丰富、技术高超的专业人才。可以说，专业课教师紧缺、教师结构不合理，是制约学校发展的关键因素。

为迅速解决文化课教师相对富余、专业课教师相对不足的现状，近几年来学校采取了多项措施。

一、"双培双引"

学校自培。对于文化课富余人员，学校在校本培训中加大对其进行紧缺专业的专业知识与专业技能的培训力度，采取送出去进修、校内师徒结对和到厂家现场培训等方式进行自培，先后培训了30多人。如学校安排卢晓明、朱爱军、双道华、刘寅会老师到湖北工业大学参加模具设计与制造专业培训，安排于新刚老师到江苏太仓职校参加机械加工培训，安排冯立新、文中成老师到江苏太仓德资企业参加钳工工艺培训等。在校本培训中，学校安排有经验的专业课教师以师徒结对的方式指导青年教师，如省级计算机专业骨干教师赵华胜指导了5名计算机专业的新教师，有丰富教学和实践经验的机电专业课教师罗厚军指导了3名机电专业的新教师，电工电子专业高级教师祁冬云指导了2名新教师等。根据实验实习设备的更新补充情况，学校积极选派相关专业课教师进行培训、学习，使他们及时掌握所教专业的新知识、新技能。如先后派出了冯友胜、李京三、刘寅会、于新刚、饶飞云等20多位老师到供货厂家接受相关培训。

参加省级、国家级培训。近几年，学校先后选派了26名青年理工类教师参加省级和国家级专业课教师培训，如文中成老师在湖南师大参加国家级数控技术应用培训，曹孙武老师在广西工学院参加模具设计与制造专业培训，郑玉荣老师在西北农林科技大学参加化工工艺培训，王世军老师在集美大学参加机械加工专业培训，王杰老师在江苏技术师范学院参加服装设计与制作专业培训，史金芳老师在山西师范大学参加旅游服务与管理专业培训，冯立新老师在宁夏理工学院参加焊接技术培训，谭卫东老师在湖北工业大学参加模具设计与制造专业培训，黄家勇老师在武汉职业技术学院参加模具CAD培训，宋友成老师在孝感学院参加电工电子专业培训，李开芬老师在东南大学参加护理基础培训，陈晓华老师在广西柳州参加服装制作培训等。

从高校引进。学校每年都会向上级主管部门申请编制，从高校引进人才。在全市教师总数超编的情况下，学校通过市人事局、教育局从高校应届本科毕业生中先后引进了田源、张浩、张二星等十多名紧缺专业课教师。2010年，当阳市人事局、教育局和学校领导远赴吉林长春、安徽蚌埠、河南安阳等地，引进了机电、模具专业课教师共4人。2011年，学校按计划从高校又引进4名机电、模具设计与制造、化工工艺、电子等专业应届本科毕业生，充实专业课教师队伍，以进一步加强专业课教师队伍建设。

从企业或社会聘请。企业或社会有一大批高素质的技能型人才，他们有着丰富的实践经验和专业技能，聘请他们担任相关专业的兼职教师，能弥补学校专业课教师实践经验不足的缺陷。结合实际情况，学校先后从企业或社会聘请了近 20 名技术人才担任专业课兼职教师或实习指导教师。如原当阳机械厂的副厂长杨永新退休后受聘于学校，担任

钳工课

机电专业兼职教师；润兴发（深圳）时装公司服装设计师朱艳丽、李洪明等担任服装专业兼职教师；三峡新材股份有限公司钟光明工程师担任玻璃机械、化工仪表专业兼职教师；华强化工集团朱江涛工程师担任化工机械、化工工艺专业兼职教师；湖北博创机械有限公司研发部经理李洪金工程师担任机电、模具设计与制造专业兼职教师；当阳市人民医院护理部主任胡国华、宜昌仁和医院护理部主任高雪农等 5 名医护专家担任护理专业兼职教师。

二、多措并举，着力提升专业课教师的专业实践水平

不通过专业实践，专业课教师的实践操作技能是不会得到提升的，上课也只能是纸上谈兵。

竞赛比武。徒弟水平高不高，要看师傅水平高不高。因此，学校十分注重教师的实践动手能力。课堂上讲得天花乱坠，实践中却不能动手或者动手能力不强的教师，不是合格的职业学校教师。职业学校的教师既要会"动口"，更要会"动手"，还要会技术创新。学校在定期开展的学生技能竞赛活动中，明确要求相关专业课教师也必须参加竞

焊工课

赛，甚至要和学生同台竞技，一较高下。教务科长冯友胜在计算机比赛中率先示范，展示了高超的计算机水平，受到师生好评。冯立新老师在焊接技术、祁冬云老师在电工、罗厚军老师在机械制图、谭卫东老师在模具设计、于新刚老师在机械加工、王杰老师在服装设计等学校举行的技能大赛中积极

和学生同台竞技，展示了专业课教师的风采。李泽清、李京三、祁冬云、朱爱军等老师在宜昌市教育局组织的教师专业技能操作大赛中分别获得一、二、三等奖。

专业实践。专业课教师只有在实践中才能提高专业能力。学校每年都会有计划地安排专业课教师到实训基地担任实习指导教师，或到企业参加生产实践。每年学校都会派遣5—6名专业课教师到顶岗实习学生相对集中的深圳、苏州等地驻厂指导，既管理学生，又能参与实践。学校要求专业课教师定期到当阳华强化工、三峡新材、润发时装、

护理实训

市人民医院、市中医院等校企合作企事业单位实践、实习，且每年不少于一个月，以避免教学内容落后于实际，让专业课教师在实践中提升专业技能。

技能鉴定。学校积极鼓励专业课教师参加劳动部门组织的技能等级考试，督促专业课教师考取所教专业的等级证书，不断提升教师的专业技能水平。同时，有了技能等级证也让专业课教师有机会参与更多的社会生产实践活动。近几年，学校先后有6人获得国家注册考评员资格，132名教师取得计算机、机电、模具、护理、服装、化工等各类中、高级技术等级证书。

经过近十年的建设，学校师资队伍的整体水平上有了极大的提升，一支德才兼备、结构合理、门类齐全的教师队伍已经形成。

由于专业课教师的能力不断提升，学生的专业技能水平得到了极大的提高。近几届学生的技能等级合格率接近100％，计算机专业国家等级一级考试通过率达99％。机电、模具、计算机、护理等专业学生在省市各项技能大赛中均获大奖。

一、中职专业课教师到企业实践的收获与困惑

中职专业课教师和实习指导教师的实践教学能力，直接影响着中职面向市场、面向就业的教育教学改革的成败，也在很大程度上决定着中职技能型

人才的培养质量。

（一）收获

对于有机会到相关企业参加实践的专业课教师而言，他们都体会到企业是社会中最活跃的组织，其用人需求处在不断快速变化之中。作为为企业培育实用技能型人才的中职学校，只有进一步加强社会实践工作，深入了解企业的用工需求，提高应变能力，才能缩小学校教育与企业用人需要之间的差距。

1. 认识了现代化企业形象。从一些企业的人性化与个性化管理中，从企业的产品创新、设计创新、管理创新到经营创新中，从不同企业所蕴涵的企业文化中，教师们对现代企业的管理模式和创新意识有了新的认识。

2. 教育观念得到更新。教师们更加清晰地认识到，当前中职学校教育教学中存在理论与实践的脱节的问题，中职学校必须把企业用人的要求作为培养目标，在专业设置、课程安排、教学内容、教学组织形式等方面适应市场需求，进行大胆改革。否则，就会被社会淘汰。

3. 专业理论水平和职业技能得到提升。企业为专业课教师提供了理论和实践相结合的平台。通过深入工作岗位一线，教师在专业理论知识和实践技能方面都得到了提高。

4. 丰富了教学案例。服装制作专业的教师对服装在实际制作中的细致程度深有感触，深深地体会到动手能力和细节的重要性。不少教师还在企业实践中积累了大量的第一手资料，为今后的教学增加了许多新的内容和案例，使教学更贴近企业实际，也更富有针对性。

服装专业

（二）困惑

对学校来说，专业课教师本来就比较缺乏，平时抽不出专业课教师到企业实践，只能让他们利用暑假去，但这样又不可避免地占用了教师的休息时间；而且还有经费问题，学校目前尚缺乏相应的财政经费渠道；另外还有教师人身安全的问题，有的教师还要到一些有安全隐患和一定危险度的岗位实践（如机械类企业）等。

对企业而言，一方面，没有一个明确的制度来规范企业行为，企业可接收也可不接收，接收是"买面子"，不接收也不违规；另一方面，企业是讲究效率、追求效益的，接收教师实践一两次是可能的，但如教师实习的材料损耗过大，企业就不得不考虑经济效益问题。另外，教师毕竟不是专业的熟练工人，对于接收部分岗位的专业课教师实践，如比较危险的岗位等，企业还有一些顾虑。

中职学校专业课教师到企业参加实践，架设起了学校和企业之间联系的桥梁，增强了专业课教师的能力，深受广大教师的欢迎。许多教师感到，通过企业实践，自己的知识面得到了扩展，实践操作能力得到了提高，懂得了实践环节的要领，给今后教学带来了不少启示，指导学生进行实践时也更加得心应手。因此，学校要进一步克服困难、加强规划、巩固成果、改进做法，把教师深入企业实践这项工作做得更好。

二、向高校引进本科毕业生的困惑

近几年，学校通过各种渠道从高校引进人才，以期充实专业课教师队伍、完善教师结构，但效果不理想。一是专门培养职业类教师的师范院校不多，难以招到专业对口的毕业生。二是地方教师编制紧张，教师总量偏多，虽然职业学校专业课教师紧缺，但编制较少。到高校招毕业生，如果不能解决编制问题，很难招到人。三是待遇低，留不住人。因受地方经济的制约，不可能给引进的毕业生高工资和福利待遇，其工资只有一千多元，还不如一般厂矿企业的一线员工，更谈不上房子等待遇。因此，花大力气招来的本科毕业生，到学校工作一段时间就辞职不干了。而经费问题又不是学校自身能解决的。

为此，建议加强师范类职业院校建设，采取定向免学费培养专业课教师的方式，为中职学校解决师资问题，同时主管部门应在专业课教师引进上给足编制。

三、向社会或企业招聘高技能人才的困惑及建议

向社会或企业招聘高技能人才来学校兼职教师，是弥补学校专业课教师理论有余而实践经验不足的一个极好途径。这些高技能人才实践经验丰富，动手能力强，聘请他们做兼职教师可以和学校专业课教师优势互补。但在实际中，却很难聘请到在职的高素质技能型人才，要么是他们所在的单位怕影响工作，不同意外聘；要么是费用太高，学校无法承受。近几年学校聘请的

都是离退休人员，而没有年富力强的高技能人才。

要加快中等职业学校用人制度改革的步伐，通过政府协调，人事、教育部门积极支持职业学校用人制度改革，在进人手续、岗位设置、职务评聘等方面为职业学校开辟"绿色通道"，在职业学校设置一定比例的特聘教师岗位，允许打破学历、年龄、身份、行业限制，使学校能够吸收具有丰富实践经验的专业技术人员和高技能人才担任专业课、实习指导教师。对中等职业学校的特聘兼职教师，相关部门应在财政上安排专项资金给予支持。

 专家点评

当阳市职教中心由五所学校合并而成，是集职教和成教、职前和职后、学历教育和非学历教育于一体的综合性职业学校。历经三次重组后，学校教师队伍呈现出文化课教师多，专业课教师少，教师实践能力不强等问题。针对重组型职校师资队伍中的典型性问题，学校实施了"培、引、送"的师资队伍建设模式，优化了师资队伍结构，提高了教师的能力。

一是"培"。对在职教师进行培训和培养是提高教师专业能力的有效措施。学校采取自培、省培和国培相结合，校内培训和校外培养相统一的方式，提高专业课教师能力，并将一些文化课教师转岗为专业课教师，优化了师资队伍结构。自培针对性强，省培和国培为教师专业发展提供了机会。校内培训立足校本，师徒结对的模式有利于青年教师的快速成长；学校鼓励教师参加学生技能竞赛的方式也是对教师的锻炼。校外的培训方式较多，如由企业组织的现场培训和教师培训基地的培训，这不仅促进了教师动手能力的提高，也系统化地提高了教师的专业能力。

二是"引"。引进教师是优化师资队伍结构最直接有效的措施。学校通过从高校引进紧缺专业毕业生、聘请企业和社会上高技能人才的方式，增加了专业课教师数量。但是，在引进高校毕业生方面，由于地方编制和待遇等问题，新教师容易流失；在聘请企业和社会上高技能人才方面，由于企业不积极和费用高等问题，学校只能聘请退休人员。

三是"送"。"送"就是将教师送到企业进行实践和参加技能考试。专业课教师只有在实践中才能提高专业能力。学校每年都有计划地安排专业课教师到学校实训基地担任实习指导教师，或到企业参加生产实践。通过去企业实践，教师获得了观念的更新和技能的提高。教师认识到现代企业现状，意

识到当前中职学校应把企业用人的要求作为培养目标；学校在专业设置、课程安排、教学内容、教学组织形式等方面应进行大胆改革。通过深入工作岗位一线，教师在专业理论知识和实践技能方面都得到了提高，并丰富了教学案例。学校还积极鼓励专业课教师参加劳动部门组织的技能等级考试，不断提升专业技能水平。

（点评：佛朝晖）

师资建设卷

构建以人为本的创新机制，打造强大高效的师资队伍

——内蒙古扎兰屯林业学校

名校／名校长简介

内蒙古扎兰屯林业学校坐落在大兴安岭东麓、雅鲁河岸边，占地 26 万平方米，建筑面积 10 余万平方米，校舍建筑面积 52719 平方米，是一所景色秀美的花园式学校，如同一座森林公园。学校是全国重点风景名胜区、中国优秀旅游城、中国特色魅力城市扎兰屯市的重要地标。

扎兰屯林业学校始建于 1952 年，是内蒙古自治区最早创建的 6 所中等专业学校之一，也是全国最早创建的 12 所林业学校之一。建校 60 年来，学校高度重视师资队伍建设，坚持以高质量的师资队伍推进高质量的素质教育，已培养了 30000 余名毕业生。历届校友人才荟萃，先后从这里走出的博士生、研究员、大学教授、博士生导师 20 余位。中国工程院院士马建章，国际著名治沙专家张凤，中国草原学会草原火管理委员会秘书长、博士生导师周道玮等一大批优秀人才都是学校优秀毕业生的代表，毕业生的出色业绩令扎兰屯林业学校在林业行业和职业教育领域声名远播。

学校领导充分认识到，师资队伍是提高教育教学质量的关键，更是学校生存与发展的保障。在师资队伍管理上，学校以教师的教学改革、专业成长和生活环境改善为主线，促进机制创新，着力打造了一支强大的师资队伍。特别是 2008 年以来，学校坚持以人为本的办学思想，不断创新师资队伍建设模式，转变教职工思想观念，积极创造良好的职业发展环境，提高师资队伍整体素质，取得了丰硕的成果。

核心管理思想

　　教师是学校的发展之本，教师的质量决定着学校的质量。职业学校对教师实施有效的管理，符合职业教育的发展规律和教师自身事业发展的需求，有利于营造教师、学生、学校健康成长、和谐共赢的良好氛围，有利于构建发挥教师才能的用人机制。

　　2008 年，以张海峰为校长的新一届领导班子走马上任。他们针对学校的特色、资源、发展潜力和职业教育发展趋势，推出了《治校方略》，明确提出了"以生源为根基，以创新为动力，以质量为命脉，以育人为首位，以教师为关键，以管理为保障，以就业为导向，以服务为宗旨"的办学理念和"学生为

张海峰校长

本，立德树人，一专多能，上岗就业"的办学思想，满怀信心地提出了"3年内步入自治区中等职业学校第一集团，5 年内步入国家中等职业学校第一集团"的办学目标。以此为起点，"以创新为动力，以质量为命脉，以育人为首位，以教师为关键，以管理为保障"，成了内蒙古扎兰屯林业学校创新师资队伍建设的核心管理思想。

　　"以创新为动力"。创新是一个民族进步的灵魂，也是事业的动力。《治校方略》提出"以创新为动力"，就是要创新激励机制，创新管理制度，创新专业设置。学校在以往规定的基础上，根据变化了的情况，制订新的机制，激发教职工的活力和工作积极性，并在运作过程中逐步形成制度，使教职工在一种

校门

新体验、新约定中愉快工作，保持不竭的动力。学校认为，中等职业学校必须主动适应市场的需要，专业设置也要在动态中满足劳动力市场的需求，"从一而终"是中职学校"老死困终"的致命病因。《治校方略》明确提出："要不断地整合资源，调整专业方向，增设新的专业，在专业创新中获得生机与活力。"

"以质量为命脉"。《治校方略》提出："学校能否生存和可持续发展，取决于教育教学质量的高低。"生源再好，如果入校后在德育、知识、技能的培养上没有质量，也就留不住学生，学生毕业后就业不畅，将导致学校无声誉。所以教育质量是决定学校生存发展的命脉。"以质量为命脉"，就是要形成以校长——教务副校长——教育科学研究室、教务科——学科教研室——教学组为教学质量管理和提高的系统，更新教育观念，树立现代的教育观、教学观、教师观、学生观、质量观，并大胆进行改革，制订促进机制，创设活动载体，深入研究教法，耐心指导学法，增强实践环节，改革教学模式，把教学理念转变为教学行为，提高教学质量。

"以育人为首位"。《治校方略》提出的"以育人为首位"，是把"育人"和"成才"对应起来的。企业用人重视技术能力，同样重视劳动者的职业道德。因此，学校把"立德树人"作为培养高素质劳动者的首要任务，强调"既要培养学生做事，更要培养学生做人"，把"坚持德育的高起点，倡导育人的全员化，创造育人的新载体，实现德育的新目标"作为学校办学的一种追求。

"以教师为关键"。办学、育人要以教师为关键，因为保证教育质量的关键是教师。《治校方略》明确提出："一要尊重教师、相信教师，肯定教师的劳动奉献，激发广大教师的首创精神和工作积极性；二要通过个人学习、校本培训、外地培训等方式，提高师资的学历层次和学识水平，打造专业知识实用、实践技能丰富、教育能力全面、思想品德高尚的教师队伍；三要根据实际工作需要，加强'双师型'教师队伍建设，通过职教师资基地培训、教师到企业实践制度、第二专业技术资格评聘等措施，完善'双师型'教师的比例结构；四要通过向社会招聘和引进实践经验丰富的专业技能人才，补充实践教学环节的师资。"

"以管理为保障"。管理出质量，管理出效益。对于一个单位的兴衰来说，管理是重要影响因素。任何好的思路、计划、目标，都是在科学管理的保障下实现的。《治校方略》明确提出："学校要加大管理力度，创新管理机制，优化管理方法，使各系统的管理越来越科学化、现代化。根据学校各部门的具体工作和实际情况，制订相应的管理机制，形成科学管理的理论体系和组织体系，以此作为师资队伍建设乃至学校规范管理、科学管理的保障。"

师资队伍建设不只是针对一线教师，在职业学校，这一概念还包括行政管理人员、后勤服务人员。"以创新为动力""以质量为命脉""以育人为首位""以教师为关键""以管理为保障"，不是空洞的口号，而是被赋予了深刻的内涵，它确立了建设与发展的目标，并成为创新师资队伍建设的指导思想，成为指导学校发展的行动指南。

一、转变教师观念，为学校管理提供保障

内蒙古扎兰屯林业学校发展的道路是曲折的。虽然早在 1960 年学校就被教育部、林业部列为全国重点林业学校，在这里诞生了内蒙古自治区第一所林业高等院校——内蒙古林学院，学校还为黑龙江省举办过林业师范教育，培养的人才一度成为内蒙古自治区、黑龙江省林业战线、林业教育战线的骨干力量。但是，在"九五"期间，由于不适应市场经济的需求，学校的"两难"——招生难、毕业生就业难同样影响了这所老牌名校。学校发展缺乏统筹规划，生源严重萎缩且质量锐降，办学指导思想、专业设置、教学内容、教学方法脱离了经济社会发展和劳动力市场的需求，办学规模和办学效益走入历史低谷，师资队伍建设也遇到了前所未有的困难：教师观念日益陈旧，人心涣散倦怠，优秀师资大量流失，整体合力不再强大，学校办学走入了瓶颈。新世纪伊始，当职业教育迎来新一轮改革发展机遇的时候，由于未能把握机遇，优质教育资源仍未得到合理利用，内蒙古扎兰屯林业学校与沿海发达地区职业学校的差距越拉越大。

2008 年 4 月，以张海峰校长为首的新一届领导班子走马上任。当时的学校，发展相对滞后、办学规模小、专业设置少、设施简陋破旧，特别是教职工思想观念陈旧、市场经济意识不强，加之学校管理方式落后、生源严重短缺、学生就业率极低，整个学校的持续发展面临着巨大的困难。面对陈旧的校园、数量稀少的学生、得过且过的教职工，如何重整旗鼓、凝心聚力成了新一任领导班子面临的第一个问题，"创新管理"成了 3 年间学校发展建设的重中之重。

在全面了解了学校的基本情况之后，校领导班子达成共识：学校要实现根本性的变化，必须以教育理念更新为出发点，必须站在落实科学发展观、服务经济发展和促进学生就业的高度。学校为适应职业教育发展的新形势，必须解放思想，打造新形势下的主流文化。

组织考察学习，开阔视野。为了提高科学化管理的水平，引导广大教职工特别是中层以上干部从传统的计划经济思维中走出来，做到思想观念与社会接轨、教育工作与市场接轨，学校组织班子成员、中层干部一行十人赴环渤海地区的沈阳、大连、青岛、天津、北京等地，深入辽宁林业职业技术学院、大连房地产学校、大连现代职业技术学校、

考察学习

青岛东泽职业技术学校、青岛新港科技专修学院、天津南洋职业技术学校、天津市塘沽中等专业学校、天津市园林学校、北京市园林学校、北京市汽车工业学校等兄弟院校和大连造船厂、大连船舶公司以及天津开发区有关企业、青岛开发区有关企业、北京有关园林绿化企业等，考察学习兄弟学校招生就业的措施和机制，学习兄弟学校校企合作、工学结合、订单式培养的办学模式，学习在面向市场、适应企业需求的办学机制下，兄弟学校是怎样以能力为本位、以技能为核心进行教学内容、形式、方法、手段改革的，学习全日制在校和半工半读学习制度下的学生德育与管理的经验，并与相关企业接洽，建立供需关系，签订就业合同。回校后，班子成员还专门组织举办了"沈大青津京考察报告会"，要求考察团成员介绍自己的学习体会，希望以此唤醒广大教职工的改革意识，达成改革共识。

利用三个故事，更新理念。"好思路需要好部署，好计划需要好执行"，加强师资队伍管理，加强治校理念的落实，提高教师队伍的素质和能力，非常重要。鉴于教师队伍建设中的松散局面，张海峰校长以不同的形式，在不同的场合，讲述了三个故事。

一是"买土豆"的故事：两个员工同时受聘于一家企业，拿同样的薪水，但却出现了不同的职业前景。面对员工的质疑，公司领导通过"买土豆"的情境测试，区别出了两人能力和态度的差距。这一故事启发了教职

工，做事要具有主动的心态和高度的责任感，想别人所未想，做别人之未做；要提高效率，发挥积极性、主动性和创造性，不要被动地等待，不要让慵懒的情绪主宰自己的思想，而要主动去了解自己要做什么，并且认真规划，然后全力以赴去完成。二是"老鹰啄喙"的故事：高龄的老鹰，巨喙成了它的负担，为了新生，它必须把喙、羽毛、爪全部揪掉。这一故事让教职工明白，自我蜕变是一个非常痛苦的过程，但只有经历了这个过程才能得到重生。因此，在工作中，必须作出艰难的决定，开始一个更新的旅程。三是"到非洲卖皮鞋"的故事：以前非洲人没有穿皮鞋的习惯，两个推销员去那里考察皮鞋市场，一个认为没有市场，另一个则认为这恰恰是商机。前者无功而返，但公司听取了后者的建议开拓市场，并取得了成功。张校长以小故事讲大道理的方式，鼓励教职工抓住机遇、开拓进取。

《治校方略》越来越深入人心，学校的主流文化得到了理解和认可，广大教师的观念实现了由计划经济向市场经济、由传统保守向发展创新、由悲观丧气向充满信心的重大改变，教师的工作积极性与创造性得到了极大调动，工作热情大为高涨，积极进取、埋头苦干的作风重新在学校出现，师资队伍建设水平得到有效提高。

二、提高业务素质，搭建教师发展平台

振兴民族的希望在于教育，振兴教育的希望在于教师。内蒙古扎兰屯林业学校高度重视教师的发展，以"兼容并包"的思想，给每一位教师以展示才华和能力的机会；关心青年教师，不遗余力地推动青年教师迅速成长，使之高标准起步；鼓励教学思想与教育风格的多样化发展，鼓励优秀教师脱颖而出，为教师营造了一个宽松、和谐、奋发向上的育人环境。

一个时期以来，由于一些历史原因，内蒙古扎兰屯林业学校教师结构出现了突出的问题，主要表现为专业课教师数量不足，技能型教师严重短缺，企业工程师或经验丰富的技师引进渠道不畅，聘用教师因编制长期得不到解决而难以留住。特别是由于计划经济时代建立起来的中等职业学校，其培养目标长期定位于技术人员、国家干部，重学科知识的传授，是把实验、实习作为一种辅助培养手段，造成了教师只擅长课堂讲授，而缺乏动手实操实训能力的局面。大部分教师难以满足"以实训为主体，以能力为本位，以技能为核心，以任务为引领，以岗位为标准"的现代职业教育的要求，许多教师还在尝试教学转型、专业转向。课堂讲授太多，实操演示、实训指导做不到

位的状态，大大降低了学生的学习兴趣，也严重影响了学校的教育教学质量。

基于这一现状，内蒙古扎兰屯林业学校在《治校方略》的引领下，开始了"以学习促管理"的实践。学校高调提出"创建学习型组织"的号召，要求中层干部每人每年至少要读一本管理学方面的书籍，党员每周进行一次政治理论学习，专任教师每周参加一次校本培训，班主任每周参加一次管理与德育研讨，各种学习都要求完成一定数量的读书摘记、读书心得、专题总结。学校还经常安排外出学习考察的人员利用专题讲座的形式，介绍职业教育领域的新理论、新观点、研究成果、发展趋势。

学校设立了教育科学研究室，开展教学研究和教学指导工作，引导教师学习教育教学理论，树立新的教学观念。学校指导各专业教研室并组织教师参加教育教学研究活动，加强对骨干教师的培养和指导，组织开展各类课堂教学大赛、论文评选和技能竞赛活动，指导教育教学评价，组织教师开展课题研究、编写校本教材。学校通过编辑出版《教研文摘》，研究职业教育现状，介绍国内外职业教育信息和动态，组织开展教学改革实践，总结推广教学改革经验。教育科学研究室的成立，顺应了当前职业教育改革的形势，对于提高教师业务能力、转变教师教育理念、提高教师队伍整体素质，发挥了积极的作用。

学校高度重视教师的专业进修，鼓励教师通过个人学习、校本培训、外地培训等方式，丰富理论和经验，提高业务水平。学校规定，凡是提高学历的教职工，学校报销差旅费和2/3的学费。3年间，32名教师考上了在职硕士研究生。学校重视骨干教师培训学习的机会，分批安排紧缺专业、新设课程专业教师和青年教师接受培训。3年间，学校派出参加国家级骨干教师培训、自治区骨干教师培训30余人次，盟市旗县级培训100余人次，其他培训400余人次，培训经费投入近百万元。学校重视青年教师的培养，推出了"青年教师培养计划"，充分发挥校本教研培训的引导作用和老教师的"传、帮、带"作用，青年教师迅速成长，一些教师迅速成为专业教学的骨干力量。这样的安排不仅开阔了教师的视野，转变了教师的观念，而且加快了教师的专业成长，为打造一支专业知识扎实、实践技能熟练、教育能力全面、思想品德高尚的教师队伍奠定了良好的基础。

建设一支稳定、专业学科配套、"双师"比例达标、专兼职比例适当、整体素质精良、符合"理实一体化"教学要求的职教师资队伍，可以为中等职业教育优化发展，为培养合格的中等技术人才提供智力支撑和人才保障。目前，学校共有教职工 121 人，高级以上职称教师 52 人。其中，专任教师 97 人，占全校教职工的 81.5％；专业课教师 64 人，占专任教师的 66％；"双师型"教师 42 人，占专业课教师的 65.6％。基于学校的快速发展，为实现人才资源的合理配置、提高办学

青年教师培养工作

效益、优化师资队伍的结构，学校建立了以专职教师为主，专、兼职结合的师资管理模式。此外，根据国家有关规定，学校还为紧缺、急需学科和新建专业聘用了一批兼职教师，其中专业课教师 28 人，实习实训指导教师 5 人，其与在编教职工之比约为 1：4。这些兼职教师多来自生产一线，具有丰富的社会实践经验和过硬的实习指导能力，能够结合相应学科前沿领域的进展和社会实践，讲授最新的理论研究成果和实际应用情况，按照职业教育的规律培养和提高学生的动手操作能力和解决实际问题的能力。

师资力量的强大，为全面提高教育质量奠定了坚实的基础。也正是因为这种自我调整，保证了实践教学与技能训练的需要。以此为基础，学校正在积极拓展师资来源渠道，如建立师资合理流动体系和制度，围绕专业选拔优秀硕士研究生，聘用社会工程技术人员、高技能人才到学校担任专业课教师或实习指导教师等。未来一个阶段，学校将本着"不求所有，但求所用"的原则，多渠道从社会上特别是企事业单位聘请在职、离职待岗或退休的专业技术人员、高技能人才，充实到学校的教学一线，并通过一定程度的校本培训，让他们承担专业课或实习指导教学任务，进一步完善新时期师资队伍建设的创新机制。

三、提高教师生活质量，解决教师后顾之忧

"教师是人类灵魂的工程师"，职业学校的教师更是培养学生职业道德、职业技能、就业能力的工程师，是教给学生技能和本领、促进学生就业、使之成为有用之才的工程师，肩上担负着促进教育发展、实现社会和谐的重任。

除了责任与义务，教师也享有相应的权利，也需要生活质量的保障。基

于这样的认识，学校提出的《治校方略》明确提出，学校的办学目的包括两个方面：一是贯彻党的教育方针，为当地乃至更大区域的社会发展和经济建设培养（培训）中等技能型人才和高素质劳动者；二是贯彻民本思想，让学校教职工的生活日益富足、幸福，使教职工安居乐业、爱岗敬业。为此，学校以保障教师权益、改善教师生活质量、提高教师的幸福指数为目标，做出了不懈努力。

一是提供良好的校园环境和优越的办学条件。校园环境直接影响教师的学习、生活、工作情绪，影响教育质量。新一届领导班子上任后，高度重视学校的环境建设，高标准规划，着力创建优美的校园环境和高雅的文化氛围，提升校园的建设品位，突出绿色和生态的理念，创造宁静文明的校园。学校提出了"建设优美优雅、充满文化内涵和艺术品位的花园式学校"目标，依据"校园景观园林化、园林景观教学化"的原则，全力改善办学条件。学校维修了教学楼、实验楼、图书馆、旧办公楼、单身职工宿舍；新建了6095平方米的学生宿舍楼、4265平方米的食堂和礼堂、2358平方米的体育馆、5500平方米的实训大楼、400米标准跑道的塑胶运动场、3000平方米的太阳能风雨操场、1170平方米的网球场、300平方米的现代化温室；引资25万元建设了塑胶篮球场和健身路径，投资30余万元建设了校花园，使学校环境有了全新的变化。校园之中，树木葱郁、绿茵如海、曲径小道、花草幽深，放眼校园，满目清新，令人流连忘返。在绿树的掩映下，校园清香四溢，每一面墙壁、每一个角落，处处弥漫着深厚的底蕴，闪耀着人文的精神，散发着文化的芳香，发挥着良好的育人功能。

二是努力提高教师的幸福指数。2008年以来，学校积极创设融洽的工作环境，教职工的工资待遇、福利津贴、各项补助都达到了历史最高水平，并且还在逐年递增。学校关心教职工的身体健康，联系医院每年为教职工进行一次体检，并为教师建立了健康档案；鼓励教职工积极参加体育锻炼，把每周三的第7—8节课确定为教师体

教职工代表大会

育活动时间。为了改善教职工的住房条件，学校分两批建设了33000多平方米的教职工家属楼，扩建了锅炉房，改造了供热管道，使教职工从低矮潮湿

的平房迁出，住上了宽敞明亮的楼房，学校教职工的住房条件从扎兰屯市的较低水平一跃成为扎兰屯市的一流水平。教职工集中居住、附属设施完备、环境幽雅的住宅小区已形成规模。每年至少召开一次教职工代表大会，评议学校工作报告、财务工作报告、工会工作报告，广泛征集广大教职工对学校各方面工作的意见、建议，充分发挥广大教职工代表大会"民主决策、民主管理、民主监督"的作用。以此为基础，广大教职工的生活水平得到大幅度改善，福利待遇和生活质量得到大幅度提高，教职工的后顾之忧得到了解决，心气顺、干劲足，精神面貌发生了可喜的变化，全校呈现出团结向上、干事创业的良好氛围。

四、实施带动战略，提高学校教育质量

师资队伍建设的创新，带动了学校教育事业的全面发展。

（一）学生数量大幅增加

由于受到中专体制改革、隶属关系变化、职教生源匮乏、传统专业缺乏吸引力等因素的影响，内蒙古扎兰屯林业学校走过了 10 余年缓慢发展的历程。面对生源数量严重不足的状况，广大教师积极响应学校提出的"以生源为根基"的办学理念，探索招生办法，挖掘招生潜力，形成了全员招生的良好局面。

针对传统专业缺乏吸引力的缺点，学校将原来的林业专业调整为资源调查与资产评估方向，将原来的园林专业细化为应用性较强的园林花卉、园林建筑两个方向，并恢复了森林采运工程专业（汽车运用与维修方向），新设立了焊接技术、旅游服务与管理、美发与形象设计、呼叫咨询四个专业。

学校推行"中专成教并举、培养培训并重、校内教育与校外教育并行"的办学策略，建立了北京林业大学硕士研究生教学点、内蒙古农业大学成人教育学院扎兰屯分院、东北农业大学网络教育学院校外学习中心、中央广播电视大学奥鹏远程教育学习中心、内蒙古广播电视大学开放教育教学点，与东北农业大学、内蒙古农业大学、内蒙古民族大学、呼伦贝尔学院、兴安学院等院校联合举办高等职业教育，初步形成了全日制中专与学位教育、专本科函授、网络教育、远程教育、开放教育、短期培训、职业技能鉴定相结合的立体化职业教育格局，构建了服务功能多样、办学机制灵活的现代职业教育体系，一举突破了长期制约学校发展的招生工作瓶颈。

学校加大了多层次办学的力度，先后开办了全区林业基层工作人员培训

班、集体林权制度改革培训班、旗县林业基层工作人员培训班、森林防火专业培训班、财会人员专业培训班，并在此基础上推行"双元制"教学模式，盘活了教育资源，增强了学校的适应性；充分发挥学校附属的"自治区二类驾校""林业行业特有工种职业技能鉴定站"和"专业技术人员继续教育基地"的作用，开展汽车驾驶证、上岗证培训和种苗工、管护工、造林工、花卉工等工种的职业资格培训与鉴定，举办市总工会职工技能培训班、市扶贫办劳动力转移培训班等，取得了经济效益和社会效益的双丰收。学校积极开辟校外教学模式，大力推行"职教下乡"，建立了12个校外学历教育班，还开创性地把职教送进"高墙"，帮助保安沼监狱服刑人员提高职业技能水平，掌握一技之长。

在多方努力下，学校2008年招生954人，2009年招生1064人；2010年在校生已达4655人（其中成人教育在校生1500人），年培训3000人以上。

（二）教学改革取得了显著成绩

教学改革并非一帆风顺。经济模式的转型、社会需求的变化，势必要求职业学校教师丢掉老旧的思想观念，同时还必须接受新的思想观念。就实习实训教学而言，尤其需要更新原有观念，突出动手能力的培养，突出教学的实用性和针对性。

随着师资队伍建设的管理创新，广大教师从漠视教学改革逐渐向积极参与教学改革、主动融入教学改革转变，思想转变——明确了学校的定位和方向是培养中等技能型人才和高素质劳动者；模式转变——明确了学生培养方式是实训为主、校企合作、工学交替、订单培养；机制转变——明确了学校的培养形式应按照市场需求的开放性和多样性，形式上灵活多变。

在此基础上，广大教师对学校提出的"以质量为命脉"的管理思想、"精选实用内容，传授实用知识和技能"的教改思路、"淡化理论，注重实训，追求实效"的教学指导思想和"以能力为本位，以岗位为标准，以技能为核心，以任务为引领"的教学理念、"三重三轻"的教改原则产生了广泛的共识。将教学理念贯彻到教学行为中，成为3年来学校改革攻坚的重点。

调整了课堂教学与实践教学的比例，增加了实验实习课时数。目前，实操和一体化教学课时占总课时2/3以上的课程有44门，总比重已达60%。在教学内容和教学形式上，积极与职业资格标准接轨，加大专业技能课程的比重，加强实习、职业技能训练等实践性课程和教学环节，按照相应职业岗位（群）的能力要求，紧密联系生产实际和劳动实践，以"技能包"的方式安排模块教学，突出了应用性、实践性和"做中学、做中教"的职业教育教学特色。

积极创设实习、实训、实操场景。现代林业技术、园林技术、森林采运工程、焊接技术、美发与形象设计等专业把课堂设在林场、苗圃、果园、公司、车间和店铺，由学生动手实操。旅游服务与管理专业组织学生参加内蒙古自治区绿色食品博览会、呼伦贝尔市杜鹃节、扎兰屯市采摘节，让学生参与礼仪、迎宾、接待、引导、讲解的工作，使其在工作场景中经受锻炼；增设茶艺课程，聘请有经验的茶艺师前来任教。林业专业利用造林现场和郊区果园，组织学生进行整地、植苗、浇灌、施肥、修剪等实操训练；焊接专业通过制作垃圾箱、铁床、扫雪工具等提高学生技能。加强动手能力培养，强化学生实践技能，这一教学方式已经在全校各专业普遍推行。不断整合资源，转变教学观念，调整课程设置，强化实操力度，使学校各专业在创新中获得了生机与活力。

加大技能大赛组织力度，推动教学改革和教学研究向纵深发展。学校按照"以赛促练，以赛代考"的部署，组织了汽车运用与维修、园林、林业、计算机技能、财会电算化、焊接技术等六大类技能大赛，精心设计了汽车变速器拆装、汽车发动机拆装、园林花卉栽植、GPS 应用、树木特性与识别、经纬仪应用、办公自动化应用、会计基本技能、焊接等十余个竞赛项目。技能大赛规模大、涉及专业广、参与人数多，很好地贯彻了《治校方略》的理念和教学改革的精神。

学校追求"学生为本的指导思想，情感融合的教学过程，全面生动的授课方式，灵活多样的教学形式，直观形象的教学方法，主动参与的学习方法，现代媒体的充分运用"，开展教师校本培训与青年教师基本功比赛，组织教师申报科研课题，整合实验实习设备，推动了教科研活动及教学改革。经过 3 年的探索与实践，学校以明确专业方向为特征的专业改革、以课题为载体的科研工作已经全面推开。创新教研教改模式，改变了教育教学方法严重脱离学生实际，以及学校的教育功能、教学模式和教育结构过于单一的旧有面貌，使教学质量获得了强有力的保证。

（三）德育管理取得巨大成效

学校坚持德育的高起点，倡导育人的全员化，采取"刚性德育与柔性德育相结合，以柔性德育为主；学校教育与家庭教育、自我教育相结合，以学校教育为主；坚持原则与讲究方法相结合，以讲究方法为主；普遍性的共同教育与针对性的个别教育相结合，以针对性的个别教育为主"的德育策略，从爱国主义、集体主义、世界观、人生观、价值观教育的大处着眼，保证德育工作的高标准、高格调；从文明习惯的养成、行为规范的培养等小处入手，突出德育的可操作性、宽严适度、张弛有序、循循善诱、机动灵活，营造了良好的校园文化氛围，构建了科学的德育评价体系。

实施适合学生年龄特点的教育，使德育工作别开生面、生动活泼。在有效落实国家课程的基础上，学校追求"春风化雨"式的教育效果，积极推进课外实践活动，以提高学生的综合素养。

创新师资队伍建设，使内蒙古扎兰屯林业学校这所老校重新焕发了生机。3 年间，校舍建筑面积由 33901 平方米发展到 52719 平方米，校园面貌焕然一新。学校开放多元的立体办学格局初步形成，办学规模从当年的 704人发展到 4655 人，在校生数量翻了 6 倍还多；成人教育在校生由不足 500人发展到 1500 人，年培训 3000 人以上，招生数量连续 3 年创新高，办学规模已经昂然跨入内蒙古自治区中等职业学校的前列。能够长期稳定招生的专业由当年以林为主的 5 个专业发展到涉及第一、二、三产业的 10 个，实验（实训）室由 28 个发展到 57 个，图书馆藏书达到 14.7 万册。德育工作卓有成效，呈现出"春风化雨"般的教育效果。教研工作稳步推进，突破了传统学科教育的束缚，使教学改革渐入佳境。同时，社会培训需求剧增。教职工由 116 人发展到 207 人，学校从一所大学生不愿意来，骨干教师纷纷退职、调离的学校变成了本科生、硕士生、有经验的工程师抢着来的"香饽饽"单位。

学校在职教改革与发展的历史洪流中，形成了事业为先、党政协调、思想同心、工作同步、团结协作、锐意改革、开拓创新、具有高度凝聚力和坚强战斗力的领导集体，建立了师德高尚、学识渊博、治学严谨、教学有方、作风扎实的稳定的教师队伍，打造了较为系统的各部门互补互动、有机结合的科学管理体系和组织体系，营造了积极向上的工作局面，初步形成了士气高、风气正、人气旺的良好工作氛围。学校连续两年以优异的成绩被呼伦贝尔市教育局评选为"实绩突出工作单位"，先后被命名为"全国青少年集邮示范基地""内蒙古自治区学校德育工作先进集体""呼伦贝尔市绿色学校"。学校教师年均发表学术论文及专项研究文章一百余篇。学校的社会形象得到了根本转变，获得了良好的社会评价，形成了良好的发展基础，已经跨入了特色发展的快车道。

反思拓展

　　教学是学校的中心工作，教学质量是学校的生命线，师资队伍是学校生存与发展的保证。内蒙古扎兰屯林业学校在师资队伍建设方面取得了一定的成绩，积累的经验具有普适性，能在一定程度上为兄弟学校提供借鉴。但是，在实践应用中，也需要注意以下问题：

一、解决好调动教师积极性的问题

　　学校管理缺少竞争机制，部分教师安于现状，得过且过；有的教师不求有功，但求无过。教师普遍缺乏敬业精神，缺少危机感，给学校带来许多消极影响。因此要考虑事业留人，加快学校发展，让广大教师认可学校的主流文化，使其明晰学校发展的蓝图，能够预见学校的发展前景。学校各项管理工作必须坚持以人为本，切实为教职员工的发展服务，通过行之有效的工作来凝聚人心，积极营造一种鼓励人才干事业、支持人才干成事业、帮助人才干好事业的工作环境，让教师在学校发展的同时也获得自身的发展。学校应着力解决教师最关心、最直接、最现实的问题，建立健全各种利益表达机制，将工作做深做细，充分体现人文关怀，不断增强教师的归属感。同时，学校又要以制度留人，建立并实行公平、公正、严格、规范的教师聘任制度，严格按照工作态度和工作实绩来核算绩效工资。对于落聘教师，可安排其去后勤工作或待岗学习，让教师产生危机感。

二、解决好教师工作压力过大的问题

　　教师的工作压力大于其他行业，教师的工作特点决定了教师的工作压力不仅存在于上班的 8 小时内，还可能延续一整天。而中等职业学校的学生素质相对来说不高，起点参差不齐，有些在学习、思想、行为习惯、修养等方面存在一些缺陷：组织纪律松懈，缺乏自我控制能力；学习目的不明确，缺乏科学的学习方法；个性特点突出，但缺乏吃苦耐劳的意志品质。这给教师的教学和管理带来很大的压力。过度的工作压力会使教师产生生理和心理的失调反应。学校作为教师的直接领导者，要多关心体贴教师，用理解与信任让教师感到温暖。学校要研究制订既对教师没有太大压力，而又能达到准确考核教师的工作、激发教师工作热情的目标的教师考核制度；要加大投入，在条件允许的情况下设置教师健身房，开办教师心理健康咨询中心，举办教师联谊活动等，丰富教师的业余生活，缓解教师的工作压力，减少或杜绝教师心理健康疾病的产生，保障教师的身心健康发展。

三、解决好师资队伍建设协调发展的问题

由于历史原因，学校的师资队伍存在年龄结构、知识结构、职称结构不合理的现象，这将影响学校的科学、规范、全面、持续、健康、快速发展。为此，有些学校提出"引进优秀的人，用好现有的人，留住关键的人，培养未来的人"，这是非常值得借鉴的。中等职业学校的发展既需要资深教师保驾护航，也需要不断补充新鲜血液。学校要不断创新教师培养的机制，想方设法为青年教师的成长搭建平台；要切实做好各学科 40 岁左右的领军人物和 35 岁以下的后备人才的选拔、培养和引进，重点培养有潜力的优秀青年教师、在专业领域有一定影响的学科带头人和创新团队负责人；要大胆给青年教师压担子，让他们挑重任，并充分发挥老教师的"传、帮、带"作用；要通过多种方式，加速培养中青年骨干教师和学科带头人，鼓励青年教师多听课，创造条件让其外出学习、参加教育教学工作研讨会，帮助和鼓励青年教师进行教育教学研究、撰写科研论文，充分调动广大青年教师的积极性和创造性，做到人才引得进、留得住，让他们安居乐业，无后顾之忧，尽快成长为骨干。

任何一所学校的师资队伍建设对学校的发展都具有先导性和决定性的意义。内蒙古扎兰屯林业学校领导班子认识到，要实现学校的可持续发展，必须要有更加长远的发展目标，必须要有更加强大的创新动力，必须要有更加务实的工作作风，必须要有更加有力的改革措施。"好风凭借力，发展正当时"，学校应紧紧抓住职业教育发展的大好机遇，按照长期发展规划，以开放自信的姿态、敢立潮头的勇气、昂扬向上的精神、求真务实的作风，创新管理，深化改革，务实工作，大踏步向前迈进。

师资队伍是提高学校教育教学质量的关键，更是学校生存与发展的保障。在师资队伍管理上，内蒙古扎兰屯林业学校以教师的教学改革、专业成

长和生活环境改善为主线，促进机制创新，打造了一支强大的师资队伍。

1. 服务于教师教学的改革

教学是学校的中心工作，教学质量是学校的生命线，教师是教学改革的关键。学校通过组织建设、与教研相结合，开展多种活动服务于教师教学改革。在组织建设方面，学校以校长——教务副校长——教育科学研究室、教务科——学科教研室——教学组为教学质量管理系统，设立教育科学研究室，开展教学研究和教学指导工作。围绕教学，各专业教研室组织教师参加课堂教学大赛、论文评选和技能竞赛活动，指导教育教学评价，组织教师开展课题研究、编写校本教材。此外，学校还开展了教师校本培训和青年教师基本功比赛，组织教师申报科研课题，整合实验实习设备，推动了教科研活动及教学改革的前进。

2. 服务于教师的专业成长

教师专业成长需要多方位保障和管理。学校采取的措施有：一是尊重教师、信任教师、肯定教师；二是通过各种培训帮助教师提高学历，促进教师专业理论知识和能力的发展；三是根据实际工作需要，为教师创造到师资基地培训、到企业实践的机会；四是引进实践经验丰富的专业技能人才，改善实践教学环节师资匮乏的局面；五是重视青年教师的培养，推出了"青年教师培养计划"，采用师傅带徒弟的方式，帮助青年教师迅速成长。

3. 服务于教师的生活改善

安居才能乐业，学校从改善校园环境入手，提高教师各项待遇。学校高度重视校园环境建设，高标准规划，为教职工和学生创造了良好的校园环境；逐年提高教师收入，每年组织教职工体检，改善教职工住房条件。此外，学校实行民主管理，每年至少召开一次教职工代表大会，评议学校报告，广泛征集广大教职工对学校各方面工作的意见和建议。

（点评：佛朝晖）

教师是提高教育质量的关键因素

——上海市商贸旅游学校

名校／名校长简介

　　上海市商贸旅游学校由两所首批国家级重点职业学校——上海市商业职业技术学校和上海市旅游服务职业技术学校合并而成。5 年来，上海市商贸旅游学校以服务区域经济发展为己任，紧紧抓住职业教育改革与发展的契机，根据行业发展要求进一步明确新时期商贸、旅游人才的培养定位，响亮地提出打造"有能力的好人"这一人才培养目标，积极探索"学而习的三明治式"人才培养模式，创建多形式的校企共同体人才培养机制，使学校的吸引力、影响力、竞争力不断增强，成为一所与上海现代服务业发展紧密结合的现代化精品学校，成为上海职业教育的一张"名片"。近年来，学校先后被评为上海市文明单位、上海市中等职业学校课程教材改革特色实验学校、上海市中小学（中职学校）行为规范示范校、上海市就业先进集体等。

　　上海市商贸旅游学校形成了以商贸、流通产业相关专业为支撑的商贸财经专业群和以海、陆、空立体式旅游服务相关专业为支撑的旅游服务专业群。学校坚持走内涵式发展之路，树立"精品"意识，以质量为导向，以做"强"为目标，以做"精"为保障，重点推进市场营销、旅游服务与管理、烹饪三个上海市重点专业建设，从师资队伍、专业培养模式、课程教材、实训条件、管理与评价制度等五个方面着手，积极打造上海市的精品特色专业，以及有标杆作用的、高质量的技能型人才培养基地，为中等职业学校专业建设和内涵发展提供示范。上海市商贸旅游学校之所以成为国内同类学校的翘楚，是因为学校大兴学习之风、研究之风、实践之风，以一流的思想道德、一流的教学水平、一流的岗位业绩为标准，打造了一批拥有高尚师德、精湛技能和充满智慧的优秀教师群体。

李小华校长始终把办人民满意的学校、办学生喜欢的学校作为办学宗旨，一切围绕"学生是否喜欢"展开，以学生发展为本，把"管理"转化为"服务"，树立服务理念，"设置学生喜欢的课程、构建学生喜欢的课堂、培养学生喜欢的教师、开展学生喜欢的活动、营

校长李小华

造学生喜欢的环境"，为每个学生的全面发展服务，为学生的可持续发展服务，为发掘每个学生的潜能和创造力服务，为每个学生的个人教育和发展需要服务，满足学生成长的普遍需求和个性需求，形成了具有个性的学校发展思路和"核心竞争力"，形成了"崇德强技"的办学特色，在上海中职教育的竞争中实现了又好又快发展。

学校强，其实就强在教师。这是公认的道理。

如果说近年来上海市商贸旅游学校在教育教学、技能竞赛等方面有所成就，那么这首先应当归功于学校的全体教师，尤其是优秀教师，因为他们特别能战斗，有精神、有斗志、有

校园一角

方法、有艺术。要把学校办成学生热爱、百姓满意、社会认可的学校，必须要从提升教师的素质做起。

一、铸崇高师德，增强教师专业发展的内驱力

"学高为师，身正为范。"良好的师德是教师从教的必备素质，师德建设是促进教师专业发展的首要任务。上海市商贸旅游学校积极倡导爱岗敬业、教书育人的师德风范，引导教师树立正确的教育观、质量观和人才观，把"勤奋精业、严谨治学"确立为学校的教风。教风是教师育人观念、工作态度、治学精神和育人方法的综合体现，是教师教学行为的标杆，是促进教师专业发展的内驱力，是学校在新的起点持续发展的动力。

二、加强班主任队伍建设，提升班主任专业水平

班主任是学校德育工作的主力军，是实现学校人才培养目标的关键所在，是学校德育工作成败的决定性因素。班主任工作是一项专业性很强的工作，要胜任班主任工作，教师就需要逐渐地走向专业化。

学校以教师专业化标准为基础，通过培训，使班主任逐步掌握了德育与班主任工作的理论知识，具备了班级德育和班集体建设与管理的能力和技

巧，提高了自身的学术和社会地位，能够全面、有效地履行班主任职责。

三、开展课堂教学行动研究，促进教师专业成长

课堂是教育的主阵地，抓住了课堂就抓住了教育的根本。教师是课堂的主导因素和总策划师，是提高课堂质量的关键所在，因此，提高教师的课堂教学能力是提高课堂效能的主渠道。近年来，上海市商贸旅游学校紧紧围绕"打造有能力的好人"这一办学目标，围绕让学生"学有兴趣""学有乐趣""学有成效"这一命题，以"让学生更好地学，让老师更好地教"为实践目标，坚持扎根教学现场，聚焦课堂教学，开展提升教师课堂教学能力的校本行动研究。

首先，学校以日常教学为切入点，扎实开展课堂教学常态研究。学生的能力不是靠一两节展示课、几次技能比赛就能培养出来的，其关键是教师平时如何教、日常教学的理念与效果如何。正是基于此，学校围绕提高学生的学习兴趣，以提高日常教学的产出与效率为切入点，采取一系列措施，对高效课堂建设实行常态化管理，如建立公开课及听课制度，开展基于评估与指导相结合的教师教学能力评估等。

其次，学校搭建各类平台，如与兄弟学校的交流，支持教师参加市内、全国性的教研活动及公开课展示、指导讲座，组织各类教学竞赛等一系列活动，促进教师课堂教学能力的提高。

再次，学校倡导并落实基于"以教师需求为导向，解决实际问题"的校本研修制度，以多样化的形式，开展了丰富多彩的主题教研活动，使教师们树立新课程理念，提升了教师实施新课程的执行力，切实解决了教师在实际教学中存在的问题。

此外，学校还以课例研究为载体，以教学法评优为平台，鼓励教师积极开展教法改革的实践与研究。通过参与课例研究活动和评优活动的交流展示，教师在课堂教学能力上有了显著的提高。在上海市中等职业学校"第五届教师教学法改革交流评优活动"中，上海市商贸旅游学校成绩名列第一，并荣获优秀组织奖。

四、加强校本科研，为教师专业发展引路

学校积极营造浓厚的校本科研氛围，不断提高教科研工作的针对性与实

效性，坚持教科研为教育教学服务、为优化人才培养服务、为教师专业发展引路的研究方向。

校本科研，即以学校为本，以教师为主体，以教育教学问题为主要内容，以解决实际问题为主要目标的一种科研活动。

校本科研以课题为载体。参与校本科研的教师都要有科研课题，科研课题的确立过程也是一个研究过程。为了选取有研究价值的课题，教师们学习、钻研教育理论，收集与分析有关的教育研究资料，在这个过程中，他们还需要寻求专家学者的支持与帮助。这一方面实现了校本教研所提倡的专业引领，另一方面也提高了教师的主动参与意识。此外，一个科研课题的完成，需要成立课题组并明确分工，这种合作式的研究活动实现了校本教研所提倡的同伴互助理念。最后，课题成果的转化与应用也是教师在自我反思中的一次提高。

五、倾力打造优秀教学团队，形成教师专业发展的合力

教学团队是学校开展教学工作的一种重要的组织形式，它可以增进学校各方面的协作能力，有效地提高组织效率。在新一轮的课程改革中，组建高效的教学团队对于专业建设、课程建设、教师的专业发展以及人才培养质量的提高都有着十分重要的作用。打造优秀的教学团队是专业（学科）建设的重要支撑，是整个学校上水平、上层次的必要保证。

六、寻求跨界支持，拓宽教师专业发展的渠道

"职业教育是一种跨界的教育，必须要有跨界的思考。"首先，职业教育具有跨领域性，这就要求职业教育工作者必须打破学校的"围墙"，跨越传统学校的界域，形成"跳出学校看学校""跳出教育看教育"的跨领域视野；其二，职业教育具有跨学科性，这就要求职业教育工作者打破单一学科的"围栏"，具备跨学科的综合素养。

对于职业学校而言，不仅要在人才培养上体现"跨界"，还应在培养人才的师资队伍建设中融入"跨界"的思考。

近年来，上海市商贸旅游学校得到上海旅游职教集团的支持，为教师的专业发展搭建了广阔的平台，提供了丰富的资源。学校还得到各方专家、海内外知名学府的智力支持，提升了教师专业发展的品质。

一、做一个"商旅好人"

2011年3月4日,作为学校倾力打造的一个精神品牌项目,一年一度的"商旅好人"评选活动落下了帷幕。见义勇为的2009级导游(1)班苏晓燕、热心公益的2009级会计(1)班姜鑫、"风尚少年"2009级空乘(3)班陈兴杰、爱心助老的2010级文物班章心、爱心护家的2008级企管(2)班王静……他们用自己的行动彰显了

2010年"感动商旅"表彰大会活动现场

中华民族的传统美德和崇高精神。

在评选"商旅好人"的同时,学校还评选出了"学生心目中的好老师"。这些教师为学生们接受优质教育、改变命运竭尽所能,得到了学生的认可和家长们的感谢;他们为信仰而工作,为学生的可持续发展而无私奉献。正是由于上海市商贸旅游学校有一大批这样的老师,才使学生感受到温情与爱,觉得学校是他们的另一个家,一个处处为他们着想的家。同样,教师也投票选出了"教师心中的好职工",学校职工虽然没有轰轰烈烈的成绩,但是他们在自己平凡的岗位上认认真真、踏踏实实工作,甘于奉献,以细节的魅力展示出强大的人格力量。"学生心目中的好老师""教师心目中的好职工"的事迹虽然朴实,但充分体现了学校教职工独特的审美情趣、思维方式乃至气质、性格、能力和修养,是学校"和乐"文化外显于形、内化于心的表现,正是有了他们,上海商贸旅游学校才能够成为学生认可的学校。

学校每年开展一次这样的活动,让这些平凡的"小人物"及其身边的小事,化为一种力量,让更多的师生进入到"感动商旅"的视野,引导全校师生多做小事、做善事、做身边事,以期通过点点滴滴的积累、潜移默化的渗透,提升师生的文化内涵与人文精神,让他们在"做小事"的过程中达到

"做好人"的境界，成为一个真正的"商旅好人"。

学校师德建设立足于教师岗位，注重针对性、实效性和时代性，形式上活泼多样，力戒空洞说教，通过开展"学生心目中的好老师""优秀德育工作者""优秀班主任"等评选活动，树立师德标兵与典范，用身边的人、身边的事去感染、影响他人，此外，这还能提升教师的职业幸福感，增强教师专业发展的内驱力。

二、为教师量身定制班主任岗位培训

每学期初，学校都会组织一次班主任岗位实务培训，重心主要放在教师实际工作能力的培养上，培训对象为全体班主任及有志于班主任工作的其他科任教师，培训主讲人由校内的优秀班主任、学校领导或是校外专家、优秀班主任等来担任。培训的内容主要包括心理学基础理论知识、当前中职学生的身心特点、后进生的教育和管理方法、家校沟通技巧等，培训的目的在于强化班主任的班级管理能力和德育工作质量。

此外，学校把每月一次的工作例会改为校本培训。校本培训以专业对话、经验交流、工作论坛等形式培训专业知识、专业能力、专业道德等，注重培训的针对性和实效性。

三、建设"青年班主任孵化基地"，让青年班主任找到归属感

"青年班主任孵化基地"（以下简称基地）这一设想缘于青年班主任中普遍存在的一些问题，如在专业发展的规划上缺乏指引、面对棘手的问题常会无头绪等。基地由德育副校长亲自挂帅，德育主任以"职业规划师"的角色帮助青年班主任出谋划策，充当引路人；资深班主任根据自己的特长"手把手"向青年班主任传授带班经验；此外，基地还聘请高校心理学教师对青年班主任进行心理疏导。

除了有计划地开展培训外，学校还投入资金，在校园网上建设了一个资源共享、实时沟通的交流平台，旨在为青年班主任提供及时、周到、一站式的服务。

四、班主任工作观念转变情况

教育内容	转变前	转变后
家访	以告状为主	以协商沟通为主,与家长共同制订促进学生发展的计划
教育理念	陈旧,重智育而忽略其他	意识到开发情感、态度等非智力因素的重要性
师生观	以保姆型、警察型为主	民主型、朋友型
班级活动的开展	当任务来完成	以此为教育契机,发现问题,解决问题
对后进生的态度	将其视为包袱	相信其能转化;动之以情,晓之以理
对班主任工作的态度	被动,抱怨	视为对自己的磨炼,主动承担
学习、读书情况	很少,读时亦无心得	经常,认真写读书笔记和教育札记

五、开展教师教学能力评估工作

学校为推进教师教学能力的提高,提升师资队伍的整体素质,提出了开展基于发展性评价的教师教学能力评估工作。此项工作旨在通过了解"教师教的状态",由专家进行全程指导,帮助教师树立新的课程理念,提升课堂教学基本功,改进课堂教学方式方法,以适应学生发展和实践培养的需要,塑造一批功底扎实、理念领先、业务精湛的教学骨干,打造一支潜心教学的品牌教师队伍,提升学校教师整体教学水平。同时,通过教师教学能力评估,了解课堂中"学生学的状态",提升学生学习的积极性和效果。

教师教学能力评估明确围绕教学设计、课堂教学实施、说课三项内容开展,经过"学习——实践——反思——再实践——提升"的过程,由评估专家进行全程跟进与指导,最后专家组形成《上海市商贸旅游学校教师教学能力评估报告》,就教师课堂教学现状、学生课堂学习现状进行了全面总结与深入分析,并提出了意见与建议。

在评估工作进行的同时,学校以"提升教师课堂教学能力的校本行动研究"为题，申报了上海市中等职业教育课程教学改革研究课题。此课题研究旨在使职教教学理论与教师教学实践有机地结合起来，促进教师课堂教学能力的提升。

六、组织青年教师说课比赛

说课是教研活动的一种重要形式，也是教师提高教学水平的一种生动、经济、有效的方式。它是督促教师进行课堂教学研究、提高业务水平的重要途径，更是评估教学水平的有效手段。青年教师说课比赛的开展有利于提高青年教师的教学水平，促进青年教师队伍建设，鼓励青年教师重视教学基本功的训练，在组织课堂教学时大胆探索、创新。

青年教师说课大赛

七、探究教法改革，提高教学效率

课改要推进，重点在课堂，主体是教师，关键在教法。为提高教师的课堂教学水平，进一步深化课程改革，学校围绕"聚焦课堂教学，领悟课改精神，探究教法改革，提高教学效率，全面优化教学"这一目标，开展了三种不同的主题活动。

（一）学习上海市中等职业学校第五届教师教学法评优系列活动

为使教师领悟课改精神、了解最前沿的信息和教学动态、学习切实有效的教法，学校开展了学习上海市中等职业学校第五届教师教学法评优系列活动——"四个一"深入学习活动。整个活动共分语文、数学、外语、计算机、政史心、体育、旅游航空、商贸、美术九个专场。学校在各专场均组织教师观看一至两部优质课录像，听一堂市、区级教研员或教学专家的点评和讲座，并要求每一位教师写一篇课评，读一本专业书。

（二）"三同课"教学竞赛和备课组展示系列活动

为加强教材教法研究，学校在语、数、英、计算机四大文化基础学科教研组，开展了"三同课"（同年级、同教材、同内容）教学竞赛和备课组展示活动。两校区的各教研组各推出一个备课组，然后由备课组推荐 2—3 名教师参加"三同课"教学竞赛。最后，备课组全体教师进行备课组活动展示，对组内的公开课进行分析和评议。

这一系列活动的开展拓宽了教师们的教学设计思路，充分调动了教师教学研究的积极性，同时也加强了备课组的建设，探索出了最适合各专业的课堂教学模式。

（三）课堂教学法的探索与实践活动

为增强教师的课程执行力和对新课程的驾驭能力，学校围绕"聚焦课堂、探究教法"这一主题，开展了典型课堂教学方法的探索与实践活动。整个活动分为活动启动与准备、理论与实例学习、教学方法的探索、课堂实践与检验、反思与提炼五个阶段。

学校通过开展典型课例研究活动，总结和推广了适合各专业及学科教学的典型教法，积累了一批与新课程实施相适应的教学范例。之后，学校还将这些优秀范例汇编成《教学现场——课堂教学方法的探索与实践》一书，这是学校课改、课堂教学研究成果的提炼与升华。此外，典型课堂教学方法探索与实践活动也为教师教学实践能力的发展搭建了平台。

八、质量为上，提升教师教学水平

学校以教学过程管理为中心，制订了《学校教学质量目标》，建立了以提高教育质量为导向的各级教学管理制度；积极探索课堂教学的新模式，以精彩课堂为着力点，以提高课堂教学的有效性为落脚点，以教师的教学能力评估、教学法评优活动为抓手，提高了教师的职业能力，促进了教师的专业发展和成长。在上海市第五届中职教师教学法评优系列活动中，4 名教师获得一等奖、4 名教师获得二等奖、3 名教师获得三等奖，总奖项数名列全市第一，张桂芳老师被评为国家教学名师。在上海市中等职业学校第二届校本教材展示交流评比中，学校获得优秀组织奖，杨卫老师主编的《进出口贸易业务综合实训》，曾海霞老师主编的《常用物流单证制作》，赵慧、方幼平老师主编的《日常英语会话》被评为优秀校本教材。

九、加强精品课程建设

日前，首批上海市中职校精品课程建设立项，上海市商贸旅游学校遴选推荐的 5 门课程入选其中，分别是《市场营销实务》《导游讲解》《中式面点制作》《西餐服务》和《广告 FLASH 制作》。

开展精品课程建设是深化课程改革的重要举措，上海市商贸旅游学校旨在通过精品课程建设，推进"双师结构和双师素质"教师团队建设，创新教学模式，改革教学内容、方法和手段，促进优质教学资源的开发和利用，健全课程实施的管理制度和保障机制，保证学校教学质量的全面提高。

学校以精品课程建设为载体，营造专业、学科研究氛围，促进优质教学资源的开发和利用。精品课程建设具有很强的创造性，能加强教师间的合作与交流。学校以专业骨干教师为主力军，充分发挥他们的引领、辐射、凝聚作用，指导、帮助其他教师共同开展研究，形成了具有创新特质的专业团队。

学校组建了以国家教学名师张桂芳等专业（学科）带头人领衔的五个专业教学团队，以精品课程建设为抓手，形成了以专业（学科）带头人、骨干教师为主要教学力量，青年教师为基础的年龄结构、职称结构、学历结构合理的教学梯队。这些教学团队的组建和运行，最大限度地实现了信息沟通、资源共享，促进了教师的专业成长与发展，将教师的发展与学校的发展融为一体，使学校成为发挥教师智慧和创造力的舞台。以教学团队为基础的工作方式，强调了团队成员在工作中的配合与协作，实现了人力资源的共享，体现出了明显的优势，有力地促进了人才培养质量的提高。

十、建立教师实训基地，组织教师挂职锻炼

为及时把握企业发展的最新动态，培养出企业所需要的人才，学校与百联集团、新锦江大酒店、新锦江国旅、美兰湖国际会议中心等企业达成协议，利用企业资源，建立教师实训基地，组织教师深入企业一线"半工半教"，即输送教师下企业参加岗位实践，让他们边实践、边教学、边管理。

王爽老师企业挂职的体会

我在罗宾逊全球货运（上海）有限公司挂职锻炼期间受益匪浅，主要有以下几点：

1. 提高了专业素养和业务能力

在挂职学习期间，我的专业理论知识体系有了进一步拓展，更新了部分理论知识，而且能将理论知识和实际操作有效地联系起来，解决了理论与实践脱节的问题，为进一步增强课堂教学的鲜活性提供了很好的基础。

2. 更新了教学理念

通过挂职学习，我更加了解企业需要什么样的学生，并开始进一步思考如何培养让企业受欢迎的学生。对于企业来说，不仅要求学生在专业知识方面扎实，而且还要求学生具有较高的处理复杂问题的综合能力。所以在教学期间，需要针对这些能力对学生进行培养。另外，还要培养学生工作认真负责、勤勤恳恳、爱岗敬业的职业精神。

3. 更新了教学方法

通过对公司人事部门以及来自我校的实习学生的调查，我发现虽然学生在课堂上学过相应的基础知识，但是实践操作能力还不足。今后，在教学上需要继续强化对学生实践操作能力的培养，以保证学生学到的知识与用工单位的需求相匹配，从而提高本校学生的职业竞争能力。

十一、有计划地安排教师参与培训

学校有计划地安排旅游、商贸专业的教师参加国家级骨干教师培训，使教师丰富了专业知识，提高了专业技能，掌握了最前沿的专业信息，具备了专业课教学以及专业课程开发的能力。

十二、安排教师去国外参加培训

学校有计划地派遣教师前往国际知名学府接受培训，学习他们独到的职业教育办学理念、教学管理以及课程开发技术，以促进教师的专业发展以及精品课程的开发与制作。

傅重光老师南洋理工学院学习随感

优秀的学校文化、敬业的专业师资队伍、先进的"教学工厂"理念和独特的"双行制"项目合作式毕业实习……南洋理工学院短期培训之行使我开阔了眼界，也让我看到了我们与世界领先的职业教育之间的差距。但诚如学校领导所说的，新加坡职业技术教育及其工业化发展历程，也是在借鉴和学习西方发达国家的经验和技术多年后，才最终摸索出了符合本国国情的发展之路，才能取得今天的成就。学习是永远不会过时的。

汪蓓静老师美国之行的收获与体会

在美国参加培训的日子，使我开阔了眼界、拓展了思路，收获和体会甚多，其主要来自于培训课程——培训模块的开发和实施。

1. 拓展了思路，学会了培训模块开发的方法

在这次培训课程中，主要的学习任务是学习培训模块（Training Module）的开发和实施。培训模块是教师和学生可以共同享用的指导性文件，其益处在于：（1）可以提高授课的效率；（2）有利于统一标准；（3）有利于教师之间和教师与学生之间的资源共享。

在整个培训模块开发的学习过程中，我认为有很多东西可以用在我校精品课程的开发上，比如培训模块中的要素构成、制作培训模块的方法及注意事项等，特别是一些培训的思路。培训模块开发与精品课程开发有很多类似的地方，在这次培训中学到的方法对我开发精品课程有很大的帮助。

2. 接触到先进的培训方法

在美国培训的这段时间里，我们接触到的最多的是 Training Module，培训课程紧紧围绕着 Training Module 展开，每天上午上课的前半小时，Jacobs 教授讲解当天课程的内容要点，然后就把我们交给他的助理 Bryan，由他带领我们一起对培训课程内容进行消化。

其培训方法有两个特点，一是教授讲得很少，大部分时间是通过操作练习来帮助我们完成对培训课程内容的理解，而且很细、很慢。每天完成一个内容，学习目标明确，在培训过程中重视动手能力的锻炼。二是教学活动设计很到位，很有针对性，他们设计的每个练习的形式都很合理，使我们能够不知不觉地轻松完成，而且在做完练习后都会有很多感想和体会。

其实我们在学习培训课程内容的同时，更多的是领略了 Jacobs 教授和 Bryan 助理展示给我们的教学手段和教学方法，其中很多地方值得我们细细地去推敲和思考。

反思拓展

高水平的教师队伍与教学团队是提高学校教学质量和提升人才培养品质的重要前提，是促进学校内涵提升的有力保障。上海市商贸旅游学校紧紧抓住教师专业发展这个核心，坚持师德建设这个基本点，以课程改革为突破点，以课题研究为引领，以提高教育教学质量为出发点和落脚点，引导教师做道德高尚、充满爱心、博学多识、兢兢业业、刻苦钻研、精通业务、从严施教的名师。尽管学校已在师德建设、教师专业发展、教师课堂能力的提高等方面取得了一些成绩，但还是有很多不足之处，需要及时改进。

一、帮助教师制订个人发展规划

明确的目标是发展的动力。学校可督促教师根据学校的发展规划和专业组的发展规划和自己的意愿，以 3 年为期限，制订体现个性差异的教师个人发展规划。这样可以使教师专业发展从被动变为主动，使教师专业发展从模糊、盲目跟从转变为有计划、分阶段进行。如果每一位教师都有明确的专业发展愿景，那么整个学校必将呈现出朝气蓬勃、蒸蒸日上的发展态势。

二、建立教师成长档案，促进教师专业最优化发展

为科学记录教师的专业成长过程，增强教师自我反思、主动发展的意识和能力，完善教师发展性评价体系，学校应本着"关注每一位教师成长"的宗旨，从建立教师成长档案着手进行发展性评价的尝试，有效促进教师的专业成长。

教师成长档案可收集教师专业学习的成绩和进步的材料，真实反映教师的专业成长历程，它是对教师的职业道德、教育教学、教育科研、继续教育等全方位的记录和展示，可真实而全面地体现教师专业发展的脉络，而且具有生动性、建设性、人文性和激励性，因而更能唤起教师的主体意识，更能促进教师的专业最优化发展。

三、鼓励教师反思

"反思被广泛地看做教师职业发展的决定性因素。"波斯纳（Posner）认为，没有反思的经验是狭隘的经验，至多只能是肤浅的知识。他提出了教师成长的公式：成长＝经验＋反思。相反，如果一个教师仅仅满足于获得经验而不对经验进行深入的思考，那么即便他有 20 年的教学经验，也只是一年工作的 20 次重复，除非他善于对经验进行反思，否则就不可能有什么改进。因此，反思对教师改进自己的工作有重要作用，是教师获得专业发展的必要条件。

因此，对于学校而言，首先，应让教师明确并认同反思在其专业发展中所起的巨大作用；其次，应指导教师进行有效反思，使教师掌握科学的反思方法。最后，学校可将反思制度化，比如要求教师对于每堂课进行简单的反思，每学期期中、期末，进行阶段性反思。

总之，学校应帮助教师形成反思意识，养成反思习惯，使教师形成爱岗

敬业、虚心好学、追求完美等优良职业品质。

四、有计划地对新教师进行有效培养，关注新教师的发展

新教师是支撑学校未来发展的一大支柱，对他们的培养应是一项有计划、有步骤、全方位的系统工程。对新教师的培养重点可放在指导课堂教学、提高教育教学能力上，要求他们做到"三勤"，即勤听课、勤开课、勤评课。适当运用激励机制也是促进新教师成长的重要手段。值得注意的是，对新教师的激励应以精神鼓励为主，如评选"教坛新秀""青年岗位能手"，给他们提供进修学习的机会等。另外，新教师在很多方面还不成熟，在他们通往成功的道路上，学校还应注意加强对他们的思想教育，帮助他们对照先进，查找差距，勉力前行。

教师队伍是学校最重要的软实力，也是学校提升竞争力和提高教育质量的关键因素。上海市商贸旅游学校在教师队伍建设方面亮点频现，成效显著。

1. 文化建设和制度管理一致

文化是学校发展的灵魂，制度是文化的载体和实现形式。上海市商贸旅游学校将"质量制胜，文化致远"看作学校文化的内核，以教师专业成长为核心，致力于打造优秀的教学团队，形成教师专业发展的合力；帮助教师制订个人发展规划，为教师指明专业发展方向；建立教师成长档案，促进教师专业最优化发展；有计划地对新教师进行系统培养。在新教师专业发展方面，学校将培养重点放在指导课堂教学、提高教育教学能力上，要求他们勤听课、勤开课、勤评课。

2. 校内培训与校外研修同步

校内和校外相结合不失为一种教师培养的有效措施，尤其是对专业课教师而言。校内培训围绕教育教学，如班主任岗位实务培训，为期一天，培训重心放在教师的实际工作能力上；校本研修，以教师需求为导向，解决实际问题；课例研究活动，总结和推广适合各专业及学科教学的典型教法，形成了一批与新课程实施相适应的教学范例。校外研修范围广，涉及职教集团成员、企业、各方专家、知名学府等，学校在企业建立教师实训基地，组织教

师深入企业一线边实践、边教学、边管理。

3. 课堂教学与课外教研统一

提高教师课堂教学能力的最好方法莫过于教研。学校以精品课程为载体，积极探索课堂教学新模式，开展提升教师课堂教学能力的校本研究行动，经过"学习——实践——反思——再实践——提升"的过程，将课程教育与课外教研有机融为一体，促使广大教师自觉参与课程研究，创新教学模式，改革教学内容、方法和手段，促进了优质教学资源的开发和利用。学校鼓励教师勤于反思，要求教师对每堂课进行简单的反思，每学期期中、期末进行阶段性反思。反思是教师获得专业发展的必经之路。

4. 教学研究和教育研究结合

教研与科研紧密联系又相得益彰。典型课例研究活动和教师教学能力评估是对教学进行研究的有效方式。教师在专家的引领和指导下，提高了课堂教学的教学设计评价、教学能力诊断、说课分析等方面的能力。校本科研以本校教育教学中的实际问题为内容，是教学研究的有益补充。此外，学校还充分利用各类优质职业教育资源，加强合作，借脑借力，深化了教学改革。

（点评：佛朝晖）

用制度创新构建学校稳健发展的平台
——安徽省芜湖工业学校

名校／名校长简介

芜湖工业学校位于芜湖市经济文化中心地带，毗邻芜湖市国家级经济开发区，是一所国家级重点中等职业技术学校，国家级、省级先进职业学校，安徽省"三重"建设示范学校。学校于2006年被教育部、财政部确定为汽车专业中央实训基地和全国"工学结合、半工半读"试点学校，2007年获得全国"流动人口子女、农村留守儿童家长示范学校"称号，2008年获得"安徽省未成年人思想道德建设先进学校"称号，2009年被评为安徽省教育系统先进单位，2010年获得安徽省"中等职业学校德育工作先进集体"称号。

学校师资队伍中，有全国优秀教师1人、省教坛新星3人、市级教坛新星2人、市级优秀教师和优秀园丁12人、市级骨干教师10人。校园占地面积42213平方米，建筑面积20257平方米。2011年投资3.5亿建设了占地23.8万平方米的新校区。学校现开设汽车运用与维修、电机与电器两个省重点示范专业以及机电技术应用、数控技术应用、计算机及应用、模具制造与维修等6个工科类专业，并设有国家级电工、钳工、数控操作工、汽车维修工、计算机录入员、车工职业技能鉴定站。在省市技能大赛中，芜湖工业学校派出的代表队在团体和个人奖项中均获得优异成绩。学校先后向芜湖经济技术开发区大中型企业输送了万余名毕业生，70%的毕业生走上了企业核心工作岗位，成为骨干。

刘明辉校长认为，把中等职业学校做大没错，但首先是要做强，做出真正的品牌。刘校长在领导班子和中层干部会上提出，用5到10年的时间，让学生招得进、留得住、教得好、出得去，把芜湖工业学校做强，做成安徽省的名校。做强，就要在学校物质文化、精神文化和制度文化建设上下工夫，首先是要在制度文化建设上做文章，用制度文化作物质文化和精神文化建设的保证。为此，学校制订一系列制度，如中层干部轮岗制度、文化课教师转岗培训和专业理论课教师担任实训指导教师制度等，以提升教师的职业道德意识和教育教学能力为突破点，提高了学校的整体实力。

制度创新是学校快速稳健发展的保证，是学校文化创新、管理创新的前提。把走入死胡同的中职学校带出困境，要靠制度创新；把一所发展中的中职学校带入辉煌，还要靠制度创新。只有用制度创新把学校的人、财、物、技术、信息等要素进行优化组合，才能形成新的管理格局，产生新的管理效应。

2007 年以来，芜湖工业学校主要在以下几个方面进行了制度改革：

一是弹性执行退休制度；

二是建立中层干部轮岗制度；

三是实行文化课教师转岗培训和专业理论课教师担任实训指导教师制度；

四是设立师德奖；

五是制订并实施《芜湖工业学校中高级教师教育教学教研工作量化考核评分细则（试行）》；

六是把为社会尽义务纳入到年度考核中；

七是制度化地安排学校的重大活动；

八是建立新的学生评价体系；

九是建立毕业生跟踪调查制度；

十是创新校校联办、校企联办机制。

2006 年 10 月，刘明辉调任芜湖工业学校校长。2007 年以后，中等职业教育在发展上出现了尴尬的局面——国家越来越重视中等职业教育，社会对中等职业学校的兴趣却越来越低；收入水平越来越高，选择上中等职业学校

的学生却越来越少；越是企业用工短缺，学校越是招不到学生。这种现象的出现，固然与我国传统的教育观和人力市场的引导有直接的关系（这是学校无力解决的），也与中等职业学校本身有着千丝万缕的联系。在一定程度上说，中等职业教育就如一幢刚刚交付使用的房子，只有一个空架子，缺少实质性的内涵，在物质文化、精神文化和制度文化建设上都缺少特色。

刘明辉校长

2007年，学校领导班子和中层干部甚至全校教师都动起来，使尽招数，招生近千人。但到了第二学期开学，流失掉了近 1/5 的学生。前几年的情况，和 2007 年的情形基本一致。这一现象，引发了刘校长的深入思考，他认识到，把中等职业学校做大没错，但首先是要做强，做出真正的品牌。刘校长在领导班子和中层干部会上提出，用 5 到 10 年的时间，让学生招得进、留得住、教得好、出得去，把芜湖工业学校做强，做成安徽省的名校。做强，就要在学校物质文化、精神文化和制度文化建设上下工夫，首先是要在制度文化建设上做文章，用制度文化作物质文化和精神文化建设的保证。

一、大拆违引发的思考

2007 年底，芜湖市开展大规模的违章建筑治理行动，即"大拆违"。学校临街的 58 间门面房，每年可以为学校增加 60 多万元的出租收入，所得收入用于改善办学条件。这些门面房的临时房产证因到期后没有办理有关手续，按照规范化的要求属于违章建筑。学校根据芜湖市政府"大拆违"的有关要求，坚定不移地决定拆除沿街的门面房。但由于与承租户签订的承租合同没有到期，部分承租户不愿退回门面房，由此引发了承租户与学校的矛盾。为解决拆违问题，学校成立了拆违领导小组，召开了承租户代表座谈会，指定专人接待承租户来访，并向每位承租户送达了收回门面房的情况说明和限期退回门面房的通知书。拆违领导小组上门向承租户宣传政策，听取他们的意见，帮助承租户解决困难。同时，学校还联合街道各职能部门做好矛盾稳控和化解工作，让承租方明确自己的权利和应承担的责任，引导他们用理性、合法的方式反映诉求；请区政府和街道办事处相关部门协调、帮助承租户寻找新的门面房，解决他们的后顾之忧；根据各承租户与学校签订的合同期限的长短，在听取承租户和法律顾问意见的基础上，依据有关法律法规给予补偿。但这一系列的举措，并没有让拆违工作得到实质性的进展。通过与承租户的商讨，刘校长发现，阻力不仅来自承租户，更来自学校内部。原来很久以前，学校为解决部分教职工和中层干部家属没有收入的问题，把门面房租给了部分教职工和少数中层干部，他们把门面房转手租给了商户，当起了二房东，拆除门面房直接影响了他们的收入。部分教职工不仅不积极配合学校做承租户的思想工作，甚至暗中将学校即将采取的措施通报给承租户。得知这一情况后，学校立即召开了校级领导班子会议，对学校当年与教职工和中层干部签订的门面房承租协议进行了调阅。通过调阅发现承租协议早已过期，校领导班子经过研究，出台了《废止与部分教职工和中层干部签订的门面房承租协议书的决定》，限定他们在规定的时间内与承租户解除承租协议，自行解决赔偿问题。这一决定的出台，得到了学校大部分教职工的支持。截至 2008 年 2 月，58 间门面房全部拆除，承租户在有关部门的协调下得到了妥善安置。

大拆违事件引起了刘校长的思考：大拆违本来阻力不是很大，之所以成了一个难题，是因为规章制度不健全，让少数人钻了空子。少数人成了既得利益者，就会在学校前进的路上使绊子。同时，少数人的得利也严重挫伤了其他教职工关心学校、热爱学校的积极性。只有在制度建设上下工夫，用制度理顺各种利益关系，才能使正气树起来，才能使学校在激烈的竞争中立于不败之地。鉴于上述认识，学校花了近两个月的时间，对学校管理制度进行了梳理，对管理中的漏洞进行了摸排，从制度建设上做文章，促进了制度文化、物质文化和精神文化的协调发展。

二、把调动干部的积极性、建设好师资队伍放在制度创新的首位

一所学校之所以能成为名校，除了具备良好的办学条件、深厚的文化底蕴之外，还要有一支工作积极性高的干部队伍，有一个结构合理、综合素质好的教师群体。因此，在抓好校园物质文化建设、精神文化建设的同时，抓好制度文化建设，用制度创新来调动干部的积极性、建设好师资队伍，十分必要。

由于学校中层干部长期任职于同一个岗位，流动性较差，往往在一个处室"从一而终"，导致其工作经历单一、视野狭窄，工作热情逐渐衰退，其

工作的一些"惰性"逐步显现，甚至会产生权力寻租的现象，因此，调动中层干部的工作积极性，实行中层干部定期轮岗制度，成为一项必不可少的重要措施。实行中层干部轮岗制度，可以极大地激发中层干部队伍的活力，发挥"鲶鱼效应"，可以斩断权力寻租的利益链。中层干部轮岗有助于形成中层干部成长的良性循环，使中层干部队伍的整体素质不断得到提升。中层干部轮岗交流，轮换的是岗位，交流的是智慧；体现的是公平，提升的是效能；着眼的是发展，构建的是和谐。

2008 年 11 月，学校着手进行中层干部轮岗交流的尝试。在轮岗交流中，学校坚持立足于改善现状、人尽其才的交流原则，全面考虑中层干部的学识、经历和能力。轮岗交流先在办公室主任、实训主任、总务主任和招生就业办主任四个岗位上进行。把原来负责东校区行政管理工作的综合办主任轮岗为办公室主任，办公室主任轮岗为实训主任，实训主任轮岗为总务主任。成立招生就业处，政教处副主任调任为招生就业处副主任，主持部门工作。原来的综合办，改为行政管理办公室，由在东校区工作的中层副职轮流担任主任。从考核四位中层干部轮岗后的工作效能来看，轮岗交流是比较成功的。现任办公室主任，是中文系的毕业生，曾担任过学校政教处副主任和教务处主任，也曾在校长办公室从事过秘书工作，对公文写作、内务管理和对外交往上有自己的优势，在轮岗任办公室主任后，其优势得到了发挥。现任实训主任是机械专业的毕业生，已获得机械技师职业技能等级证书，熟悉生产实训的流程，对组织生产实训有独到的见解。轮岗为实训主任后，他出台了一系列加强实训管理的措施，使实训环境、实训安全和实训效能有了较大的改善，实训成果显著。在 2008—2010 年的省市技能大赛上，学校代表队在团体和个人项目上获奖率占芜湖市参赛学校的 70%。2009 年，在安徽省中等职业学校技能大赛维修电工项目比赛中，学校参赛选手包揽了前三名，取得了历史上的最好成绩。现任总务主任，性格较为内向，做人做事都很踏实，细心、认真、原则性强是他的工作特点。在轮岗任总务主任后，他在学校的财产管理上取得了新突破。他督促处室人员把每个班级的财产登记到位，学期初交给班主任，学期末逐班核查，大大减少了财产损耗率。在第一批中层干部轮岗交流中取得经验的基础上，2011 年，学校进行了第二批中层干部轮岗，从轮岗后的绩效考核来看，依然取得了预期效果。

在做好中层干部轮岗的同时，学校着手解决师资结构失衡和教师专业技能偏低问题。芜湖工业学校是由普通高中改制、合并、重组而来。早在 20

世纪 90 年代初，原芜湖市第十七中学，在中等职业教育风起云涌的当口，改制为中等职业学校，并更名为芜湖市工业学校，2002 年与一所既有普教又有职教的学校合并，更名为芜湖工业学校。学校里文化课教师多，专业理论课和实训指导教师少，师资结构不合理，这一直是困扰学校发展的难题。2006 年以来，学校对文化课、专业理论课和专业实训

校本培训

指导教师分科目、分专业进行了摸底，根据课程结构压缩新进文化课教师的比例，建立了文化课教师转岗培训和专业理论课教师兼任实训指导教师制度。如把物理课教师送到省内外高校进行电工电子专业培训；历史、地理科目的教师经过培训，改教政治或就业指导课程；每年暑假选送专业课教师到华中科技大等院校进行技能培训。学校还要求每位专业理论课教师一年中必须有一个月的时间到芜湖经济开发区大中型企业学习。所有参加转岗培训的教师，其培训费、食宿费学校全部报销；凡是经过培训取得高级工以上证书的教师；可获得 1000 元的奖金。经过近 4 年的转岗培训，全校 132 位专任教师中有 54 位教师成为专业课教师，54 位专业课教师成为"双师型"教师。

（一）培训与专业技能提高并举，提高教师专业水平

2006 年，学校被教育部、财政部命名为汽车专业"中央实训基地"。实训基地的硬件上去了，但只有 3 名专业课教师，却承担着全校两个年级 500 余人的专业课和实训指导教学。只有把师资问题解决了，"中央实训基地"才名副其实。

学校选派刘晓华老师外出参加培训。在长春汽车制造有限公司培训期间，刘晓华老师没有到风景秀丽的长白山游玩过，而是埋头在车间里跟随专业技术人员潜心学习技术。经过三个多月的培训，他掌握了汽车发动机拆装、汽车喷涂和汽车维护等多项基本技术，成为学校汽车专业骨干教师。在 2010 年安徽省职业院校技能大赛上，刘晓华指导的学生获汽车二级维护团体一等奖，这是芜湖市中等职业学校首次在该项目上获奖。

芜湖工业学校一手抓培训，解决师资结构问题，一手抓教师专业技能的提高。早在 20 世纪初，芜湖工业学校就与芜湖经济技术开发区管委会以及芜湖经济技术开发区的十家大中型企业成立了联合办学理事会，以解决学生

的就业问题。在与开发区企业合作期间，学校发现，校企之间没有共同的利益，校企合作实际上是剃头挑子——一头热，学校无偿地把学生送到企业，但却没有从企业那里得到多少支持。随着企业用工荒的出现，学校认识到校企合作的春天真正到来了。2008年世界经济危机过后，芜湖市成了安徽省沿江城市带承接产业转移示范区、合芜蚌自主创新综合试验区、皖江城市带发展双核城市之一，大批企业进驻芜湖，用工需求骤增。大中型企业纷纷到学校预订毕业生，甚至通过行政手段给学校施加压力，以保证他们的用工需求。芜湖工业学校要求企业在实训设备上给予支持，在师资培训上进行赞助。2009年学校出台了《企业赞助、冠名的教师多媒体优质课大赛制度》，优质课大赛每年举行一届，面向联合办学的所有大中型企业招标冠名权，中标企业为大赛提供一定的经费，派出专业技术人员担任评委，而企业则获得优先录用毕业生的权利。教师优质课大赛不分年

企业冠名优质课

龄、不分学科，面向全体教师，根据报名人数设置奖项比例，获奖面占参赛选手的30％。媒体优质课大赛极大地调动了企业、教师的积极性，以赛代训，促进了教师专业水平的提高。

（二）用制度调动教师的工作积极性

2008年，学校给每位教师配备了一台台式电脑，以提高教师搜取信息、筛选信息、利用信息为教学服务的技能水平。电脑配备之后，刘校长发现配置先进的电脑在部分中年教师的办公桌上成了摆设，少数教师甚至不会开机、关机，而在青年教师那里则成了"偷菜"、聊天的工具。面对这一状况，领导班子成员决定请计算机教师给中年教师补上电脑课，并出台规定，禁止上网"偷菜"、聊天。几次课补下来，部分中年教师对于如何输入文字、如何搜取信息还是一头雾水。对此，学校开始反思，认为任何学习都是从兴趣开始的，只有让中年教师对计算机的操作产生兴趣，他们才会积极学习。于是校领导纠正了禁止上网"偷菜"、聊天的做法，改禁止为不反对在课余时间上网娱乐。受青年教师的影响，部分不会使用电脑的中年教师开始摸索、主动请教。渐渐地，他们学会了聊天、学会了"偷菜"，文字输入的速度大大提高，搜取信息的本领也大大增强。2010年，在学校第三届教师多媒体优

质课大赛上，有四位中年教师获奖。

如何持续调动教师的工作积极性，发挥他们在教育教学上的应有作用，一直是学校重视的问题。在教师专业技术职称改革上，安徽省实行的是评聘结合的政策。这种政策的弊端是缺少竞争机制，不少教师实现了既定的职称目标后，就有了"船到码头车到站"的感觉，不愿意再担任班主任，在教科研上也松了劲，甚至不愿再满负荷地上课。早在20世纪90年代初，芜湖市就出台了《中高级教师聘后管理有关规定》，但由于种种原因，并没有得到有效执行，少数学校即使尝试执行了，也因阻力过大而作罢。针对这种现象，学校以芜湖市《中高级教师聘后管理有关规定》为依据，结合学校的实际情况，于2011年制订了《芜湖工业学校中高级教师教育教学教研工作量化考核评分细则（试行）》，把考评结果作为教师年终考核、评优、晋级、职评的重要依据之一。凡满工作量者起评分为100分，私自调课者每节扣5分。迟到、早退或上课中间离堂一次扣5分；不完成听课任务，每少一课时扣5分；不完成本学科规定的备课课时数，每少备一个教案扣5分；因事假耽误教学任务，每课时扣1分；不参加校内外教科研活动的每次扣1分；未能按教学计划完成教学任务的扣5分，私自调监考的扣1分，无故缺席监考的一次扣5分；凡因师资结构性超编而不满工作量的，学校尽量安排其他工作，教师本人必须无条件服从，否则视为不满工作量，每课时扣2分；无正当理由拒绝承担班主任工作的扣10分；无正当理由拒绝承担实训指导教师工作的扣10分。超工作量者，在100分的基数上，每超一课时，加0.5分（超课时数或不满课时数，是指课程表上的超额或缺少的课时数）；担任班主任增加10分；担任实训指导教师增加10分。教师的起评总分在学期初由办公室、教务处、实训处、政教处汇总教师工作量总表算出；教研组负责对本组任课教师的常规教学教研活动进行记录，每月由教务处召集教研组长统计核查各组记录，其结果在教研组公示；教师的病事假在学期结束时由办公室、教务处、实训处统计计算；教师在教学过程中违规违纪的扣分，由值班干部统计上报办公室计算；学期结束后，教务科组织各教研组长进行汇总，并在全校公示，同时存档备案；完成规定撰写的论文的加2分，未完成的扣2分。

这是一项奖励与惩罚并举的管理制度，从定量的角度对中高级教师聘后的教育教学、科研和承担的学校其他工作任务进行全面的管理，具有可操作性。这项制度实施以后，立见成效。原来晚自习值班的工作任务基本上由中层干部和青年教师承担，但从 2011—2012 学年度第一学期开始，那些因师资结构性超编不满工作量的教师，主动申请晚自习值班，以弥补工作量的不足。

（三）用制度杠杆撬动教职工为社会尽义务的意识

每年芜湖市政府都会把义务献血的指标下达到各个单位，芜湖工业学校教师的思想觉悟比较高，每当义务献血的指标下达之后，都会有一批教师踊跃报名，有的教师已经献血达十次之多。为进一步鼓励更多教师参加社会公益活动，为社会尽义务，学校在 2007 年对年度考核奖发放规定进行了修订，凡是参加义务献血的教职工，不仅能得到学校补贴的营养费，而且会在年终考核中按比例再获得一笔奖金。

（四）建立健全师德管理制度

教师职业道德是教师综合素质的重要组成部分，是社会关注的热点。长期以来，提高教师职业道德水平，过多依赖的是教育。诚然，职业道德教育必不可少，但要把职业道德意识转化为职业道德行为，还需要进一步完善引导机制，形成职业道德的激励与惩罚制度，从而促使教职工把职业道德提高到一个新的水平。基于这样的认识，学校在大力开展"学规范、强师德、树形象"主题实践教育活动的基础上，出台了《芜湖工业学校师德管理暂行规定》，从升旗仪式、考勤、备课、上课、作业批改、团结协作、社会影响等十二个方面实施全面规范。每月对师德遵守情况进行一次公示，每学年进行一次评比和表彰，表彰十位师德先进个人。师德表现与当月是否获得师德奖挂钩，与年终考核奖挂钩，与评职、评优挂钩。一年中，有一次行为违反师德管理规定中十二条之一的，都不得申报高一级的职称。师德管理制度实施以来，师德师风建设出现了前所未有的良好态势，学校共有 9 位教师获得国家及省市级优秀教师、优秀教育工作者、优秀班主任和师德先进个人等奖励。

三、一份学生成绩报告单引发的评价制度改革

2007 年春节，刘校长接到一位学生家长打来的电话，询问为何没有把学生成绩报告单发给学生。按道理这是不可能的事情，期末考试结束后，老师们批阅试卷后进行了成绩汇总，在学期结束会上，学校要求所有班主任一定要把成绩报告单发到每个学生手中。开学后，刘校长向班主任询问情况，原

来是学生没敢把成绩报告单给家长看，因为七门功课有六门不及格，七门功课的成绩加起来不足 300 分。经过调查，类似的学生占全校学生的 70％以上。这一现象引发了校领导的思考，普教的评价方式不仅挫伤了学生的自尊心，也不符合职业学校的办学要求。自 2008 学年始，校领导班子结合学校学分制改革，建立了新的学生评价体系。学校编印了图文并茂的《芜湖工业学校学生成长手册》，把学生入学开始的学业成绩、行为规范、技能训练、社会实践过程进行全面的考核并记载在成长手册上，建立了以学生的思想道德、情感态度、合作精神、身体、心理、知识与技能等为考核对象的多元结构评价体系。在手册上，有学生的自我评价，有家长殷切的希望，还有学校提出的奋斗目标。一份学生成长手册，让学生看到了自己成长的足迹，让家长看到了孩子由幼稚走向成熟的过程，让企业有了录用学生的重要参考资料。

校长，我一辈子感激您

——一个"问题"学生的来信

敬爱的刘校长：

您好！很冒昧地给您写信，您可能已经记不起我了，但我会永远记住您、感激您。是您手下留情，让我完成了学业，成为××有限公司的一员。还记得吗？2009 年您还找我谈过话。虽然××有限公司的劳动强度大，很多同学坚持不下来，纷纷离开了，但您放心，如果我们这一批学生中还有一个人留下的话，那个人就是我。我再也不能给芜湖工业学校丢脸了……

这位"问题"学生在 2009 年底因为涉嫌敲诈勒索被抓到派出所。对此，学校召开会议研究如何处理，当时意见分歧较大，大部分与会者主张开除，但刘明辉校长经过慎重考虑，决定给该生留校察看一年的处分。在留校察看的一年里，这名学生好像变了一个人，言行上收敛了许多，积极参加班级劳动，也没有违过纪，于 2010 年顺利毕业。

"一件小事，可以成就一个人，也能击败一个人。"在对学生违纪行为的处理上，学校慎之又慎。

四、让师生动起来，让学校活起来

中等职业学校没有升学压力，有更多的时间组织学生开展校内外活动。学校合理配置、整合活动资源，使娱乐活动与技能竞赛相融合，实现活动中有学习、学习中有活动，呈现出勃勃生机。2007 年以前，芜湖工业学校只在每年下半年举行一次秋季运动会，元旦举行文艺会演。活动形式单调，且集中在下半年，上半年显得冷清。从 2007 年开始，学校调整了活动时间，整合活动资源，每年 4 月举行历时一个月的"文化、艺术、技能节"大型活动，把年底举行的元旦文艺会演整合其中，下半年举行全校师生参加的运动会。"文化、艺术、技能节"是个综合性的活动，学校通过活动构建文化、艺术、技能的展示平台，延伸、丰富和拓展课堂学习内容，让全体学生在才艺、技能展示的过程中张扬个性、放飞理想，提升综合素养，同时趁机选拔一年一度的安徽省职业院校技能大赛参赛选手。活动内容十分丰富，在举行开闭幕式时，还邀请了联办企业的领导参加。在活动中开展了校歌合唱、广播操、班刊班报设计、模特表演、制图、汽车发动机拆装、车工工艺、钳工、电工维修、电脑绘画、网页制作等近 20 个项目的比赛，在闭幕式上进行了广场文艺会演。活动举办得很成功，每届约有 5000 人次参加。

五、与欠发达地区的职校联办是城市中职学校生存的必由之路

2010 年，在对芜湖市区公办职业学校和县级职业教育中心调研之后，校领导班子发现，招生难是中职学校遇到的共同问题。招生难一是因为初中毕业生数量呈下降趋势。如繁昌县初中毕业生 2010 年是 4400 人，2011 年是 3700 人，2012 年是 3200 人，到 2014 年将只有 2800 人。芜湖县和市区的初中生数量也在逐年下降。二是控制职普比的政策没有执行到位。每年普通高中正式录取和借读的学生占当年初中毕业生的一半以上，接近 3/5，一块蛋糕被普高切去了一大半。三是芜湖市大量引进了劳动密集型企业，由于技术含量要求低，客观上诱导了初中毕业生直接就业。芜湖县经济开发区内某企业招工简章上的条件是：男女不限，无经验、无技术均可。这样的企业在芜湖市区和三县占的比例不小。

几年前，校领导班子就预计到学校生存环境将会进一步恶化，于是，学校主动出击，找米下锅，建立与欠发达地区职业学校联合办学的机制。潜山职教中心是芜湖工业学校最早与之联合办学的中职学校。潜山县位于皖南山区腹地，人口众多，经济欠发达。2007 年，在与芜湖工业学校合作之初，该校有 1500 名在校生，且大多数都是综合高中班学生，只开设旅游、计算机和电子专业，职业教育根本没有真正办起来；硬件设备和专业课师资十分缺乏，如在硬件上，基本上只有两个微机室、一个电子实验室和一个驾校，其余为零，教学质量无保证，学生流失量大。面对这样的状况，潜山职教中心

主动与芜湖工业学校联系，愿意结成兄弟学校。在芜湖工业学校的帮助下，该校彻底停招综合高中班，开设了数控技术应用、机械制造与维修、电机与电器和汽车制造与维修等专业。

学校形成了与潜山职教中心联合办学的基本思路：不能简单地谋求潜山职教中心的生源，而是要扶持它做强做大，只有它做强做大，对生源产生了吸引力，才能输送更多的学生。基于这种

2007年3月芜湖工业学校与潜山职教中心联合办学新生开学典礼

思路，学校与潜山职教中心联合招收了第一批机械制造与维修专业的学生400余名。学校把实训设备移到潜山职教中心，派出专业理论课和实训指导教师到潜山职教中心上课，并与家长签订了推荐就业协议书。学校邀请了省教育厅、安庆市教育局、芜湖市教育局的领导，潜山县委、县政府和潜山县教育局的领导参加开班仪式，使这次合作产生了巨大的影响力。2008年和2009年暑假，潜山职教中心先后派出4批教师到芜湖工业学校接受培训，芜湖工业学校无偿提供培训和设备。潜山职教中心领导和中层干部也多次到芜湖工业学校访问，学习专业建设和校园文化建设方面的经验。优势互补、真诚的合作结出了丰硕的成果，如今潜山职教中心的办学理念已回归到中等职业教育的办学方向，成为安庆市发展势头强劲、崛起迅猛的明星学校，办学规模达到3000余人，在当地成为社会关注、家长满意、学生认可的先进办学单位。在合作之初，有人对芜湖工业学校的这种做法持怀疑态度，认为免费提供设备，帮助其他学校培训师资，使其做强做大了，那这种合作还能继续下去吗？芜湖工业学校认为，校级合作不能只是建立在提供生源的低层次上，应该看能否达到双赢。对学校来说，目的是为芜湖地方经济发展吸引大量技能型人才，对于兄弟学校来说，通过合作能整体提升办学能力。而给农村的孩子谋取一个良好的出路是联合办学的共同目的。

目前，学校除了与安庆市兄弟院校外，还与巢湖市、阜阳市、铜陵市的9所学校实行了不同模式的联合办学，每年联办学校提供的生源占当年招生的一半以上。

六、我的学生我负责

学生的就业质量，直接影响到学校的招生。近年来，芜湖经济技术开发区引进了大批企业，用工需求很大，没等学生毕业，开发区企业人力资源部门的人事经理就来校商谈要人的事宜。那些劳动密集型的企业，对毕业生的需求量最大，一批批学生进去，一批批地流出，再一批批地来要。原来，他们把毕业生当成了廉价的劳动力，在学生顶岗实习阶段只给学生很低的薪酬，不愿意提高学生的工资福利待遇。从 2009 年开始，学校建立了毕业生就业跟踪服务制度，为学生建立就业台账，跟踪学生的流动状况。凡是招收芜湖工业学校毕业生的，毕业生流失率在 50％以上的企业，学校不再向其推荐；毕业生流失率低于 20％的企业，获得优先招聘、优先在学校发布招工宣传信息的权利。对刚刚落户芜湖的企业，要求其来学校招聘毕业生之前，先邀请学校招生就业办的人员到企业实地察看工作环境，双方事先约定学生的工资福利待遇。芜湖工业学校在推荐学生就业方面，摸索出了一条经验：无论企业大小，不一次性向其推荐大量学生，当先去的学生反映该企业确实能兑现承诺时，再推荐第二批学生。这样做，既是对学生负责，也是对学校负责。

反思拓展

制度要解决的是学校内部的管理问题，制度创新不是对旧制度的全盘否定，不是另起炉灶，而是一个"废、改、立"的过程。立足本校，发扬民主，尊重实际，与国家、省、市制度相配套，这是学校制度建设的基本原则。学校制度的制订不能靠简单的移植，而是要在传统土壤中孕育、生长、开花、结果。学校制度不是学校领导者想当然

教代会通过学校规章制度

的结果，而是要将制订权交给全体教职工。学校的规章制度关系到全体教师的切身权益，所以要切实发挥作为民主管理机构——教职工代表大会的作

用。经过全体教职工反复酝酿、讨论和修改的制度，才能变成教职工自己的制度，才能增强教职工的主人翁意识，才能提高教职工执行制度的自觉性。制度也不是越多越好、越细越好，制订得太多太细，会束缚教职工的思想和行为，使学校变成一潭死水，缺乏生机和活力，难以形成特色。在执行过程中，要体现制度刚性、执行柔性的基本理念，使学校管理有所侧重：有的侧重过程，有的侧重结果。如果制度的执行一味强调刚性，与人文关怀相背离，就容易激发学校管理中的诸多矛盾。如在班主任工作的管理上，有的班主任工作能力强，管理办法多，不需要花费过多的精力就能把班级管理得井井有条。有的班主任能力稍弱，即使整天泡在班级，其班级秩序还是不尽如人意。如果一味地看结果，就容易挫伤班主任的积极性，造成班主任难选、班主任难当的被动局面。制度创新，要达到把人管活、把事管好、把财管住、把关系理顺的目的。

专家点评

制度管理是组织成熟的重要标志，芜湖工业学校以制度创新为动力，不断激励学校教师积极成长，留下了很多亮点。

1. 民主参与

制度的贯彻执行需要一个支持和拥护政策的环境。学校的规章制度关系到教职工的切身权益，为获得他们的认同和支持，芜湖工业学校在制度形成过程中将制订权交给全校教职工，充分发挥教代会的作用，听取教师意见，经过全体教职工反复酝酿、讨论和修改，形成最终制度。民主参与的过程增强了教职工的主人翁意识，提高了教职工执行制度的自觉性。

2. 激励为主

芜湖工业学校的规章制度注重正面激励，尤其是经济上的奖励。例如，为解决教师队伍结构不合理的问题，学校对所有参加转岗培训的教师，报销培训费、食宿费，对经过培训取得高级工以上证书的教师奖励 1000 元。学校还规定，参加义务献血的教职工，不仅能得到学校补贴的营养费，而且会在年终考核中按比例再获得一笔奖金。

3. 疏堵结合

"疏"和"堵"是解决问题的一对截然相反的手段。面对文化课教师过多的问题，学校一方面不再招收文化课教师，另一方面对文化课教师转岗培训和专业理论课教师兼任实训指导教师作出规定，"疏"和"堵"相结合，促进师资队伍结构趋于合理。此外，学校制订的《芜湖工业学校中高级教师教育教学教研工作量化考核评分细则（试行)》奖励与惩罚并举，是"疏"和"堵"结合的又一重要体现。

4. 机制创新

学校以制度创新调动干部积极性。中层干部是学校制度的执行者，在学校管理和制度创新中发挥重要作用。学校实行中层干部定期轮岗制度，发挥了"鲶鱼效应"，极大地激发了干部队伍的活力。此外，在教师职业道德建设方面，学校建立职业道德的激励与惩罚制度，将教职工的职业道德水平提升到了一个新的高度。

（点评：佛朝晖）

多维度打造高水平职教师资队伍

——浙江省桐乡市卫生学校

名校／名校长简介

  桐乡市卫生学校（桐乡综合中等专业学校）创办于 1974 年，系桐乡市办学最早的职业学校。2007年，学校成为全省首家以卫生类专业为主的国家级重点中等职业学校。2009 年，学校的实训基地被评为全省首个省级示范性卫生类实训基地，护理专业被评为全省首个省级护理示范专业。学校现有 4 个"3+2"高职专业和 9 个普通中专专业。2007 年，学校通过了卫生部人才培训中心首批卫生行业护理、药剂职业技能培训推荐机构的认定，同年又被评为浙江省公关文秘专业理事学校。

  学校占地 12.4 万平方米，校舍建筑面积近 6 万平方米，拥有 46 个专业实验室以及一个校内产教结合型实训基地——康复医院，另外，与学校常年合作的校外实训基地有 92 个。学校开启了产、学、研为一体的职业教育新模式，目前在省内同类学校中尚属唯一。

  近几年来，桐乡市卫生学校发展势头迅猛，教育质量稳步提高，竞争力明显增强，社会声誉逐年上升。这些都得益于学校始终把建设一支高素质的教师队伍作为学校工作的重心。学校深刻地认识到，百年大计，教育为本；教育大计，教师为本。中职学校要提高教育质量，必须具有一支师德高尚、业务精湛的教师队伍。桐乡市卫生学校以"提升教师专业技能与素养，加强师德师风建设"为核心管理思想，通过实施师资队伍建设的"四三三"战略，培养出了一支师德高尚、业务精湛的教师队伍，确保了教育质量的提升。

校园俯瞰

教育大计，教师为本。有好的教师，才有好的教育，才能实现学校的可持续发展。近几年来，桐乡市卫生学校发展势头迅猛，教育质量稳步提高，竞争力明显增强，社会声誉逐年上升。这些都得益于学校始终把建设一支高素质的教师队伍作为学校工作的重心。

学校以"提升教师专业素养，加强师德师风建设"为核心管理思想，在师

音乐喷泉广场

资队伍建设上主要实施了"四三三"战略，旨在培养一支师德高尚、业务精湛的教师队伍，以确保教育质量。

"四"指的是师资培养的四大工程——"青蓝工程、转型工程、双师型工程、名师工程"。

"青蓝工程"。以各类高等院校毕业、在校任教3年以内（含第三年）的在职教师为培养对象，以"一年适应，三年成熟，五年成才"为培养目标，学校对新进教师在师德、教学常规、德育工作等方面提出了具体的要求。学校实行为每个见习教师指派1名教学导师和班主任的"双导师"制度，两位导师指导其开展教学和班主任工作，并对其业绩进行考核。此外，部主任负责指导部内见习教师班级工作，帮助他们在思想、业务等方面尽快成长。同时，学校成立青年教师培养领导小组，校长任组长，分管副校长、校长顾问任副组长，其他校级领导及相关中层干部任组员，具体负责该项工作的开展。

"转型工程"。以从教育系统引进的教师和从非教育岗位调入学校任教3年以内的专职教师为培养对象，使这些教师尽快熟悉新的学科知识体系及课堂教学模式、教学方法等，顺利完成转型，使之成为合格的中职教师，并争

取成为骨干教师。

"双师型工程"。以全体专业课教师（适当扩展到文化课教师）为培养对象，要求其在进校3年内达到"双师型"标准，即既有教师技术职务或资格，又有与所授学科相关的中级技术职务或中级工技能等级证书，其中大部分专业课教师应达到高技能"双师型"标准（取得本专业高级工技能等级证书或中级技术职务任职资格）。

"名师工程"。以师德高尚、业务过硬的在职专任教师为培养对象，使其具有系统、坚实的政治理论修养、教育理论基础和专业知识，具有新颖的教育观念、丰富的教学经验，能够掌握本学科教学、教改最新研究成果和发展动态，掌握现代化教育技术与信息应用技术，在政治思想与职业道德、专业知识与学术水平、教育教学能力与科研能力等方面有大幅度提高，逐步成长为学者型、专家型教师。力求经过3—5年的培养，真正形成以中青年骨干教师为主干，具有足够数量的、结构合理的名师梯队，为学校的持续发展打下扎实的基础。

第一个"三"指的是对35周岁以下的青年教师分批开展以"事业心、责任心、进取心"提升为核心的"三心"教育活动。

整个活动分为动员、实践、总结提高三个阶段。首先组织召开全校青年教师"三心"提升工程动员大会，说明本次主题教育活动的目的和意义。紧接着

三心教育读书活动

以法律法规学习、师德标兵讲座、读书学习活动、主题演讲比赛、青年教师沙龙、外出拓展训练、校级领导谈心等活动为载体，对青年教师进行具体的"事业心、责任心、进取心"教育。最后，根据活动中反映出来的情况，找出学校青年教师队伍建设方面存在的问题，进一步加强青年教师队伍建设的力度，形成青年教师"三心"提升工程的长效机制，巩固教育实践活动的成果。

第二个"三"指的是为学校所有在职在编教师制订"三年规划"。

根据学校对教师培养的目标，结合教师自身发展的需要，学校为所有的在职在编教师在德育、教科研、继续教育等方面制订了具体的"三年规划"，使教师充分明确自己的短期目标任务，努力提高各项业务能力，争取在规划

的 3 年中陆续完成既定目标，不断提升自身各方面的素质。

实 践 应 用

学校从创办之初一直到 1999 年，虽然仅有 30 多名教师，但校领导一直都重视师资队伍的建设，尤其是教师专业技能的掌握和师德师风建设方面。

2000 年 12 月，学校更名为桐乡市卫生学校，性质明确为全日制中等职业学校。2002 年 9 月，学校增挂桐乡市综合高级中学牌子，并于当年开始招生。至 2003 年，学校的声誉逐渐扩大，招生人数也逐年增加，因此学校开始招聘应届大学毕业生来校工作。青年教师工作热情高、干劲足，有吃苦耐劳精神，但同时也缺乏教育教学经验。因此，校领导研究后决定，由有经验的老教师"传、帮、带、教"新教师，对新教师在业务工作、岗位责任、师德师风等方面开展全方位的指导，帮助新教师尽快成长，以适应岗位工作。这样一来，新教师的热情就有了充分发挥的舞台，遇到问题也有可以请教的"领路人"。学校的这一举措取得了良好的效果。当然，这个时候学校还没有形成"老带新"的一整套规范制度。

从 2003 年开始，随着新校区的建成和投入使用，学校的发展更加迅速，每年新招学生都维持在 1300 人以上，在校生近 4000 人。为了满足教学管理的需要，学校开始较大规模地通过招聘应届大学毕业生、从本市医疗卫生单位和兄弟学校调入等途径引进教师。与此同时，这一时期国家对职业教育的发展也越来越重视，对职业学校教师的要求也越来越高。加强师资队伍建设成了摆在各职业学校面前的一大命题，各校都在积极探索教师人才队伍建设的新模式。

桐乡市卫生学校根据在师资队伍建设方面积累的经验和当下职业教育发展对职业学校教师各方面提出的要求，同时结合自身实际，自 2004 年开始，有计划、有目的地开展了师资队伍建设"四大工程"。

一、青蓝工程

（一）指导思想

随着大批应届毕业生来校任教，如何尽快培养青年教师成才，成为学校亟待解决的一个问题。因为青年教师的培养是学校的造血工程，对学校的生

多维度打造高水平职教师资队伍
——浙江省桐乡市卫生学校

存和发展起着至关重要的作用。因此，学校从青年教师见习期抓起，力图通过 3 年有计划的培养，提高青年教师的思想素质和业务能力，使他们在教育教学岗位上迅速成长，尽快挑起学校教育教学工作的大梁。

（二）培养要求

1. 基本要求。（1）热爱学校，树立"校兴我荣，校衰我耻"的主人翁意识；（2）忠诚事业，通过"三心"（责任心、事业心、进取心）教育，强化自身的责任感和进取心，履行教书育人的天职；（3）关爱学生，以学生为中心开展各项工作，一切为了学生的健康成长；（4）虚心学习，学而不厌，尽快适应教育岗位；（5）勤奋工作，埋头苦干，服从学校安排，认真参加学校组织的各项活动；（6）为人师表，言传身教，自觉遵守学校各项规章制度。

2. 教学常规要求。以教学为中心、抓好教学常规的落实是提高教学质量的关键。青年教师在日常教学中必须做好教学"七认真"，即认真备课、认真上课、认真批改作业、认真辅导、认真考核、认真总结、认真指导学生。

3. 班主任工作的要求。新教师应担任班主任或见习班主任，期间的表现将作为转正定级及平时考核的一项重要内容。班主任要引导新手班主任做到：摸清班级情况；组织班集体活动；注重教育方法，重视后进生的转化；关心班级里的每个学生，促进其德、智、体等方面的全面发展；重视与任课教师、家长的联系，形成教育合力；认真完成学校布置的各项任务。

（三）指导考核

1. 实行指导教师制度。学校成立青年教师培养领导小组指导青年教师培养工作，同时，通过"双导师"制度指导青年教师开展教学和班主任工作。

2. 指导教师工作的要求。指导青年教师制订教学计划；指导青年教师上好课，相互听课，听课后应及时反馈情况；指导青年教师出好试卷，做好成绩评定，参加各项教研活动，开展教学总结；指导青年教师开展班主任工作；协助完成对青年教师的工作考核。

3. 加强青年教师的考核。见习期教师每学期考核一次，见习期满后每年考核一次，考核结果存入本人业务档案，作为转正、晋职等的重要依据。如果见习期考核不合格，学校与青年教师的聘用合同将自动解除。

4. 取得任职资格。教学人员必须在进校 3 年内取得高中（中专）教师或实习指导教师任职资格，或取得相应技术职务，不能按时取得的将给予试聘、转岗等相应处置。

"青蓝工程"是学校一直以来以老带新的优良传统。当然，近年来学校将这一传统经验规范化、制度化和系统化了。学校不仅对青年教师在教学业务、德育工作、师德师能等方面提出了具体的要求，更为重要的是，对帮教的指导教师也提出了具体的要求。学校在每年秋季开学前，都会举行"青蓝工程"的师徒结对仪式，为新进的青年教师配备专业的指导教师，颁发指导教师聘书。对青年教师来说，一方面有了可以真正指导自己的"师傅"，备课、上课、做学生思想工作……遇到问题可以随时求教；另一方面有"师傅"监督指导，对自己来说也是一种压力，需要踏踏实实努力工作。而对指导教师来说，除了自己教好书育好人以外，还帮助了青年教师迅速成长。看到自己指导的青年教师在各方面表现都出类拔萃时，指导教师也会感到欣慰。同时，教学相长，为了更好地指导青年教师，指导教师对自己各方面的要求也会提高，这就促使指导教师不断地更新理念，不断地提高自身的素养，形成了双方共同进步、共同发展的良好形势。

通过实施"青蓝工程"，学校青年教师的成长非常迅速。目前，学校 30 周岁以下的青年教师占教职工总数的一半左右，他们在学校的各条战线上发挥着自己的工作热情，为学校的发展默默奉献着，有在一线承担大量课务的普通教师，指导学生多次在各类竞赛中获得佳绩；也有既承担课务，又兼任行政工作的中层科员甚至中层干部，在学校的行政岗位上发挥着重要作用。学校每年都会组织青年教师参加各种类型的竞赛，无论是校级、市级，还是省级，甚至是国家级，青年教师都取得了优异的成绩，为学校赢得了良好的声誉。当然，这些成绩及荣誉的背后，还有指导教师的功劳。

二、转型工程

（一）指导思想

由于办学规模迅速扩大，学校从教育、医疗卫生单位引进了具有实践经验的专业人员来校任教，有力地充实了学校的师资力量。但问题是从医院引进的护理教师、药剂教师等专业人员对教育教学方面的知识与实践经验都相当缺乏。他们当中很多人缺乏从事教育工作所必需的教育理论知识和教学基本功，因而时常出现"茶壶里煮饺子，有货倒不出"、理论与实践错位、教与学脱节等现象。为了使这些教师尽快熟悉新的学科知识体系及课堂教学模式、教学方法等，顺利完成角色转型，学校实施了"转型工程"。

（二）培养要求

1. 3年内必须取得中职（高中）教师或实习指导教师任职资格。

2. 认真钻研教材，熟悉中专（高中）3年本学科的课程安排及知识体系，把握其重点、难点，胜任本学科的全部教学任务。研究教法，研究学生，不断提高驾驭课堂的能力。指导学法，培养学生良好的学习习惯及自学能力。

3. 善于研究高中段学生的心理，善于与学生沟通、交流，成为一名受学生欢迎、称职的班主任。所带班级班风、学风良好。

4. 积极参加教科研活动，关注本学科的科研动态，3年中至少有一项校级及以上立项课题，至少有一篇论文获奖或发表。积极承担校级及市级公开课，积极参加学科业务竞赛。

5. 所任学科凡参加统考的，平均成绩应达到桐乡市同类学校中等以上水平。辅导学生参加竞赛，力争在桐乡市级及以上级别竞赛中获奖。

（三）考核办法

上述教师调入满3年后，学校考核小组将对其进行全面考核，作出转型合格或不合格的结论，不合格者延长转型期，考核情况记入业务档案。

这项工程的实施，受到了全校教师的认同。因为学校从医疗卫生系统引进的专业人才，在专业技能上素质是过硬的，但做教师对他们来说是陌生的。他们没有学过系统的教育学、心理学知识，没有接受过教育教学管理的培训，没有研究过课堂教学的模式，不懂教法与学法。可以说，做老师，对他们来说是一份全新的职业，一下子还很难适应，也很难给自己清楚定位。许多时候，他们讲授的知识学生无法理解，课堂沉闷、乏味，学生感觉无趣，教师自己也觉得无奈。而从教育系统调入的老师，短时间也很难适应职教的教育教学模式。这个时候，学校实施的"转型工程"就适时地给他们提供了一个快速适应角色、转型定位的有力载体。

"转型工程"的要求给调入教师提出了一个明确的目标，使他们有了具体的努力方向。同时，学校为了帮助其快速转型，也为他们提供许多学习、交流、提高的平台。如在教学上，教研组实行集体备课制度，使调入教师可以参与其中并学习职校课堂教学的特点，使其从备教材、备学生、备教法、备学法、备课堂板书等方面具体地学习教学方法和教材处理办法；学校每学期从每个专业选出优秀的教师开设2—3节展示课，给其他教师提供了学习和借鉴经验的良机。在德育工作方面，学校每学期开设班主任德育论坛，让新进的、调入的教师学习职校德育理念和德育方法，提高其班级管理能力。

经过自身的努力和学校提供的全方位发展的平台，调入教师大都能在3年内完成转型，一部分还成为学校的中坚力量，承担了学校重要的教育教学任务，业绩突出，被评为校级甚至是市级骨干教师。

三、双师型工程

（一）指导思想

职业教育要求学校培养的应是适应社会需要的实用型、技术型人才，因此，专业课教师除了掌握必要的教育理论知识及适当的教学方法以外，还应具有较强的专业动手能力，成为"双师型"教师。鉴于此，学校开展了"双师型工程"，督促教师获得教师和相关专业（技术职务）双重资格。"双师型"教师既应拥有扎实的专业知识与操作技能，同时还应具备在课堂上将知识与技能传授给学生的能力。

（二）培养要求

1. 努力钻研本专业的教学业务，加强学习，掌握最新的专业发展动态。

2. 每年利用假期去相关单位实践进修不少于1个月，进修情况作为考核、晋升的必备条件。

3. 积极参加上级或学校组织的专业理论知识或操行竞赛。

4. 其余要求与其他教师相同。

（三）考核办法

专业课教师取得"双师型"教师资格后，学校考核小组将对其进行全面考核，考核情况记入本人业务档案；具有"双师型"教师资格的，按上级部门的有关政策给予奖励。

学校一直以来都鼓励教师成为"双师型"教师，并为教师尽可能地提供条件和帮助，通过请专家辅导、开设讲座、组织报考相关技能等级证书等途径，帮助更多的教师成为"双师型"教师。然而，这样培养出来的"双师型"教师的含金量是不高的，他们虽有两张证书，名义上可称为"双师型"教师，但实际上有些名不副实，在专业技能上达不到"双师"的要求。这具体体现在：专业理论知识的掌握停留在表面，缺乏实践工作技能和经验，难以做到"传道、授业、解惑"。

因此，2009 年，学校对"双师型"教师的培养细则进行了修订，增加了要求，目的就是为了提高"双师型"教师的专业技能与素养，使他们成为真正的"双师型"教师，能胜任相应的专业教学任务。

然而，"每年利用假期去相关单位实践进修不少于 1 个月，进修情况作为考核、晋升的必备条件"这一要求提出伊始，就引起了许多教师的异议，甚至有教师明确地持反对意见。原因是平时的工作任务都比较重，不仅有晚自修督班、值周，周末还要经常加班，可以说每学期都是在忙碌中度过的，好不容易盼来暑假和寒假，终于可以陪陪家人时，学校却要求去工厂"上班"。这对教师们来说，很难接受。虽然学校在考核合格后会给"双师型"教师一定的补助，但要牺牲休息时间，部分教师还是不太愿意的。为此，学校领导也左右为难。的确，教师平时就比较辛苦，要他们牺牲休息时间，有不合理之处。但如果不去实践锻炼，就收集不到一线的专业信息，更新不了专业理念，也掌握不了最新的专业技能。这样在教育教学上肯定会出现问题。经过研究决定，学校要求教师去一线锻炼，只是在具体时间上设置得比较有弹性；同时发放进修补贴，让教师"劳而有获"。

经过一轮的进修学习，开学后重新回到学校的教师大为感慨。他们原本以为这种进修只是走走过场，但去单位后真正学到了许多书本上没有的知识和技能。他们被日新月异的新技术、新技能所震憾："原来行业的发展是如此之迅速，如果再不来实地锻炼充电，真的要被行业和社会淘汰了。"以后每年的暑假，"双师型"教师都早早地主动要求去一线工厂实地锻炼，更有一些教师自愿延长进修期，为的就是多学一点实用的技能，回到学校后可以更好地开展教学，把最新的专业思想和技能传授给学生。

如今，学校"双师型"教师已经占到专业课教师总数的 93%。掌握了扎实的专业知识和技能的"双师型"教师，每年参加校级及以上的专业课教师技能大赛都取得了优异的成绩，指导学生参加各类专业竞赛也多次获奖，为自己、学校和学生都交上了一份满意的答卷。

四、名师工程

（一）指导思想

学校要站稳脚跟，打响品牌，首先就必须培养一批品牌教师，名师建名校，名校出名师。近年来，学校通过引进和培养相结合的办法，已经培养了一定数量的学科带头人及骨干教师，为下阶段的名师培养工作奠定了坚实的基础。

（二）培养要求

1. 各类名师应具有先进的教育教学理念，有一定的知名度，班主任工作成绩突出；辅导学生竞赛取得较好成绩；工作有激情，工作效率较高，在校内、组内起一定的模范带头作用；学生评价较高，能积极承担学校额外的工作，服从安排。

2. 各类名师每年必须撰写一篇论文，3 年中至少主持市级课题一项（立项或结题），5 年中有一项科研成果在市级获奖。

3. 各类名师每年至少进行一次校级及以上公开课或专题讲座（辅导）、成果展示，在市级及以上各类教学技能比赛中获奖；每学年阅读教育教学理论书籍至少 2 本、教育教学杂志 5—10 本，听课 10—20 节。

4. 各类名师应按要求指导青年教师。桐乡市级名师至少指导 1 名青年教师，嘉兴市级及以上名师指导 3 名青年教师，要有计划、有总结、有成效。

5. 各类名师应积极参加培训、学习和研讨活动。

（三）考核管理

1. 建立名师考核制度。每年度考核一次，考核结果分优秀、良好、合格、不合格。对胜任本职工作、履行相关规定职责、年度考核在良好等次以上的，兑现相关待遇；考核结果合格的，享受 50％待遇；考核不合格的，不享受待遇。考核在良好及以上的，可继续参加高一档次的名师选拔；考核在合格以下的，取消下一轮参选资格。

2. 校级名师实行任期制，每届任期 2 年，市级以上名师按上级要求实行滚动管理，可以连评连任。

"名师工程"是学校的一大亮点工程。学校注重教师综合素质的提升，培养并鼓励各个年龄段的教师成为名师，使每位教师都有成为名师的可能。同时，充分发挥名师的优势来"传、帮、带、教"一批青年教师，如安排他们与青年教师结对进行指导等，促使青年教师不断进步、不断提高。

五、"三心"教育

师资队伍建设仅靠这四大工程是远远不够的。随着青年教师的不断引进，2009 年，根据教师队伍的实际情况和师资队伍建设的需要，学校在青年教师中开展了以"事业心、责任心、进取心"为主题的"三心"教育活动。

（一）指导思想和活动目的

以党的十七大精神、"三个代表"重要思想和科学发展观为指导，按照教育改革和发展的总体要求，学校结合青年教师的实际，紧紧围绕思想政治、敬业态度、管理水平等方面，努力开展以爱岗敬业、甘于奉献为主旋律的师德师能教育活动。

学校通过主题教育与实践活动相结合的方式，着力提升青年教师的事业心、责任心、进取心，建设一支政治素质优良、具有团队合作精神的青年教师队伍，使每位青年教师能够做到爱校如家、爱岗敬业、为人师表、团结协作、积极进取，成为教书育人、管理育人、服务育人的楷模。

（二）活动的时间、内容、方法和步骤

青年教师"三心"教育活动从 2009 年 1 月开始到 12 月底结束，大体分为三个阶段。

第一阶段：动员阶段（1—2 月）

学校组织召开全校青年教师"三心"教育活动动员大会，说明本次主题教育活动的目的和意义，说明提升青年教师的事业心、责任心、进取心对于青年教师个人和学校发展的积极作用。

第二阶段：实践阶段（3—11 月）

1. **法律法规学习**

学校组织青年教师集中学习《中华人民共和国教育法》《中华人民共和国教师法》《中华人民共和国职业教育法》《中小学教师职业道德规范》等法律法规及学校的规章制度。随后，学校组织青年教师结合实际，进行"新时期青年教师责任心、事业心、进取心现状"的主题大讨论和自我反思。

2. **师德标兵讲座**

学校通过邀请外校师德标兵来校为青年教师进行师德专题讲座，组织青年教师观看或学习先进教师典型的影片及事迹等方式，提高榜样教师的影响力和示范力，号召青年教师向榜样学习。

3. **读书学习活动**

学校组织青年教师开展读书活动，必读书目为《给教师的一百条建议》《教育叙事》《爱与责任》和《教师礼仪》等。青年教师要制订切实可行的学习计划，采用自学与集中学习相结合的方式进行学习。教师在读书活动中要有相应的学习笔记，并每月上交两篇读书笔记。

4. 主题演讲比赛

学校组织青年教师进行了"新时期如何提升青年教师事业心、责任心、进取心""我为桐乡添光彩"等主题演讲比赛。

青年教市"三心"教育演讲比赛

5. 青年教师沙龙

学校组织青年教师相互交流，探讨教育教学体会，倾诉困惑并研究解决方法，介绍成长经历；或就某个专题开展讨论，发表自己的见解。通过举办沙龙，学校给青年教师创造了学习和展示自己才华的机会。

6. 外出拓展训练

学校组织青年教师外出拓展训练，培养他们吃苦耐劳的品质，增强其团队合作意识。

7. 满意教师评选

通过活动，展现工作在一线的优秀青年教师的风采，进一步增进师生友谊，构建和谐的师生关系。学校组织开展第一届"最满意的青年教师"评选活动，通过评选活动营造出了一个人人学先进、个个赶超先进的氛围。

8. 校领导谈心

校领导在活动期间找青年教师谈心、谈话。校领导通过谈心了解了青年教师的基本情况、思想动态，尽可能为青年教师解决一些生活、工作上的困难。

第三阶段：总结提高阶段（12月）

学校根据青年教师在"三心"教育活动中反映出来的情况，找出青年教师队伍建设方面存在的问题，进一步制订加强教青年教师队伍建设的规章制度，形成青年教师"三心"教育活动的长效机制，巩固了教育实践活动的成果。年终时，学校加强对青年教师师德的量化考核，树立了一批爱校如家、爱岗敬业、无私奉献、师德高尚的优秀教师典型，形成了良好的师德师风建设氛围。

（三）活动的相关要求

1. 加强领导

学校成立青年教师"三心"教育活动领导小组，由校长任组长，学校领导班子成员为副组长，有关职能科室成员为组员。学校领导及中层科室成员牢固树立"空谈误事、实干兴校"的意识，以极强的事业心、责任心和进取心示范、带动广大青年教职工进步。

2. 明确责任

学校积极创设载体，采取有效措施，扎实搞好活动，力求取得实效，使各项活动责任人充分认识到青年教师"三心"教育活动是加强师德教育、提高教师队伍整体水平的重要举措，是促进青年教师成长、提高教学质量的有效载体，是焕发青年教师内在精神动力、树立青年教师"爱生如子，爱校如家"师表形象的重要措施。

3. 注重实效

青年教师"三心"教育活动与青年教师考核及评优晋级挂钩，在当年的职称评定、优秀教师评比活动中，学校对师德表现优秀的青年教师予以倾斜。对师德不佳、缺乏责任心、影响教师职业形象、损害学校形象的青年教师，进行严肃处理。

4. 及时总结

学校通过定期检查，树立学习典型，评比各类先进，加强青年教师日常"三心"提升的检查力度，并及时表彰师德优、业务精的一线青年教师。

（四）预期结果

经过一年的教育活动，学校使青年教师的精神面貌和师德师能都得到了很大的改进和提高，进一步增强了他们的事业心、责任心和进取心，增强了他们对学校的归属感。

虽然通过四大工程和"三心"教育活动，学校教师的整体素质得到了很大程度的提高，教师工作的积极性很高，爱岗敬业，但他们缺乏具体的奋斗目标，这就好比船少了航向，虽动力十足，却不知该驶向何方。针对这一问题，学校研究决定，先请每一位教师自己规划，然后结合该教师的实际情况和学校的要求，综合拟订出该教师的 3 年规划，要求教师在接下来的 3 年中以此目标为努力方向，不断提升自己的综合素质。这样，教师在工作中就有了前进的动力和压力，工作起来也就更加有激情和战斗力了。

学校以"提升教师专业技能与素养，加强师德师风建设"为核心管理思想，通过实施师资队伍建设的"四三三"战略，至 2010 年，学校中高级职称教师占在职教师的 61%，具有本科以上学历的占专任教师的 100%，"双师型"教师占专业课教师的 93%；获省"春蚕奖"1 人，有嘉兴市名师 1人、学科带头人 1 人、后备带头人 4 人，桐乡市骨干教师 25 人；被劳动和社会保障部聘为"国家职业技能鉴定质量督导员"1 人、"考评员"8 人，被卫生部聘为"职业技能培训师"9 人。"十一五"期间，在职教师取得个人和团体国家级一等奖 1 人次、二等奖 2 人次、三等奖 1 人次，浙江省级二等奖4 人次、三等奖 1 人次，嘉兴市级一等奖 17 人次、二等奖 89 人次、三等奖 32人次。辅导学生竞赛取得个人和团体国家级一等奖 23 人次、二等奖 87 人次、三等奖 148 人次，浙江省级一等奖 21 人次、二等奖 38 人次、三等奖 91 人次，嘉兴市级一等奖 35 人次、二等奖 108 人次、三等奖 113 人次。辅导学生参加护士执业资格考试合格率为 97.7%，居全

学校市级以上学科带头人、骨干教师

国第一；辅导其他各专业学生参加职业技能证书考试合格率接近 100%。辅导学生参加教育部职成教司组织的全国中等职业学校"文明风采"竞赛，连续 5 年获得优秀组织奖，2008 年还被评为组织工作特等奖，全国仅有 17 所学校获此殊荣。

反思拓展

通过实施师资队伍建设的"四三三"战略，桐乡市卫生学校提升了教师的专业技能与素养，加强了师德师风建设。目前，学校教师精神面貌良好，真正践行了"爱校如家、敬业奉献、团结奋斗、开拓创新"的校训。一支师德高尚、业务精湛的教师队伍已逐步形成，学校的教育质量也得到了极大的提升，在同类学校中一直处于领先地位。可以说，桐乡市卫生学校的师资队伍建设战略取得了一定的成功。然而，这是与学校工会的辛勤工作分不开的。

学校领导充分重视工会在教师培养中所起的作用，特别是对教师人文关

怀和文化熏陶等方面。学校工会以"围绕中心、服务大局、多办实事"为基本工作思路，努力维护教职工的合法权益，积极推进学校民主建设、教师队伍建设和自身建设，努力为教职工办实事、做好事、解难事，最大限度地调动、发挥教职工的积极性和创造性，增强了教师的归属感，为建设和谐校园发挥了积极作用。

一、加强学习，提升技能，提高教职工的政治和业务水平

工会积极配合学校，组织全体教职工开展了系列学习活动、全员技能比赛，结合教育教学实践，提升职工的职业技能，促进了全体教职工整体素质的不断提高。

1. 加强政治理论的学习。工会以学校党总支开展的"强素质、比奉献、树新风"主题活动为契机，组织广大教职工认真学习了党的十七大和十七届三中、四中、五中全会精神和科学发展观以及《中小学教师职业道德规范》等法律法规，进一步帮助教职工尤其是青年教师树立正确的人生观、职业观，提高了教职工的政治觉悟，提升了他们的事业心、责任心、进取心。

2. 加强师德师风教育。2010年，通过发掘身边的教职工的先进事例，工会组织安排优秀教师开展关于班级管理、学生工作的讲座，引起了较大反响，促使教职工认识到自己的崇高使命，使其在工作中更加敬业爱岗、无私奉献。

3. 开展全员技能比赛。2010年，学校工会组织全体教师开展了全员技能比赛。在近两个月的时间里，学校利用休息时间，精心安排教职工参加技能操作比赛。开展全员技能比赛，不仅为教师展示技能搭建了平台，更重要的是让教师在比赛中了解了自己的不足，这为切实提高教师的专业技能和执教水平，开辟了可行之路。

二、求真务实，民主参与，提高学校管理水平

1. 坚持实行校务公开的民主管理制度。学校工会全面贯彻、执行上级部门关于校务公开的意见精神，积极组织实施校务公开，积极参与学校的民主管理和决策。2010年，学校两次组织征求教职工的意见和建议，征集的教职工对学校工作的意见和建议两百多条。一系列工作从计划安排到落实执行，既提高了工作的透明度和效率，又大大增强了教职工的工作主动性和积极性，增强了教职工参与学校民主管理的意识，加强了学校的民主建设。

2. 召开学校教职工代表大会。2011 年 7 月，工会组织了教职工代表大会。会议就学校内部管理制度修改、教职工关心的分配问题、进一步完善教职工内部分配考核制度等进行了讨论。会议中，职工代表参与了学校的民主管理和决策，同时学校对试行的改革方案和制订的各项规章制度广泛征求意见，不断修改完善，以保证实施效果。教代会充分发挥了监督职能，督促各项事宜的公开，调动和发挥了全体教职工的工作积极性。教职工代表大会使学校领导班子和全校教职工紧密地团结在一起，从而使学校各项工作开展得更加顺利。

三、以人为本，丰富教职工的业余生活

为了进一步活跃校园文化氛围、丰富教职工的课余生活，2010 年度，在学校领导的重视和大力支持下，工会根据工作计划组织教职工开展了一系列有益的活动。

1. 鼓励全校教职工锻炼，投入到全民健身运动中去，让教职工感受到体育活动的愉悦。工会为每人发放了一套运动服，鼓励教职工参与锻炼。

2. "三八"妇女节活动。在"三八"节当天，学校全体女教职工在校工会的组织下，进行了"欢乐购物一日游"活动，共同庆祝属于自己的节日。

3. 举办教职工摄影比赛。为丰富教职工的文化生活，展示广大教职工昂扬向上的精神风貌，捕捉教师职业与生活中的美，学校工会举办了摄影比赛。

4. 教职工暑期疗休。2010 年暑期，学校组织了教职工到海南和张家界进行疗休。

5. 教职工上海世博游。2010 年 8 月，学校组织了全体教师游览上海世博会。在游览中，教师们领悟了"城市让生活更美好"的世博精神。

6. 教职工小型运动会。2010 年 10 月，在学校举行的第八届校运动会上，男、女教师进行了一百米接力跑，体验了运动的快乐，展现了教职工的风采，为学生诠释了运动精神。

7. 教职工跳长绳比赛。2010 年 12 月，学校举行了一次教职工跳长绳比赛。此次比赛，增进了教师之间的友谊，增强了集体的凝聚力。

一系列活动的开展，既融洽了教职工的关系，增进了同事之间的情感，又增强了学校教职工的凝聚力，为创建和谐校园起到了良好的作用。

四、真情关切，积极开展送温暖活动

学校工会真诚关心生活困难及离退休教师的生活。为了让广大教职工感受学校的温暖，进一步激发广大教职工的工作积极性、主动性和创造性，工会积极配合学校，大力开展送温暖活动，为教职工办实事、办好事。

1. 开展"暖心工程"。每一位教师生日时，学校工会都会送上鲜花、蛋糕以示祝贺。

2. 探望病患。凡是教职工（含离退休教师）本人患病住院的，工会领导都会陪同学校领导或受学校领导委托，前往医院看望和安抚患病教职工，帮助其消除思想顾虑，尽早恢复健康。

3. 关心离退休教师。学校工会在教师节、重阳节、春节都会上门拜访、慰问离退休教师，并送去慰问金。

多年来，学校工会在校党总支的领导下，为教职工做了许多实实在在的工作，特别是对学校教师人文关怀这一块，通过方方面面的细节行为，充分体现出对教师的尊重和关怀。正是这种尊重与关怀，让教师感受到了温暖，产生了强烈的归属感，也就有了"校兴我荣，校衰我耻"的自觉行为，学校师资队伍建设的"四三三"战略也才能为大家所接受并顺利开展，取得成功。

当然，学校在师资队伍建设方面还存在一定的不足，如教师队伍总数仍不足，整体素质还需提高，仍缺乏高层次的名师。在"十二五"期间，学校将更加重视教师人才队伍的建设工作，争取在师资队伍建设方面取得更大的成效，为学校的进一步发展提供强有力的师资保障。

百年大计，教育为本；教育大计，教师为本。中职学校要提高教育质量，必须具有一支师德高尚、业务精湛的教师队伍。桐乡市卫生学校以"提升教师专业技能与素养，加强师德师风建设"为核心管理思想，通过实施师资队伍建设的"四三三"战略，多维度打造了一支高水平的师资队伍，体现出以下特点：

1. 覆盖广

师资培养的四大工程——"青蓝工程、转型工程、双师型工程、名师工

程"，针对刚毕业从事教学的青年教师、从教育系统引进的教师和从非教育岗位调入学校任教3年以内的专职教师、全体专业课教师（适当扩展到文化课教师）进行培养。由此可见，师资培养针对不同群体设计不同项目，并主要向青年教师倾斜。

2. 显规范

四大工程从指导思想、培养对象、培养目标、培养要求和指导考核等方面对教师进行培养。"三心"教育活动提出了指导思想，活动目的，活动对象，活动时间、内容、方法和步骤，将活动分解成三个阶段，确定完成时间，最后对活动提出加强领导、明确责任、注重实效和及时总结的要求。规范化的管理以制度的形式确定下来，是现代管理的重要标志。

3. 活动多

多种活动形式有利于教师参与，并保持其提高专业水平的积极性。教师培养工程中活动繁多，如"三心"教育活动实践阶段的活动包括法律法规学习、主题演讲比赛等。"青蓝工程"实行指导教师制度，为新进的年青教师配备专业的指导教师。丰富的活动提高了教师参与的积极性。

4. 重实效

为保障师资队伍建设，学校重视实际效果，如四项工程中提出了考核要求，"三心"教育活动将活动与青年教师考核及评优晋级挂钩，并通过定期检查，保证活动效果。重实效是一种务实精神的体现，能保障教师队伍建设的效果。

5. 出成果

通过四项工程和两项活动，一支业务精湛、师德高尚的教师队伍已逐步形成，桐乡市卫生学校的教育质量也得到了极大的提升，在同类学校中一直处于领先地位。

（点评：佛朝晖）

师资建设卷

师资队伍是职业学校内涵发展的基础

——河南省郑州市经济贸易学校

名校／名校长简介

　　郑州市经济贸易学校创立于 1963 年，原名郑州市第五十中学，2004 年更为现名。学校位于市中心，交通便利，环境宜人，教学设施齐备，是全国中等财经职业教育协作会会员单位、河南省财经职业教育中心教研组组长学校、河南省职业教研室中等教育"宽基础活模块"课改实验基地。学校拥有一支适应职业教育要求的高素质的教师队伍，共有教师 130 多人，其中特级教师 3 人、高级教师 52 人、郑州市技术拔尖人才 2 人、"双师型"教师 13 人、省市级骨干教师 9 人、市级名师 5 人。

　　郭深，大学本科学历，2001 年至今任郑州市经济贸易学校校长。系全国中等财经职业教育协会副会长、河南省中等职业学校财经专业教研中心成员、郑州市教育学会理事、郑州市职业学校教学教研活动专家指导组成员。

　　郭校长近年来多次受到上级有关部门的表彰和奖励，先后被评为中国教育工会全心全意依靠教职工办学优秀党政干部、河南省特级教师、河南省职业教育工作先进个人、郑州市职业教育管理先进个人，撰写的论文《浅谈教师的精神要求》《谈邓小平关于调动教师积极性的思考》《以人为本加强和改进中职生的思想教育工作》《校园文化建设》及研究成果《人本理念下的教师队伍建设》《加强校本教研，提高教学质量》《中职生综合素质的培养对策与研究》等获省市重点论文、课题一等奖。

郭校长始终坚持"做教师喜欢的人，做教师需要的人"的管理理念，狠抓教师队伍建设，建立了一支学习型、研究型教师团队。建立健全各项规章制度，狠抓教育教学与教师管理，注重学生整体素质的提高，使学校管理工作更趋完善、合理。在中职教育遭遇瓶颈、发展困难的时候，郭校长锐意改革、勇

校长郭深

于创新，不断根据社会需要及时调整专业设置，突出办学特色，为学校尽快突破瓶颈、走出低谷作出了突出的贡献。近年来，郭校长坚持以科学发展观为指导，以构建和谐校园为目标，狠抓教师职业道德建设和教育科学研究，不断提高教师思想和业务素质，为学校的快速发展打下了坚实的基础。

郑州市经济贸易学校是一所国家级重点中等职业学校，办学目标是"外树形象、内抓管理，办社会、家长信任的学校"，办学宗旨是"瞄准市场、深化改革、提升质量、服务社会"。学校以"修身以立人、强技以立业"为校训，倡导"勤奋、求是、文明、进取"的优良校风，要求教师"敬业、爱生、博学、善导"，积极营造"乐学、善思、好问、活用"的良好学风，特色鲜明。

校园鸟瞰图

1. 小班化教学，每班不超过 50 人，人人实习有岗位、有设备。

2. 多元化教学模式大大提高了学生的学习兴趣。

（1）"任务驱动型"课堂教学模式，以具体的任务为学习动力或动机，以完成任务的过程为学习的过程，以展示任务成果的方式（而不是以测试的分数）来体现教学的成果。学生有了具体的动机就能自主学习，并且能主动地用所学知识去做事情，并在做事情的过程中自然地使用所学知识，在使用所学知识做事情的过程中提高各种能力。

（2）因课制宜、灵活多样的课堂教学模式，课堂教学丰富多彩，寓教于乐。

（3）自主式课堂教学模式，使学生的潜能得到充分发挥，能体验到成就感。

（4）实践模拟教学法，让学生身临其境，真切体验。

（5）案例教学法，以学生的独立探究为主，教师的传授、指导为辅。在教学过程上，先从案例开始，通过研究解决问题，得出结论；引导学生搞好独立探究是教学的中心环节，教学的准备、教师的指导都要为学生的探究服务。

3. 适应市场需求，合理设置专业，为社会培养了大批实用型技术人才。学校为适应市场需求，为社会输送实用型的技术人才，特开设了会计电算化、计算机维修、计算机网络应用与维护、计算机艺术设计、电子商务、市场营销、物流管理、形象设计、房地产营销与策划、畜牧兽医等专业。其中金融会计类、经济贸易类及形象设计等专业是学校的拳头专业。

（1）郑州市经济贸易学校是郑州市最早创办财会与金融专业的职业学校，现已经成为郑州市财经专业中心教研组的组长单位，该专业也成为河南省重点专业。20多年来的教学和实践使学校在本专业积累了丰富的经验。学校与很多基层用人单位有常年的合作关系，用人单位对初级财务人员的用工要求也能快速地传递到学校的教学部门，并直接指导着学校的专业设置、课程安排等教学工作，为培养出最符合社会需要的初级财务人员奠定了基础。

学校拥有先进的教学、实验、实习设备，可完全满足教学及实训、实习的需要。学校设有财会模拟实验室、实习银行以及点钞、珠算、做账、电算化技能训练室，可满足全体学生的训练、培训要求；注重对实训、实习设备进行及时更新，以满足专业课程设置的变化。学校突出技能教育特色，加强专业技能训练，建立各专业技能标准，建立校内技能等级考核制度，推动全校学生专业技能的提高，有组织、有计划地开展专业技能竞赛。学校代表队连续多年获得河南省职业学校财经专业技能竞赛一等奖，充分展示了专业教学的实力。学校积极配合专业、行业准入证书考试和培训，使学生毕业时可获得多种职业技能证书，增强了学生在未来职业生涯中的竞争力。

财会与金融专业的教师的职称和年龄结构都十分合理，而且学历绝大部分都是大学本科以上，符合中等职业学校设置标准规定的要求，是一支师德高尚、业务精湛、结构合理、学科配套、充满活力的教师队伍。其中从事财会专业教学的教师共32人，本科以上学历的占95%，其中研究生学历的占28%。该专业有省级骨干教师5名，省、市级学科带头人3名，专业课教师中具有多种资格证书的"双师"教师比例达40%，其中，注册会计师3人、注册税务师3人、注册资产评估师1人、助理会计师1人。该专业课教师都具有很强的教科研能力，每年都参加多项教科研课题的研究工作，撰写多篇教育教学论文，其中多篇论文获得省市优秀论文奖，并发表于国家级核心刊物。

（2）经贸专业是集市场营销、房地产管理、电子商务和现代物流于一体的交叉学科，根据郑州市经济发展的特点和市场需求，经贸专业明确了相关的课程设置和专业培养方向。学生在校期间基本能掌握现代市场营销、国际贸易、房地产管理、法律和现代物流的基本理论及基础知识，具有利用营销知识开展门店零售经营、利用网络开展商务活动的能力，能运用计算机信息技术、现代物流方法进行企业管理。

学校从事经贸专业教学的教师有 22 人，是一支爱岗敬业、经验丰富、充满活力的教师队伍。其中有高级讲师 4 人、讲师 10 人、助理讲师 6 人、职业指导师 2 人，本科学历达 100%；具有"双师"资格的 8 人，其中有三位教师是河南省及郑州市物流、营销中心教研组成员。经贸专业的教师一直致力于教科研，开拓创新，认真钻研专业知识，用心积累教学方法，积极探索新知识、新领域，充分利用学校先进的教学设备、实验室以及实践基地，在专业教学和科研方面取得了丰硕的成果，多位教师获得省市优质课一等奖，多篇教科研成果论文获得省市一等奖，多名教师参与中职专业教材的编写工作。

经贸专业学生的就业前景良好。该专业的毕业生可从事的岗位主要有：商业企业的业务人员和管理人员，商品的经销、代销、终端销售管理，营销策划公司的策划人员，各类企业、公司的营销文案，各类企业、公司的秘书人员，以及仓库保管员、配送员、报关员、电脑操作员、网络管理员等。现代经济的发展必将为经贸专业的学生提供更多更好的就业机会。

（3）计算机平面设计、动漫设计专业的毕业生备受社会青睐。计算机平面设计、动漫设计产业已成为我国新的经济增长点。针对国内相关行业人才奇缺的状况，学校顺应社会和市场需求，引进先进的专业教学方法和理念，配以完善的技术支持平台，结合学生学习实际，增设了计算机平面设计专业和动漫设计专业。

计算机平面设计专业主要让学生学习平面广告创意与设计、包装设计、网页设计等方面的基本理论和知识，接受计算机图形图像应用软件、二维动画应用软件操作等方面的实践训练，旨在培养学生平面、网页、包装设计制作的能力，把学生塑造成具有较强实践工作能力、德才兼备的实用型艺术设计与制作的专业人才。而动漫设计专业主要让学生学习动画造型设计、动画原画设计、影视后期编辑、三维建模、材质贴图、三维动画、灯效渲染等方面的基本理论和知识，培养学生较强的创新意识和实践能力，使其成为能独立从事动画设计、影视后期制作的高素质技能应用型专业人才。与世界发达国家相比，我国的数字媒体行业还处在刚刚起步的阶段，市场对专业人才的需求量很大。据有关机构测定，目前全国对数字媒体人才需求的缺口在 15 万左右。

（4）艺术形象设计专业是为适应市场需求而创设的新兴专业。在流行包装设计的今天，人们越来越注重个人、公司整体以及产品的包装形象。我国的形象设计市场需求量大增，形象设计已经迅速成长为一个新兴的朝阳产业。郑州市对形象设计专业人才的需求同样稳中有升。郑州市经济贸易学校形象设计专业的开设，在扎扎实实做好理论教学工作的同时，还通过实践教学培养出了社会需要的、高素质的形象设计人才。

学校从事艺术形象设计专业教学的教师共 28 人，包括色彩搭配师、服装设计师、造型师、3D 动画师、美术教师、形体教师等，这些教师具备扎实的专业基础知识和丰富的实践操作经验，对社会的流行趋势和不同层次的需求有着深入的研究。在教学中，这些专业课教师不但带领学生在课堂上畅谈、讨论艺术形象设计的专业知识，还带领学生走出课堂，在多个校外实习基地进行社会实践，使学生在校期间就能很好地掌握专业知识和实践经验，这为学生将来更好地就业或开创自己的事业打下了坚实的基础。

4. 完善的实习就业渠道及就业管理为学校赢得了良好的社会声誉。郑州市经济贸易学校高度重视毕业生的实习就业指导工作，设有专门的管理机构，每年都制订培训、实习计划。实训处配有专门的、经验丰富的职业指导师负责学生的实习指导与回访工作，定期对学生的实习就业工作进行总结，使实习成为检验和提升学生的知识与技能的渠道。学校的长期合作伙伴有中原电器行、交通银行、广发银行、浦发银行、思达商业、江科电脑、金霖数码港等几十家单位。为促进学生顺利就业，学校长期坚持对学生进行就业指导，设置了就业指导相关课程，邀请企业人士及往届毕业生到校做专题报告。实训处重视对企业的考察和了解，为毕业生创造大量的就业机会，使学校历年来的毕业生就业率均超过 95％。高素质的毕业生使郑州市经济贸易学校在社会上和用人单位中获得了较高的声誉。

 实践应用

国家级重点中专、全国中等职业学校德育先进集体、郑州市文明单位、郑州市教育工作先进集体……是什么原因促使一所中等职业学校在短短的一

年内连续取得如此多的荣誉？

"学校是精神文明建设的重要阵地，良好的育人环境是全面实施素质教育的有效载体。作为职业学校，根据社会需求以及自身的办学特点，以人文精神培养为核心，以服务为宗旨，以就业为导向，以素质拓展为目的，进行校园文化建设，加强学校文化活动的基础设施建设，创新校园文化活动的内容，拓展校园文化活动的领域，规范校园文化活动的模式，努力构建具有特色的校园文化体系，是学校快速发展的动力。"郑州市经济贸易学校对校园文化建设有自己独到的见解。

郑州市经济贸易学校着力建设高素质的教师队伍，增强教师教书育人的责任感和使命感，加强教师职业理想和职业道德建设，力争做好学生健康成长的指导者和引路人。

一、科学管理，探索教师思想道德文化建设精髓

学校文化，不仅仅是写在墙上、挂在嘴上的东西，更是深深地印在师生心里、表现在师生的行动中的精神财富。学校文化是一种意识的彰显，它表现在师生的集体认同感和组织归属感上，深深地印刻在单位成员的脑海里，是长期文化的积淀和全体师生为之努力而形成的精神成果，是人与人之间相互影响且影响深刻的一种巨大的力量。文化对人的影响是缓慢的，但这种影响又是深刻而持久的，它将塑造人的灵魂，改变人的态度和价值观。校园文化的形成不是一朝一夕的事，不是靠简单发动和倡导就能形成的。只有不断坚持才能形成持久而深远的校园文化精髓，才能对学校的发展起到引领和促进作用。

郑州市经济贸易学校在管理中始终把教师的思想道德文化建设放在首位。郑州市经济贸易学校校长郭深认为："学校教师思想道德文化建设不是一朝一夕就能完成的事业，重在科学，'功'在坚持。只有科学管理，才能让学校在正确的航线上一路前行；只有坚持，才能让教师在长期潜移默化的影响中形成特立独行的经贸精神。"在谈到学校在教师思想道德文化建设上坚持的制度和办法时，郭校长如数家珍："学校坚持教师读书学习交流活动已有8年，从新课改理念的学习，到多元智能理论的探讨；从大教育家孔子的教育理念到现代教育家陶行知的教育名篇；从国家的教育大政方针到职业学校的教学模式，8年不断的学习开阔了教师的眼界，提高了教师的理论水平。学校坚持评选'师德标兵'已有九届，教师从身边的模范身上学到了高

尚的道德情操、严谨的治学态度、灵活的教学方法和科学的管理方法。学校坚持校内培训已有 7 年，从管理理念到教学方法，不断提高教师的道德水准和教学水平，学校教师在历年的省市教师基本功比赛和教学大赛中均取得了优异的成绩。学校坚持青年教师拜师制度、校级名师推荐制度和公开课选拔制度已有十余年，老教师的'传、帮、带'、骨干教师的示范引领让一大批青年教师快速成长，让优秀教师脱颖而出，在 2009 年市级名师选拔中，学校有五名教师榜上有名。2010 年有两名教师被授予'五一劳动奖章'。2011年又有一位老师获得'五一劳动奖章'。学校坚持集体收看'感动中国十大人物颁奖典礼'，一个个鲜活的事例净化了经贸人的心灵。在 2010 年学校评选感动经贸的教职工，14 名教师成为经贸人学习的楷模。学校坚持干部学习和竞聘上岗制度已有 10 年，干部素质的提高带动了全校教职工的进步和成长。学校坚持校内"技能展示周"活动已有 5 年，大规模的展示活动向社会、家长交上了一份厚重的答卷。"在学校管理中，郑州市经济贸易学校还坚持《"一评三考"管理制度》《日清周结管理制度》《职称评定管理办法》《岗位设置管理制度》等一系列管理制度和方法，造就了一支高素质、能力强的教师队伍，为学校的健康发展奠定了坚实的基础。

二、科研兴教，打造学校教育教学文化建设阵地

教育要发展，科研要先行，郑州市经济贸易学校以"科研兴教、科研兴校"为战略方针，提出"以科研为先导，向教科研要质量"的教学指导思想。"科研兴教已成为全体教师的共识，不断学习成为提高教师教育教学质量的保障，探究创新成为打造品牌学校的必由之路。"郭校长强调。为此，学校构建了一体化的教科研管理体制，实施了提高课题研究效益、更新教师观念、提高教师的教科研能力和创新能力等一系列举措。

职业教育的根本，不仅在于传授给学生多少知识，更在于向社会输送什么样的人才。瞄准市场设专业，根据企业需求进行订单式培养是郑州市经济贸易学校的追求。为此，学校大力鼓励和支持教师进行市场调研，了解市场需求，在专业论证与设置上投入了大量人力与物力。近几年，郑州市经济贸易学校在原有专业的基础上陆续增设了现代物流管理、市场营销、电子商务、房地产管理、形象设计等专业。

职业学校学生的学习能力相对较弱，部分现行的教材不能适应学生的需求，为此，学校从 2002 年起便开始组织一线教师进行校本教材的研发工作，

先后编辑了数学、英语、实用软件、会计实务、计算机基础知识等多种校本教材，并在使用过程中不断修改与完善，以使课程设置和教学内容更加科学、合理，教起来顺手，学起来容易。近年来，学校尝试着在学生中开设选修课，并先后开设了投资理财、乒乓球、健美操、形体、文学欣赏、趣味数学、视听英语、实用软件、商品包装技巧、放眼看世界等多门选修课，供学生自由选择，使学生学有所乐、学有所长。

要将教育质量的提高最终落到实处，关键还在于教师。为建设一支高素质的师资队伍，学校不惜重金，仅 2010 年就斥资 100 余万元用于师资培训、教师外出考察、教师学历提升等。学校长期坚持对教师进行教科研方面的培训，每年都邀请专家学者来校做学术报告，传授教科研的方法，宣讲最新的教学理念。学校还鼓励和督促教师学习，要求教师每年读两本教育理论方面的书籍，写读书心得，并组织小组讨论，使全体教师的教育教学水平得到了显著提高，造就了一支高水平、高素质的教师队伍。仅近 3 年来，学校青年教师中就有 35 人次获市级优质课一、二等奖，15 人获省级优质课一、二等奖。学校拥有"双师型"教师 20 余人、省级学科带头人 1 人、省级骨干教师 5 人、省市级学术技术带头人 7 人、特级教师 4 人、市级专业技术拔尖人才 2 人，有 7 位教师受聘为省、市职业教研室中心教研组成员，骨干教师拥有量在全市职业学校中名列前茅。

高素质的教师队伍为高效率的课堂教学提供了有效保障。多年来，在课堂管理方面，学校形成了一整套完善规范的体制。一是建立了干部联系教研组机制。学校建立了教务处、教研组、备课组三级教研网络，以教务处为中心，层层负责，逐级推进。学校领导分工负责，进入教研组参加教研活动，并规定每人每学期参加教研活动不少于总教研时数的 2/3；每周都要进年级听课，并且提出指导性意见和建议。二是集体备课制。学校建立教研组、备课组集体备课制度。教研组下设备课组，并设备课组长。教师每周拿出 1—2 个课时的时间，参加集体备课，共同研究教学中的重点、难点，设计教学方案，这个过程充分体现了科研创新和集体智慧的力量。三是建立公开课制度。每位教师每学年必须上一节公开课，程序是说课、讲课、评课。教师讲课前要先在教研组内说课，由其他教师对说课进行评价并提出意见和建议。许多教师在正式讲公开课前都反复试讲，请其他教师提意见，反复修正。按规定，正式上课时本组没课的教师必须听课，且听课人数必须达到本组教师的 50％。课后，听课教师要填写专门的评课表，根据表上所列项目进行全面、科学的评价，教研组也要组织专门的评课，分析讲课教师的优点与不足，并写出教研组评课记录。经过说课——预讲——反思修正——正式讲——反思的过程，一节课便经过了精雕细琢，讲课人和组内全体教师也都经历了一个学习、探究、创新、借鉴、提高的过程。

学校对教科研工作非常重视，建立了以校长为校本教研指导者和第一责任人的教研管理体制，先后制订了《郑州经济贸易学校教育科研制度》《郑州经济贸易学校校本教研工作条例》等教育科研指导性文件，并把教师的教科研工作纳入年终考评。学校教科室在校长、主管副校长的领导下，负责各学科和教职工个人的教科研工作指导、校级课题的评估和验收、各级课题的申报和组织实施等工作。教研组积极组织本学科课题研究工作，做好人员的调配、计划和报告的起草、研究步骤的实施和过程的跟踪协调等工作。近年来，郭校长率先垂范，亲自牵头参加多项课题研究。他主持的《职业学校实施"宽基础、活模块"课程模式的研究》课题获河南省中等职业学校教学成果二等奖，《中职生综合素质的培养与对策研究》课题被市教育局评为重点课题，并获一等奖。学校领导班子中有 6 人分别承担省市级课题，如梅中伟副校长主持的《中职生"5＋1"综合素质培养》被列为省级重点课题，获河南省教育厅一等奖；教务主任王德军主持的"十一五"课题《运用现代教学手段全面提高中学生英语听说能力》获河南省成果二等奖。良好的研究氛围激发了教师对教学的研究热情，近 3 年来学校教师在专业期刊发表文章和论文等共 300 余篇。

三、校企合作，分享职业学校特色文化建设成果

走进职业学校的校园，能感受到不一样的教学氛围，教室更像车间，学生更像工人。和普教不同的是，职业教育的办学宗旨是围绕市场需求，培养社会所需人才。这就要求职业学校必须用前瞻的眼光来灵活、科学地设置专业，必须走校企合作、工学结合的道路，必须把培养技能型人才和市场需求紧密结合起来。

郑州市经济贸易学校紧跟市场需求，逐步将各专业教学推向市场化，为此，学校一是外派教师进行专业培训和进修，使其及时更新知识结构，掌握最新技能以供教学所需。例如，学校与一些知名的电子商务企业和培训机构合作，对电子商务专业的教师进行了系统而专业化的培训，使学校的电子商务专业得到进一步发展，教师的教学目标更贴近实用；派出计算机专业教师

赴企业学习计算机硬件维修技术，拓展了计算机专业的教学广度和深度，使学生们掌握了更多的专业技能；派教师到北京学习美发与形象设计，开拓了市场所需的新专业。二是不断聘请高水平的企业人士来校任客座讲师，使学校能够掌握最新的市场动态，以企业为第二课堂，加强学生的实习、实训，丰富师生

校企合作

的专业知识面，促进教学改革。三是与企业结对子，进行订单式培养。学校目前与北京华联零售连锁企业、风神物流公司签订了校企合作协议，将学校市场营销和物流服务与管理专业按照企业用人模式进行教学和管理，双方共同编订校本教材，联合培养学生。学校安排这两个专业的学生，每学期抽出一个月的时间到企业进行实训，把课堂搬进企业，工学结合，理论联系实际，使教学手段更丰富、教学目标更明确、教学效果更理想。此外，学校与河南农业大学签约联合办学，共同开设畜牧兽医专业，充分利用高校的教育科研及技术优势，培养社会急需的专门型人才。正因为借助了高校的优势教育资源，郑州市经济贸易学校的畜牧兽医专业才能高起点、高质量地开展教学活动，培养出专业能力更强、颇受企业青睐的学生。今后学校还要继续在校内外的实训方面加大力度，推进深层次的校企合作，满足学生工学结合的需求和实习实训的愿望。

四、注重素质教育，加大校园文化建设力度

郑州市经济贸易学校通过文化要素的全面构建，形成了自己的文化内涵和彰显时代精神的校园文化，使学校拥有了"文化的力量"。"学校文化在教育中发挥重要的作用。培养学生的良好习惯，激发学生的自信，唤起学生独立的人格追求和高尚的道德追求，是学校一贯的追求。"郭校长如是说。

依据中职生的身心特点，充分挖掘自身资源，开展一系列富有职业学校特色和符合学生心理、思想动态和兴趣倾向的校园文化活动，是近年来郑州市经济贸易学校校园文化建设成功的范例。学校以重大历史事件纪念日、传统节日等为契机，开展有针对性的主题教育活动。如每年的新生入学之际，学校都要开展为期一个月的新生入学教育活动，组织新生到河南省博物院、郑东新区、黄河游览区参观，让他们了解中原文化的深厚和现代都市的繁

华；为期十天的军事化训练，用军队的纪律性和严谨性打造学生良好的行为习惯和优秀品德；开展新生入学心理调研、辅导活动，召开"帮助和提高学生自信心的职业生涯设计"报告会；组织优秀的专业课教师做专业介绍等。学校通过这种集中、直观、新颖的入学教育模式，引导、帮助学生尽快熟悉新环境，正确认识职业教育，树立明确的学

校园集体舞

习目标和择业理念，为其未来 3 年的中专生活打下良好基础，促使学生在关键时期实现生活、学习方式的顺利转变。学校坚持十二个月月月有活动，周周有主题，在丰富多彩的校园文化活动中，培养学生良好的行为习惯，树立学生的优良品德，继承和发扬优秀的传统文化。

学校通过常规教育培养学生良好的行为习惯。如"书香校园"活动已开展了两年。在活动中，各班坚持利用晨读十分钟进行经典诗文朗读、下午课前十分钟读新闻，使学生养成读书看报的习惯，培养学生传承中华经典美文的热情。学校利用"书香校园"活动，开展了"中华赞"经典诗文诵读比赛学生参

升旗仪式

与热情高涨，各班结合自身实际设计了丰富多彩的诵读形式。诵读比赛使学生加深了对祖国文化的理解，培养了学生的民族自豪感，增强了爱国热情，这也是对学校开展"书香校园"活动的一次大的检阅。另外，每周一次的升旗仪式也是学校文化建设的重点之一。升旗仪式的主持、国旗下的演讲等任务由各班轮流担任，演讲内容既贴近学生学习、生活，又符合主旋律。整个活动过程庄重、肃穆，从学生准备材料到收集材料、再到主持演讲，锻炼了学生的组织协调、口语表达等多项能力。学校为弘扬中华民族传统美德，让学生懂得感恩，从而树立社会责任感，坚持对全体学生开展全方位的感恩教育，精心打造学校的感恩文化。在感恩教育中创设"爱心基金"，创办"温馨超市"，评选出最孝敬父母的"孝心之星"、最乐于助人的"爱心天使"，并以班级为单位开展"算亲情账"活动，让学生将自己的学

费、生活费、交通费、零花钱等支出加起来，算出家长对自己的投资，从中感悟父母的养育之恩，使"滴水之恩当涌泉相报"的情感在学生心中生根、开花、结果。

郑州市经济贸易学校善于挖掘学生潜能，积极开展社会实践活动和社团文化建设。对于中等职业学校的学生来说，动手能力强、渴望实践是他们最大的特点。尽可能地发挥学生的潜能、优势，培养学生的社会责任感，是校园文化中不可或缺的一部分。学校利用自身资源，将校园周边的实践活动场所进行整合，组建校志愿者服务大队，长期进行社会实践活动。社区、敬老院、儿童福利院、交通岗、博物院、科技馆等，都是学校社会实践的场所。学校还依托专业设置，开展有针对性的实践活动，如计算机硬件维修专业的学生，每周都会进入社区，对居民的家用电脑进行维护和整修。利用自己的特长服务周边居民，不仅提高了学生的实践能力，更提高了学生对社会的适应能力。学校为响应国家号召，培养学生的成人意识，增强他们的社会责任感，每年都会对在校学生开展有针对性的成人教育活动。每年 10 月，学校都会以丰富多彩的活动为载体，开展一系列 18 岁成人教育活动，包括主题升旗仪式、主题班会、"做一日家长"活动等。活动期间，学校会举行隆重、庄严、神圣的 18 岁成人宣誓仪式，并组织学生徒步 17 公里到位于森林公园的学校心理素质训练基地开展活动。学生以班级为单位召开主题班会，并朗读父母写给自己的信。这使学生受到很大的触动，真正体会到了自己已经长大成人，感受到了肩上的责任。通过 18 岁成人仪式系列活动，学生们初步懂得了责任的深刻内涵，懂得了报恩，能够以更积极的态度去面对人生，更加勤奋地学习，担负起国家、社会赋予青年一代的神圣使命，并以此为起点，好好学习，苦练技能，更好地迈出成人的第一步。

学生社团作为学校"第二课堂"中不可或缺的部分，是学生自发组织并自主活动的群众组织，是培养学生的兴趣爱好、扩大其求知领域、陶冶其情操、展示其才华和智慧的广阔舞台。学校成立了以舞蹈形体为基础的舞蹈社团，以话剧表演、主持、演讲为基础的话剧社团，以声乐、器乐为基础的音乐社团，以采访、编辑为基础的校园记者社团，以摄影摄像为基础的电教社团。学生们利用课余时间进行排练，学校配备专业的老师进行指导。校话剧社团代表学校参加郑州市第四届艺术节，取得了第一名的好成绩，这和学校加强学生社团建设是密不可分的。学校将以原有的社团为基础，扩大社团数量，规范社团管理，整合学校现有资源，努力实现"让每一名学生都能参加一个社团"的目标，使社团文化深入每位学生的心中。作为校园文化的有力载体，社团将一如既往地以全面培养学生的综合素质为己任，以丰富学生的课余科技文化生活为准则，最终达成促进优良校风、学风形成的目标。

这些具有校园特色的教育活动的开展，不但帮助学生树立了正确的人生观和世界观，学会了如何做人，更可贵的是帮助学生找回了自信，全面提高了学生的综合素质。

五、环境育人，显现校园环境文化建设成果

走进郑州市经济贸易学校的校园，处处能感受到浓浓的文化氛围。实验楼上镶嵌的校训——"修身以立人，强技以立业"十个大字，将学校的办学宗旨和教学手段彰显无遗。走进实验楼，迎面处是"苦练技能长本领，拥有本领成大业"的大幅牌匾，展现了实验楼的主要功能。走进教学楼，处处张贴着相关专业学习的标语，每间教室根据专业特色张贴着相关图片和文字，让学生时时感受专业的特色。走进操场，迎面墙上写着四行大字"学会求知、学会做人、学会合作、学会生存"。校园内随处可见的文明用语条幅，让学生潜移默化地接受着文明的熏陶和滋养。每当下课的时候，广播里响起的是郑州市经济贸易学校的校歌《青春放歌》："白日放歌，纵情欢唱；青春做伴，舞步飞扬。点燃激情，点燃梦想，我们是奋发图强的经贸人。修身立人，心中的方向；强技立业，梦想的翅膀。让我们纵情驰骋，让我们自由翱翔。祖国在我心中，未来在我手上，做最好的自己，让母校荣光！"那动听的旋律和着振奋人心的词句，展现了全体经贸人昂扬向上、充满朝气的精神面貌。

郑州市经济贸易学校通过文化要素的全面构建，形成了自己独特的文化内涵。如今，学校的文化建设已取得了显著的成果，校园环境幽雅、和谐、统一，文化氛围浓厚，办学理念独特新颖，管理模式民主规范。全体师生牢记"修身以立人、强技以立业"的校训，教师队伍团结协作、积极进取，学生团队知学善学、立志成才。随着校园文化建设的不断深入，郑州市经济贸易学校实现了学校教育事业的跨越式发展，迎来了更加灿烂辉煌的明天！

反思以往的发展，郑州市经济贸易学校感到自身还存在着很多不足之

处。由于占地面积较小，大型的教育教学实践基地还无法建设，学生得不到足够的技能训练，直接影响了学生就业质量。学校还应该加大教师的培训力度，提高教师的教育教学水平，使其更好地适应学校的发展；继续拓展与社会相适应的专业，吸引更多的学生前来就读。

面对未来，郑州市经济贸易学校应在以下几个方面继续努力：

一、深入学习和实践科学发展观，树立正确的职业教育观念

1. 以深入开展学习、实践科学发展观活动为主线，牢固树立"瞄准市场，深化改革，提升质量，服务社会"的办学宗旨，树立以服务为宗旨，以就业为导向，全面提高学生的综合素质，尤其是提高学生就业、实践及适应社会能力的职业教育观。

2. 坚持用先进的职业教育观念武装全体教师，引导教师"以人为本"的学生观，树立"人人有才，人人成才"的人才观，以及"为学生终身发展打基础"的教育价值观。

3. 面向全体学生，关爱学生，关注学生的点滴进步，鼓舞学生，培养学生积极向上的生活态度和高度的社会责任感，引导学生"学会做人、做事、学习、合作、生存"，重点培养学生的动手能力和创新精神。

二、使用多种方式提升学生的综合素质

1. 以《中职生"千分制"考核方案》为抓手，动员全校师生积极参与，在实践中不断修订完善，最终形成具有特色的学生综合素质和能力评价操作体系。

2. 坚持学生良好行为习惯的养成教育，坚持提升学生的自信心，坚持增强学生的社会责任感。

3. 加强对学生心理健康教育工作的支持力度，充实心理健康教育工作队伍，选派教师参加专业培训，提高教师业务素质；开设心理课程，坚持开展心理普查和心理咨询活动，提高学生抗挫折、战胜心理困难等方面的综合心理素质。

4. 按照市教育局的要求，结合学校实际情况，切实加强班主任队伍建设，完善学校德育管理网络，坚持班主任的培训、培养制度，开展心理健康常识教育、问题学生教育等专题研究活动，结集出版《问题学生教育案例集》。

5. 初步构建书香校园，建立读书论坛活动制度，让好读书、读好书成为教师和学生的共同需求。

6. 认真落实《国家学生体质健康标准》《学校卫生工作条例》和《学校艺术教育规程》，开足开好体育课程，抓好课外文体活动，培养学生正确的健体知识和审美观念；深入开展国防教育，推进学生军训制度化、规范化。

三、深化改革，全力推进办学体制及课程体系建设

1. 坚持三年制中职教育为主体，辅之以开拓外引外联，增设"3＋2"教育、中外联办教育，实现上下结合、长短结合的办学格局。在外引外联工作上，学校应坚持双赢原则，力争办出成效，提高社会知名度和信誉度。

2. 面向市场，加强专业建设，巩固财经类专业特色，推动计算机类专业上台阶，做好物流及房地产经营与管理等专业的发展，并有计划、有针对性地不断开拓适合社会需要的新专业，努力创建更多省市两级重点专业，并力争在3年内增设二到四个新专业。

3. 在课程体系建设上，要坚持"以就业为导向"的培养观，要坚持面向市场，以市场需求和用人标准为导向，逐步建立适应市场需求的课程体系；本着适用、够用的原则，完善校本教材，开设与培养目标相适应的选修课程。

4. 加强实践教学，培养学生的动手能力，并建立与之相配套的专业技能培训考核制度，在教学和培训中挖掘学生潜能，培养一批优秀学生，组队参加各级专业技能竞赛，为学校争光，为社会输送技能过硬的专业实用人才。

四、落实常规管理，提升管理水平

1. 落实校长负责制、岗位责任制、教职工代表大会制度，推进校务公开，接受社会、家长及教职工的监督，充分发挥学校党组织的政治核心作用。

2. 落实全员聘任工作制度，认真做好每年一次的定岗考核和聘任工作，及时办理、调整聘任合同，形成良好的校内人员管理运行机制。

3. 落实日常教育管理的常规工作，细化管理过程的考核记录，进一步健全教职工的工作业绩档案。

4. 组织开展发展性评价研究，依据绩效工资发放的指导性意见，完善教师评价指标体系及过程方法，修订一评三考方案，推动教职工素质的整体提

高与教师队伍建设的良性发展。

5. 根据上级教育部门的指导意见，制订并组织实施弹性学分制方案，允许学生分阶段完成学业；拓展就业渠道，继续完善学生顶岗实习的管理制度。

6. 坚持"以服务为方向，以创新为核心，以提高为重点，以效益为目标"的工作思路，充分发挥教科研在改革中的先导作用，在教研组中开展每学期一到两个研究专题，通过三年的探索与实践，形成特色。

就师资队伍建设来说，郑州市经济贸易学校以建设学习型和研究型教师队伍为目标，打造了一支高水平的教师团队，保障了学校的内涵建设。学校的教师队伍建设体现了以下特点：

1. 队伍结构显合理

从学校整体教师队伍来看，教师结构合理，师资力量强大。从重点专业教师队伍来看，财会与金融专业教师结构十分合理，本科以上学历的占95%，其中研究生学历的占28%，专业课教师中具有多种资格证书的"双师"教师占40%以上。经贸专业教学的教师22人，本科学历近100%，其中具有"双师"资格的有8人。

2. 教师管理显规范

"制度管理"是师资队伍管理规范化的标志之一。为加强师德建设，学校几年来形成了制度化的教师读书学习交流活动、评选"师德标兵"活动，坚持集体收看"感动中国十大人物颁奖典礼"。在教师培养方面，形成了青年教师拜师制度、校级名师推荐制度和公开课选拔制度。通过师徒结对帮扶和骨干教师的示范引领，让一大批青年教师快速成长，让优秀教师脱颖而出。在教师培训方面，实行校内培训、坚持聘请专家来校讲课和教师每年读两本教育理论书籍制度。在人事管理方面，学校实行了干部学习和竞聘上岗制度。

3. 教师培训显规模

教师培训是提高教师专业水平的有效措施。学校通过多维度教师培训模式，将教师培训常态化。一是"请进来"与"走出去"相结合。每年都邀请专家学者来学校做学术报告，聘请高水平的企业人士来校任客座讲师；花重金用于师资培训、教师外出考察、教师学历提升等。二是集体学习和个人自学相结合。学校为鼓励和督促教师进行业务学习，要求老师每年读两本教育理论方面的书籍，写读书心得，并组织小组讨论。三是校内与校外相统一。学校坚持校内培训活动，不断提高教师的道德水准和教学水平。为紧跟市场需求，学校外派教师进行专业培训和进修，使其及时更新知识结构，并掌握最新技能。

4. 科研引领显特色

职业教育要发展，科研要先行。学校重视校本教研，采取干部联系教研组机制、集体备课制度和公开课制度。重视教育科研工作，校长成为科研工作第一责任人和指导者，制订科研管理的规章制度，并将科研工作纳入年终评价中。学校还鼓励教师进行市场调研，研究专业需求，新增社会需要的新专业。此外，学校还组织一线教师编写校本教材，以便能够科学设置教学内容。

（点评：佛朝晖）

加强师资队伍建设，服务地方经济

——浙江省绍兴县职业教育中心

名校／名校长简介

绍兴县职业教育中心位于中国轻纺城——浙江绍兴柯桥，占地 30.7 万平方米，建筑面积 12.1 万平方米，是矗立在大畈湖畔的花园式学校。学校实行浙江广播电视大学绍兴学院、绍兴县职业教育中心、绍兴县工业学校、绍兴县成人教育中心"四块牌子、一套班子"的管理模式，实施高等教育、中职教育、成教培训三种层次的教育。现有教职工 420 名，中职教学班 176 个，中职在校生 7500 余名，学历教育在籍学生近 3000 人，在校生总人数超万人。

学校是首批国家级重点职校、首批国家改革发展示范立项建设学校，浙江省首批先进制造业人才培养培训示范基地、省综合性公共实训基地。在办学过程中，学校积极打造"就业有路、升学有望"的成才"立交桥"。学校毕业生就业率和就业质量均居全省同类学校前列，造就了大批"金色蓝领"。

为打造一支高素质的"双师型"教师队伍，绍兴县职业教育中心采取了八大措施：一是下企业，进车间；二是开展校内技能集训；三是让教师参加课程改革，提升其专业水平；四是引导教师参加行业协会，及时了解行业的动态、发展方向，提升学校的知名度；五是组织教师参加行业考证，使教师的专业能力得到社会权威机构的认可；六是成立教师花样设计工作室、服装设计中心、纺织研发中心，并入驻绍兴县创意大厦和参加"纺博会"，在直接服务企业的过程中提升技术水平；七是选送专业课教师参加国家级、省级培训，出国培训，以提升教师技能；八是加大从企事业单位和社会上聘请兼职教师的工作力度，多途径引进专业课教师。这一系列举措环环相扣，相得益彰，有力地促进了学校"双师型"师资队伍的建设。

职业学校的办学宗旨是培养应用型、技术型的实用人才，服务地方经济。要使培养出来的学生适应社会与经济的发展，满足经济社会对高素质劳动者和技能型人才的需要，职业学校的专业课教师不仅要懂理论，更要会实践，不仅是理论

实训楼

大师，也要是技术大师。《国家中长期教育改革和发展规划纲要（2010—2020年)》把发展职业教育放在更加突出的位置，认为建设一支数量充足、结构合理的"双师型"教师队伍是职业学校改革和发展的关键因素，也是当前我国职业教育发展中比较薄弱的一个环节。

绍兴县职业教育中心清醒地认识到学校原有的教学计划未突出职业性和技能性，这导致了课堂教学与实习实训"两张皮"，学生的理论知识与实战技能不能真正融合、岗位适应能力不强，造成了学校教育与企业需求的错位。这些问题的存在，最关键的因素是高素质专业课教师的匮乏。为此，学校结合实际，大力推进教学改革，构建了"车间建在学校，课堂设到车间"的教学模式，培养了一支高素质的"双师型"教师队伍。

"双师型"教师概念的界定，目前综合起来有六种观点：一是"双证说"，认为凡是持有"双证"（教师资格证书和职业技能证）的教师就是"双师型"教师；二是"双能（双素质）说"，认为既具有作为教师的职业素质和能力，又具有技师（或其他高级专业人员）的职业素质和能力的专业课教师就是"双师型"教师；三是"叠加说"，强调"双师型"教师是"双证＋双能"；四是"双职称说"，要求"双师型"教师既具有讲师的职称，又具有工程师的职称；五是"双层次说"，即既能讲授专业知识，又能开展专业实践，既能引导学生人格发展，又能指导学生获得与其个性匹配的职业的一种复合型教师，其第一层次为能力之师，第二层次为素质之师；六是"特定说"，指出"双师型"的提法只有在特定的情况下才有意义，这一特定的情况就是当前职业院校重理论、轻实践的背景，离开了这一特定的背景，"双师"的提法就不再有意义，因为普通教育同样要求理论联系实际。

绍兴县职业教育中心结合学校实际和当地企业的需求，提出了"一全""二师""三能""多证"标准。"一全"是指"双师型"教师具有全面的职业素质；"二师"是指"双师型"教师既能从事理论课或文化课教学，又能从事技能训练教学、指导，既是教育教学活动的经师（经典专业知识）或技师（精湛专业技术），又是引导中职生成长成才的人师（价值引导）或事师（职业指导）；"三能"是指"双师型"教师具有较全面的能力素质，具有进行专业理论或文化知识讲授的教育教学能力、进行专业技能或教师职业基本训练指导的能力、进行科学研究和课程开发建设的能力；"多证"是指教师资格证、行业资格证、技术（技能）等级证、学历证、职称证（教师系列及工程系列）、行业协会会员证等。

为打造一支高素质的"双师型"教师队伍，绍兴县职业教育中心采取了八大措施来提升教师的综合素质。一是下企业，进车间。学校采取轮训的方式，要求专业课教师利用暑假带着项目下企业，平时不定时下企业、进教学工厂以接受新技术、了解新工艺、操作新设备。二是开展校内技能集训。专业课教师参与校内技能集训，文化课教师学习专业技能，使成为"双师型"教师的个人追求转变成总体建设"双师型"教师队伍的组织需要，并有计划、有步骤地进行建设。三是让教师参加课程改革，提升其专业水平。学校利用2009年被省教育厅命名为"浙江省首批中等职业教育专业课程改革基地学校"的契机，积极开发校本课程，进行学分制和弹性学制的探索和实践，不断完善理论——实践——理论的"三明治"式教学模式。四是引导教师参加行业协会，及时了解行业的动态、发展方向，提升学校的知名度。五是组织教师参加行业考证，使教师的专业能力得到社会权威机构的认可。六是成立教师花样设计工作室、服装设计中心、纺织研发中心，并入驻绍兴县创意大厦，参加"纺博会"，在直接服务企业的过程中提升技术水平。七是选送专业课教师参加国家级、省级培训，出国培训，以提升教师技能。八是加大从企事业单位和社会上聘请兼职教师的工作力度，多途径引进专业课教师。

一、下企业、进车间，从被动"下放"到主动"申请"

纺织设备和技术日新月异。纺织机械更新速度非常快，几年前就已经"无梭化"了，绍兴县职业教育中心校长黄伟祥却发现教材上举的例子多数还是梭织机。如果教师不接触企业，还是按教材进行教学，那么学生毕业后可能连新机器都不认识了。学校的其他专业也存在同样问题。如果职业学校的专业课教师还是习惯于

纺织专业教师指导学生操作剑杆织机

"站好讲台上好课"，满足于学生"做好作业考好试"，只管教不管用，那么职业教育必然会走进死胡同，难以达到学以致用的教学目标。为此，绍兴县职业教育中心从 2005 年开始，规定所有专业课教师都要深入企业实践，提高专业课教师的动手技能，使他们及时了解现代企业新技术、新工艺、新设备，熟悉企业的职业技能要求和管理体系，从而不断补充、更新教学内容，使教学活动目标更明确，有的放矢。学校在安排专业课教师课时时也保证每位教师每周有一天甚至一天以上的空课，使其有时间下企业，并对下企业的教师给予适当补贴，"给机会、给动力、给时间"以确保教师去企业学习或

进教学工厂（纺织教学工厂、汽修教学工厂、机电教学工厂、服装教学工厂）实践。教师下企业、进车间的时间每学期不少于 2 周，每个暑假不少于 1 个月。特别是对大学刚毕业的青年专业课教师，学校实行"要站讲台，先下企业""先上岗，后上课"的制度，即先到实训基地相应的生产岗位上锻炼一年，待掌握了过硬的生

工厂师傅进行汽修教学

产技术和取得一定的实践经验后，再上讲台授课。与此同时，学校还完善了对专业课教师下企业、进车间检查的制度，并建立企业对教师锻炼的反馈意

见及教师日志制度，将教师下企业实践锻炼纳入教师岗位考核。对于一些专业，学校要求专业课教师带着项目下企业。

纺织花样设计专业的周李钧老师说："在绍兴县职业教育中心，为防止教学与社会需求脱节，我们每位专业课老师都会被'下放'到企业的岗位上去顶岗训练一番。刚开始我们也不理解，觉得领导没事找事，学校的教学任务已够重，还硬要赶我们到企业，再者，学校、办公室、教室这样安静的环境呆久了，我们一时也难以适应企业、车间机器轰鸣声不断、嘈杂的环境。但一段时间下来，我们体会到，很多灵感不是来

全国职教名师周李钧指导学生设计面料

自课堂，而是来源于实践。在企业顶岗训练的过程中，我们了解到很多客户的需求，回校后经过思考，更新了原有的教学计划，此后，上课不再是'纸上谈兵'，而是更贴近市场，教学内容也更适应社会所需。"

现在，专业课教师都尝到了下企业、进车间的甜头，纷纷主动申请下企业、进车间，接受新技术、了解新工艺、操作新设备，提升专业素养。周李钧老师设计的纺织花样名声在外，她自创了两种最适合于表现绣花图案的手绘方法，编写了国内第一本《现代绣花图案设计》高校教材，在国内纺织界引起了关注。

二、职校教师是"理论大师"，也是"技术大师"

（一）专业课教师校内集训

在复杂的生产环境中，某一项目的实施往往会牵涉到好几门专业的知识与技能，尤其是服装、汽修、数控等专业。绍兴县职业教育中心于 2009 年下半年起全面实施"公共课程＋核心课程＋教学项目"的项目课程教学改革。随着课改的不断深入，专业课教师有些不适应。为此，学校开展了校内技能集训，以求改变以往专业课教师只会教一门专业课的局面。2009 年暑假，学校对服装、建筑、机械、电子、计算机、汽修、烹饪、财会、外贸等专业教师实施了为期 20 天的集中技能培训，所有教师都学会了用 CAD 软件作图。"这样做的目的是让专业课教师一专多能，各专业知识融会贯通。"黄校长说。

（二）文化课教师转型学专业技能

绍兴县职业教育中心为使文化课教师进一步树立"以就业为导向、为专业教学服务"的思想，使文化课教学与专业教学紧密结合而组织了教师"暑期大练兵"活动，要求 52 周岁以下的文化课教师在校内集中参加为期两周的职业技能培训，基本上做到了全员培训。这次共有 199 位文化课老师参加了纺织纤维检验、服装工艺、染整打样、中西面点制作、会计电算化、建筑测量等 8 个项目的技能培训。黄校长也报名参加了建筑专业建筑测量技能的培训，每天和教师一起到场地报到，在 36℃ 的高温下与其他教师一起参加室外测量学习。副校长董月娟腰椎动过手术不能久坐，但她在参加会计电算化培训半个月的时间里，坚持天天到机房学习。

2010 年，经过半个月的技能强化训练，199 位文化课教师于 7 月下旬参加了专业技能测试，大部分考取了中级工技能证书。8 月，文化课教师还参加了所任学科的教学能力考试。

实际上从 2008 年开始，绍兴县职业教育中心实行文化课教师学专业技能已有三年。这是学校尝试文化基础学科与专业教学整体融合的教学改革，其一方面在于强化文化课教师主动服务专业教学的意识，帮助教师深入了解不同专业对相关文化课的要求，从而在文化课的学习中渗透与专业综合素质有关的内容，培养学生的综合职业能力。另一方面，职业学校专业课教师的缺乏不是多引进教师就可以解决的，因为专业的不断调整决定了教师本人除了在专业上应不断学习外，还需要主动转型。绍兴县职业教育中心鼓励文化课教师转型，这样不仅拓宽了一些文化课教师的专业前景，提高了现有教师队伍的业务能力，培养出一批一专多能型的教师，而且在一定程度上缓解了学校部分专业课教师匮乏的问题。

通过技能集训，绍兴县职业教育中心教师的综合素质得到了提高，教学观念得到了更新，课堂设计明显进步，授课越来越富有职业教育特色，在教师技能竞赛中屡获佳绩。如服装专业魏秋萍、山红芳、沈雁三位教师包揽了浙江省教师服装设计制作组前三名，机电专业教师夏建尧荣摘得 CAXA 实体设计教师组桂冠，美术专业潘董老师在动画制作比赛中荣获全省一等奖。在市、县级竞赛中，学校专业课教师更是独占鳌头，几乎包揽服装、建筑、数控等专业奖项。

三、积极推进课程改革

绍兴县职业教育中心为适应绍兴县经济的强势发展，培养大批技能型、实用型人才，构建了"车间建在学校，课堂设到车间"的校企合作模式，建立教学工厂、开辟企业课堂，实现课堂教学与车间实习的整体融合，并启动专业负责人模式，加强学校专业内涵建设，全面推进课程改革，及时调整专业课程结构，加大技能课程比重，突出职业教育特色，强化实践教学，改变了职业教育"普教化"的模式。

绍兴县职业教育中心依照"满足企业用人要求，符合岗位素质标准"的原则，在国家课程的指导下，大力开发地方课程和校本课程，建构由国家课程、地方课程和校本课程共同组成的独立的实践课程体系。在这个课程体系中，文化理论课程定位于适度、够用，以适应学生人文素质、终身学习和发展的需要。专业基础课程按照职业岗位群所需要的素质和能力要素，实行项目式课程，即实施"公共课程＋核心课程＋教学项目"的项目课程教学改革，着眼于培养学生较宽厚的专业知识和技能，拓宽口径，扩大专业的岗位适应面。如学校服装类专业就按照"大专业基础教育，专门化逐步定向"的培养模式，通过专业项目的不同组合，建立起全新的服装专业综合性课程项目体系。学校开发地方课程和校本课程，着眼于绍兴的服装业，尽可能地实行项目化或按任务来编排课程，使其真正体现绍兴的特色并满足企业的用人要求。课程体系的改革和构建同时兼容国家职业技能资格鉴定的要求，以全面推行"双证制"，引导和帮助学生在取得学历证书的同时，再获职业技能等级证书、从业资格证书等。在浙江省教育厅的领导下，绍兴县职业教育中心作为全省服装课程改革的联络中心，着手制订了课程改革方案。

学校大力推进教学方法的改革，尤其是专业技能课教学，采用了"先会后懂"的教学模式，以项目为中心，以活动为导向展开教学。为此，学校实施了"四改变"课程改革工程。

首先，在教材内容的组织上，学校采取按照任务为中心的工作项目来组织和编排教学内容，使学生明确任务目标，明确为完成任务应先会做什么，这是一种通过递推的方式来寻求问题解决的方案，旨在让学生在解决问题的过程中获得经验和知识。其次，在教材内容的展开上，学校按照实践——理论——实践的模式，在系统的实践过程中展开。每个项目的提出，学生首先要经过感性实践，按照项目指导书操作，获得亲身体验并初步积累操作的经验。学生在此基础上对操作中的问题、概念等相关知识进行归纳、解释和提炼，然后再回到实践中整合和重构。借助于项目任务的完成，通过实践——理论——实践的过程，学生获得的不再是抽象的概念和符号或是简单的模仿，而是经过内化了的经验和技术。再次，在教学策略上，学校采用内容和方法结合的活动导向式教学，改变过去方法和内容相互分割的弊端，以求达到内容和方法的有机结合的目的。如机械设计基础课程教学中采取精选机构原理、零部件结构和工作能力计算等基本内容，适度引入新技术的工程应用，加强 CAD 技术训练等方法，教学内容新、针对性强，技术、技能并重。最后，在教学安排上，学校采取灵活的学制和人性化的学籍管理制度。一般情况下，学生在完成校内大多数课程的学习和技能训练后，用半年或一年的时间到生产现场顶岗实践，在生产中学习、在学习中实践。学生的部分主修专业课也可以放在顶岗实践中进行，学校把课堂设在了生产现场，改过去"黑板上开机器"的落后教学方式为如今"真刀真枪"的现场演练，使教学与生产紧密结合。学校通过强化实践教学，使学生的个性特长得以发挥，调动了学生的学习积极性，更主要的是培养了学生的自学能力、逻辑思维能力、动手能力和创新能力，让学生在实践中学到了实实在在的东西。

2005 年，绍兴县职业教育中心成立"校企融合咨询委员会"，以加强校企合作，推行"校进企业、企业进校"工程，培养高技能人才。目前，学校先后与二十多家企业结成合作伙伴关系，在四十多家单位开设实习实训基地，建立起一个可持续发展的校企合作的良性循环机制，实现了学校和企业之间的优势互补、资源共享。如 4000 多平方米的绚彩纺织科技大车间，可以将学生按不同的工种分成 4 组，每组都跟随一位技术师傅在机器上实训操作，这使学校与企业保持了零距离，让学生足不出校就能接触企业，使"学生"与"工人"角色实现"无缝对接"，并让学生接受企业文化和环境的熏陶，从而培养学生良好的职业道德、职业精神和行为规范，使学校办学特色愈加鲜明，专业基础更显雄厚。"课堂上抽象的概念放在机台上一下子就直观起来了，"学生梁洁说，"这样学知识既轻松又有意思。"

在培养模式上，绍兴县职业教育中心实行"双元目标管理"，进行分层教育培养，培养模式多样化。一是"1＋1＋1"模式，如纺织类专业，第一年按大纺织类招生，第二年分专业门类基本定向，第三年实行专门化培养；二是"2＋1"模式，前两年以学校为主在校学习，第三年以企业为主进行岗位实践学习；三是"半工半读"模式，允许学生分阶段完成学业，如学校烹饪专业改变校内教学、校外实习的传统，把学生直接送进宾馆、酒店，把课堂直接搬进操作服务现场，学生每天的生活作息制度参照酒店运行机制，在酒店现场进行烹饪理论学习和实践操作。学校的培养模式既有全日制的学历教育，也有各种形式的职业培训、岗位培训和中高级技术资格培训。学校建立选修课"超市"，允许学生工学交替，为他们继续教育、终身学习创造条件。多种培养模式有效解决了校企合作中"合多做少""短期效应""一头热"等问题,克服了专业建设中校企合作的各种制约因素。

为了适应新课改的要求,学校不断加大实验实训设施投入力度。目前已形成了由纺织服装、机电信息、汽车维修、电工电子和建筑等几大功能区组成的区域性实训基地。轻纺类专业由省首批先进制造业人才培养培训示范基地升格为省综合性公共实训基地,机电类专业实训基地 2009 年成为省级实训基地。学校实验实训室建筑面积已达 2.5 万平方米,设备总值达 3000 万元。

学校不断创新以综合技能考核为主的课程评价方法。学校制订各专业技能纲要,纲要内容包括学期技能教学与考核项目、所占学分、考核内容、评分细则四块,要求学生所有考核项目都达到合格标准方能毕业。部分技能考核项目由企业与高校的专家来设定考核的标准。

学校课程改革取得丰硕成果。学校积极开发校本课程,先后编写了实用特色教材和参考书一百多部,进行了学分制和弹性学制的探索和实践。服装专业教师承担的省级课题《职高技能操作课教学探索》,获得了省人民政府颁发的浙江省首届职业教育教学成果二等奖;印染专业教师编写的《染整工艺》和《染整化学》成为国家规划教材。此外,陈炜、魏秋萍、沈雁等老师编写了《服装材料》等课改教材。课程改革成功与否,关键看学生技能水平是否得到提升、就业能力是否有所增强。在近几年的学生技能竞赛中,绍兴县职业教育中心学生荣获 25 个国家级奖和 85 个省级奖。从 2008 年起,连续 3 年学生技能竞赛综合成绩稳居绍兴市职校第一,尤其是服装设计制作比赛,连续 3 年囊括浙江省前三名、蝉联团体冠军。学生在校接受了系统的、实用的技术培训,上岗就业时就能迅速适应企业要求,减少企业因培训而支出的人力、物力、财力,就业率和就业质量就能大幅度提高。绍兴县职业教育中心许多专业如纺织、机电专业的毕业生供不应求。荣获全国服装技能大赛一等奖的 2005 级服装班学生陈斌斌未毕业就被服饰公司预订,并许诺"只要他肯来,年薪由他说了算",成为绍兴市最"牛"的职校生。学校也培养出了目前为新加坡最大的服装品牌 DHJ 的总设计师方建新、绍兴中厦房地产开发有限公司总经理杨燕等大批优秀毕业生。浙江省职成教教研室专门出简报报道了绍兴县职业教育中心的课改经验,《浙江职业技术教育通讯》2009 年第 5 期也专门刊登了该内容,《浙江日报》2010 年 4 月 20 日也将其作为浙江职业教育改革成果进行刊登。

四、参加行业协会，培养行业专家

绍兴县职业教育中心引导教师参加行业协会，以紧跟行业发展的步伐，及时了解行业动态、发展方向，及时引进新知识、新技术、新工艺，使学校的专业设置、学生实习等方面都符合行业标准，贴近市场需求。绍兴县职业教育中心有一半左右的专业课教师参加了与各自专业相同或相近的行业协会。如周雪峰老师为中国服饰协会副秘书长、绍兴市服装协会秘书长，周李钧老师参加了纺织面料设计师协会，李东栋老师参加了全国商业职业管理协会。此外，市、县服装协会均设在绍兴县职业教育中心。

五、"双证书"制度造就"双师型"教师

绍兴县职业教育中心为培养"双师型"教师，实行专业课教师的"双证书"制度，要求学校专业课教师既要取得教师资格证，同时又要考取行业等级证书。学校出台奖励政策，鼓励教师不断学习、考证，使其在行业专业技术等级上不断攀升，使学校教师的能力与水平在行业中保持领先。目前，学校专业课教师都持有相关的行业证书，如服装专业教师持有服装制作工高级技师、技师证书，建筑专业教师持有建造师（二级、一级）、结构师、造价师、监理工程师等证书，计算机专业教师持有程序员证书，会计专业教师持有会计师证书，外贸专业教师持有单证员、跟单员证书，烹饪专业教师持有公共营养师，印染专业教师持有化学检验高级工证书，美术专业教师持有装饰美术高级工证书等。目前，学校有 60 多位教师成为职业技能鉴定中、高级考评员。如宋惠娟老师为化学检验专业国家职业技术鉴定考评员，周雪峰老师为浙江省服装技术考评员，李东栋等老师为浙江省普通话水平测试员、全国英语等级考试口试考官等。参加职业技能鉴定工作对教师贴近职业、推动教学改革有很大的促进作用。

六、在服务地方经济中提升教师技能水平

（一）百名教师下企业，服务当地经济

专业课教师通过服务地方经济，不仅能不断提升自身能力，还能直接为企业解决技术问题。如在学校实施的百名教师下企业、百家企业进校园"双百工程"中，学校组织了 100 名专业知识扎实、动手能力强的骨干教师走进企业，为企业解决生产一线的技术问题，使一批研究成果在企业实现了产业化应用。

无梭织机是全自动控制，不能通过安装机械多臂机来织造特殊纺织品，学校与浙江大学、浙江工程学院、东华大学等院校的专家、教授联合攻关，终于成功解决了这一难题，为绍兴金来集团等企业解决了燃眉之急。2008年，绍兴县大部分印染企业引进世界一流的染缸设备后，因缺少技术人员，无法使用、维护这些先进设备。得知消息后，学校立即组织染整、机械、纺织、计算机四个专业的骨干教师，对新型染缸进行结构解剖、数据分析和调试，经过半个月的攻关，编写出设备使用、常见故障排除手册并送到企业，同时派教师培训企业员工并解决实际问题。"他们的到来真是一场'及时雨'，通过启用新设备、培训 300 名员工，让公司万元产值电耗一下子下降了 11.76％，一年就增加近 500 万元的效益！"说起新型染缸的顺利投产，绍兴怡创印染有限公司经理钱森根心中充满感激之情。

绍兴县职业教育中心的教师谈起为企业送技术服务时也感叹地说："现在企业操控的动辄数百万元的进口生产设备，我们在学校根本不可能接触到，更不要说教学生操作了。在车间与新设备接触一段时间，回校后马上改进教学内容，并带学生到企业见习，这样的教学效果比原来好了许多。"

（二）成立研发中心，走在市场前沿

绍兴县曾被人们誉为"托在一块布上的经济强县"，过去一直抱有"恨布不成衣"的遗憾。这些年，绍兴纺织产业链不断延伸，为了吸引纺织创意设计研发机构、设计师工作室落户，绍兴县建起了创意大厦。绍兴县职业教育中心校长黄伟祥说过，"开门办学"是职教发展的新路子，只有产、学、研紧密结合，才能不断满足企业对职业人才的需求，才能解决高级职业人才短缺之痛。学校鼓励教师发挥专业特长，成立工作室。2009 年，绍兴县职业教育中心专业课教师负责的花样设计工作室、服装设计中心、纺织研发中心三个项目入驻绍兴县创意大厦，并积极服务中小企业，仅 2009 年，三个中心就直接服务企业 2300 家，服务项目 5500 多个，申请近千个纺织图案专利，吸引了印度、巴基斯坦、韩国等国大批外商前来洽谈业务。教师工作室入驻创意大厦，能够使专业教学走在市场前沿，帮助教师更有效地了解企业需求。"这几年我们在培养人才上特别关注服装创意产业的提升。企业需要什么，学校就培养什么。"

（三）参展"纺博会"，搭脉国际需求

"中国国际纺织品秋季博览会（柯桥）"（简称"纺博会"）于 1999 年由绍兴县第一次承办，以后每年分为春季和秋季举办两次，其主旨为"开拓城

乡市场，扩大国内、国际需求，促进产业升级"。

"纺博会"期间，绍兴县职业教育中心学生在现场设计图案，成为"纺博会"一道亮丽的风景线。带队老师周李钧说，看到学生们现场的创作及作品展示，不少客商很感兴趣，有三十多家企业与我们达成洽谈意向，其中不少是外商。韩国首尔花样设计中心当场预订3名学生，要他们毕业后直接去上班。之后，很多纺织企业也赶到学校"定购"毕业生，然而花样设计专业当年的毕业

全国职教名师周李钧
与外商探讨面料设计方案

生仅有33名，根本无法满足各企业共80多个岗位的需求，不少企业老总遗憾而去。"现代纺织需要创意，像我们纺织企业，尤其缺乏设计人才，每次招人，我们不得不赶到外地高校去招，没想到在我们本土就有一批这么优秀的人才，真的非常不错。"不少企业负责人都主动给老师留下名片，要求老师在学生毕业时第一时间通知他们。

2007届花样设计专业的周丹说："这次'纺博会'真让我开了眼界，通过同客户交谈，学到了不少专业知识；从客户需求中，了解了当今面料花样的最新流行趋势，受益匪浅。更重要的是，之前一直担心找不到工作的我们，知道了只要有能力，展示才艺的空间就非常大。"

2010年10月25日，时任浙江省省长沈祖伦在绍兴市市委书记张金如、绍兴县纪委书记吴晓的陪同下来到学校展位前，与师生亲切交谈。在"纺博会"的四天中，师生们共接待中外客商500余次，与多名中外客商达成纺织品花样设计和设计培训的合作意向，花样设计专业学生已接受近三十家企业的就业预订，其中包括日本、韩国、印度和叙利亚等国公司。日本客人西村城一先生三次光顾展位，要求学生为其设计绣花图案；叙利亚客商要求学生现场设计十个花样；非洲客商要求周李钧老师开设英语授课的花样设计培训班；俄罗斯客商要求周老师带学生前往莫斯科进行设计。韩国著名设计师金曾善先生和首尔花样设计中心室长金南元先生莅临展区现场指导，切磋交流。

通过参展"纺博会"，绍兴县职业教育中心的知名度和社会美誉度进一步提高，声誉扩展到外国客商；师生的设计经验和实践能力得到进一步的积累和提高。学校花样设计专业的办学方向也有了更明确的定位，为课程改革

积累了最实用的资料。

（四）承办"中国轻纺城经营户素质提升工程"

"中国轻纺城经营户素质提升工程"是绍兴县免费培训的品牌工程。绍兴县职业教育中心作为"中国轻纺城经营户素质提升工程"的承办学校，从经营户的实际需要出发，注重针对性和实践性，把"想让学员学到的"和"学员想要学到的"结合起来，编写了本土化的系列教材，切实提高了培训效率，力争让学员学到最前沿、最实用的知识和技能，努力达到使学员"短期受训、长期受益"的目标。该工程从 2008 年 8 月首期开班到目前的第七期培训，累计培训 3500 多人次，甚至还吸引了很多在中国轻纺城经商的外国人参加。"中国轻纺城经营户素质提升工程"成了加速轻纺城经济转型、升级的"助推器"和经营户实现二次创业的"加油站"。

此外，学校充分发挥优势，为当地经济社会发展提供技能型人才，如利用暑期时间举办印染企业、县残疾人社区康复协调员、会计人员继续教育等多期培训班。这些培训不仅发挥了学校的辐射作用，使学校在服务区域经济发展中作出了应有的贡献，同时，开展对外技术服务也是检验、提高教师实战能力的重要手段。

七、培育名师，提升专业团队实力

绍兴县职业教育中心以"提升双师素质、优化双师结构"为建设重点，实施专业带头人培养计划、骨干教师培育计划、"双师"素质提升计划、兼职教师团队建设计划，在高级职称教师中培育教学名师，在中级职称教师中培育优秀教师，在青年教师中培育教坛新秀，构建起以校本培训为基础，省部级、国家级培训为重点和出国培训为载体的教师终身学习体系，从源头上解决了专业课教师观念和技能老化的尴尬局面。近年来，学校已有 185 位专业课教师先后赴浙江工业大学、浙江理工大学等高等院校参加省级培训，56 位专业课教师赴南京、武汉、广州、昆明、福州等地参加国家级培训，15 位教师前往澳大利亚等国家培训，这使教师不仅学到了先进的专业知识和技能，而且学到了先进的教学方法，更新了教育观念，大大提高了师资队伍素质，为示范校建设、专业建设提供了强有力的人才保障。

八、多途径提高专业课教师队伍的整体素质

为开阔师生视野，引进先进办学理念和教育教学方法，绍兴县职业教育中心聘请我国著名职教专家、教育部原职成教司司长、中国职业技术教育学

会顾问杨金土和台湾高雄师范大学科技学院院长、职教专家孙仲山教授，每年不定期来校讲学，进行指导。2009年12月，经浙江省教育厅推荐，学校与韩国全罗南道木浦女子商业高等学校缔结为姊妹学校，每年进行互访活动，增强了师生的国际职业教育意识。

绍兴县职业教育中心为贴近市场、服务地方经济，积极加强与当地企业的联系，近几年加大了从企事业单位和社会上聘请兼职教师的工作力度，以获取技术力量的支持。如成立学校专业指导委员会，聘请行业专家作为学校的客座教授或专业顾问，全面、全程参加学校的专业建设，并对专业设置、课程模式、教材开发、教学模式、实习实训基地建设等工作进行具体指导，对教师的专业知识水平、技术应用及实践操作能力进行考察、评估，同时发挥他们在校企间的桥梁作用，为教师到企业实习、培训创造条件。如绍兴恒柏集团总裁夏柏潮、绍兴赛河装饰公司经理张凯斌、绍兴荣浩纺织有限公司厂长郭晓刚等常来校开设讲座，与此同时，学校也常派专业课教师进企业学技能。

学校还高薪从企业引进了一批具有工程系列中高级技术职称或在企业一线从事技术工作、专业基础扎实、有丰富实践经验或操作技能的技师担任专、兼职教师或实训指导教师。引进企业精英，既优化了专业课教师队伍的整体结构，又对在校专业课教师实践能力的提高起到了"传、帮、带"的作用。目前，学校已组建了一支由三十多名专家、教授和工程技术人员组成的外聘专业课教师队伍，为学生更快更好地掌握专业知识和核心技能提供了强有力的保障。

通过几年的努力，学校在创新教学模式、"双师型"教师培养、实训基地建设、办学成果等方面成绩斐然，实现了跨越式发展，声名远扬。《中国教育报》《浙江日报》《教育信息报》等媒体多次报道学校的办学特色，尤其是2010年5月15日《中国教育报》在新开辟的"坚持改革创新，推动教育事业科学发展"栏目中，将《做地方经济转型的"助推器"》一文列于头版头条，详细介绍了绍兴县职业教育中心让教师下企业、服务企业，让课改瞄准技能，做地方经济转型"助推器"的典型经验。教育部部长袁贵仁阅读该文后作出批示："这个栏目效果很好。一是主题选得好，二是典型抓得好，三是专家点评好。引导大家抓住重点、抓住关键，在'实'上下工夫，在'新'上下工夫，在解决问题上下工夫。"中国职业技术教育学会顾问杨金土也进行了点评："服务社会是职业学校的责任。"

绍兴县职业教育中心创设的"车间建在学校，课堂设到车间"教学模式被誉为职业教育界的"绍兴模式"，并于 2008 年和 2009 年两次由省政府办公厅上报国务院办公厅，在全国推广。2009 年，黄校长在全国职教界最高层次的学术年会——"中国职教学会 2009 学术年会"上对学校经验进行了介绍。2010 年 6 月 2 日，教育部职成司司长葛道凯在浙江省教育厅副厅长鲍学军、职成教处处长徐伟标等的陪同下到校视察；6 月 6 日上午，国办机关第 51 期党校进修班学员一行 8 人在组长番绍立（国务院应急办调研员兼副处长）的带领下赴绍兴县职业教育中心调研，他们一致认为绍兴县职业教育中心校企合作深入，服务地方经济直接有效，很有借鉴意义，起到了示范引领的作用。

一、存在的问题

绍兴县职业教育中心"双师型"教师建设仍存在下列问题：第一，"双师型"教师整体素质有待提高。师德水平、对职业教育本质规律的认识、对学科和专业发展前沿的追踪能力、教学方式现代化程度、工程实践能力、科研能力等都需要进一步提高。第二，"双师型"教师并不完全名副其实。有一大部分"双师型"教师仅是有两本资格证书而已。有时会有为拿证而拿证，甚至以钱买证等不良现象的存在，一些教师并不具备真正的实践动手能力。第三，"双师型"教师长期存有心病——政策不对其倾斜。此外，学校对"双师型"教师的内涵、要求、培养等方面也缺少统一、规范、权威的规定。第四，近几年学校发展较快，教师紧缺，而学校教学任务繁重，派教师到企业一线锻炼从时间上比较难以保证，难免使教师下企业、进车间有走过场之嫌。

二、对策

1. 建立"双师型"教师队伍建设的长效机制。首先，抓好职前培训。培养专业课教师时，应提高专业课教师和实习指导教师的专业理论水平、专业实践能力和职业教育教学水平。其次，建章立制抓好职后培训。如学校发文规定对大学刚毕业的青年专业课教师，实行"要站讲台，先下企业""先上岗，后上课"的制度。第三，学校平时应充分利用本校优秀的"双师型"教师和聘请的一些行业技能名师，对专业课教师进行定期追踪培训，开展常规教师转岗培训、技能鉴定培训与专业培训等。

2. 引入高素质技术人才。学校在原有引进技术人才的基础上向更高层次的技术人才抛出了"橄榄枝"，如引入全国技能赛上获奖的名师、各行业的能工巧匠担任专职或兼职实践教师，优化专业课教师的来源与结构，提高"双师型"教师的比例，并通过他们的参与，以"传、帮、带"的方式使校内教师迅速成长起来，以求从根本上提高专业课教师的实践动手能力和岗位操作能力，让一大部分骨干教师逐步成长为真正意义上的"双师型"教师。

3. 鼓励、动员教师参加学历进修，以提高其综合素质，加强其科研意识，使教师不仅能从理论到实践中去，也能从实践到理论中去，督促他们对在实践中所收获的经验进行归纳总结，上升为理论。

4. 建立、完善"双师型"教师的考核、评职、聘任机制，从政策层面对认定的"双师型"教师实施倾斜，保证"双师型"教师的切身利益。要稳定"双师型"教师队伍，重点是解决待遇问题，如可参照特级教师的待遇每月给予适当补贴。

5. 注重"双师型"教师的内涵发展，从"重证书"转到"重经历"上来，把专业课教师到企业挂职研修作为"双师型"教师认定的硬性指标，并将其作为职后培训的重要形式。通过教育主管部门的协调，建立专业课教师到企业对口培训与实践锻炼的长效机制，使教师有时间、有条件到相关企业进行实践锻炼，以提高专业课教师的行业技能与专业素质。

6. 多渠道为"双师型"教师的发展筹集经费。要把"双师型"教师发展项目的经费问题纳入学校发展计划中来，并设立专项经费。如争取与企事业单位合作，开展横向课题研究与项目开发；发挥应用技术的优势开发创收项目等。

职业教育的外向性和市场性决定了职业教育具有服务社会经济发展的责任和功能。师资队伍作为职业学校生存和发展的核心，理应承担促进区域经济发展的重任。绍兴县职业教育中心努力打造高素质"双师型"教师队伍，为区域经济发展提供智力支持，致力于成为当地经济发展的人才库和技术源。具体说来，主要有以下几点经验：

1. 为区域经济发展打造高素质"双师型"师资队伍

学校以"培养应用型、技术型的实用人才，直接服务地方经济"为宗旨，对教师提出"一全""二师""三能""多证"标准，采取了"八大"措施。在校内，学校开展专业课教师的校内技能集训和文化课教师学专业技能活动；积极开发校本课程，进行学分制和弹性学制的探索和实践，不断完善理论——实践——理论的"三明治"式教学模式。在校外，学校引导专业误教师下企业、进车间，引导教师参加行业协会，组织教师参加行业考证，选送专业课教师参加国家级、省级培训和出国培训。此外，学校还加大从企事业单位和社会上聘请兼职教师的工作力度，多途径引进专业课教师。

2. 为区域经济发展提供人力资源

人力资源是区域经济发展的动力。为服务绍兴县纺织业和制衣业的发展，绍兴县职业教育中心创新人才培养模式，构建"车间建在学校，课堂设到车间"的"绍兴模式"，为地方经济发展培养了一大批技能型、实用型人才。学校建构由国家课程、地方课程和校本课程共同组成的独立的实践课程体系；采用了"先会后懂"的教学模式，以项目为中心开展教学；实行"双元目标管理"，进行分层教育培养；不断加大实验实训设施投入力度，形成了由纺织服装、机电信息、汽车维修、电工电子和建筑等几大功能区组成的区域性实训基地；创新课程评价方法，积极开发校本课程。此外，学校承办"中国轻纺城经营户素质提升工程"的免费培训工作，根据经营户的需要编写"本土化"系列教材，累计培训 3500 人次，成为经营户实现二次创业的"加油站"和轻纺城经济转型升级的"助推器"。

3. 为区域经济发展提供技术支持

教师服务经济发展最直接的手段莫过于直接为企业解决技术问题。学校发动 100 名专业知识扎实、动手能力强的骨干教师走进企业，为企业解决生产一线的技术问题，使一批研究成果在企业实现了产业化应用。

（点评：佛朝晖）

加强师资建设，为教师专业发展架桥铺路

——浙江省永康市职业技术学校

名校／名校长简介

浙江省永康市职业技术学校是以培养五金机电工程技术和经贸管理应用人才为主的中等职校，是国家级先进制造业人才培训基地、中央职业教育实训基地、国家级重点中等职业学校、全国教育系统先进集体。

学校占地 17.37 万平方米，建筑面积 8 万多平方米。现有在校生 4000 余人，教职工 300 余人，具有中高级职称教师 140 余人、高级工及以上技能证书专业课教师 98 人、考评员 26 人。学校的机电、电子电器、汽车专业是浙江省示范专业。

学校建有钳工车间、车工车间、数控实训车间、数控生产车间、汽修车间、电工电子实训室、计算机实训室等 24 个种类的 47 个实验实训场所。实训设备总额超过 2200 万元，实训场所总面积达到 18000 平方米，可供 2000 名学生同时上岗实训。

学校认为，如果没有一支高素质的教师队伍，教学改革就无法深入进行，那么提高学生的就业能力就等于空谈，中职学校的培养目标就无法达到，先进的办学理念就无法变为实践成果。建设一支高素质的师资队伍，是中职学校发展的长远之计。为建设一支适应时代和学校发展的师资队伍，永康市职业技术学校提出了"上挂、横联、外引、内提"八字策略。所谓"上挂"，就是与高等院校及科研院所挂钩，使之成为教师的进修基地。所谓"横联"，主要是与企业合作，在企业建立教师实践基地，并且聘请企业技术人员担任兼职教师。所谓"外引"，就是面向全国各地引进优秀的人才，集天下精英为我所用。所谓"内提"，就是内部提高，就是强化校本培训，帮助在职教师提高素质。"内提"是各项策略的核心，是师资队伍建设的重头戏，即让教师在校本培训中，在与社会的接触中，更新观念、积累经验、提高技能，最终形成中职教育所需要的综合能力。八字策略的实施，将永康市职业技术学校的师资水平推上了一个新的高度。

中职学校师资队伍的现状已经成为制约中职教育发展的瓶颈。如果没有一支高素质的教师队伍，教学改革就无法深入进行，提高学生的就业能力就等于空谈，中职学校的培养目标就无法达到，先进的办学理念就无法变为实践成果。建设一支高素质的师资队伍，是中职学校发展的长远之计。

职校教师应姓"职"。由于中职学校的性质、宗旨、培养目标和招生对象与普通高中相比有很大差异，因此，中职学校对师资队伍有着特殊的要求，即师资队伍应该具有职教的特点。如果中职学校的师资队伍建设也去模仿普高，就偏离了方向，走错了道路。

职校教师应有"能"。这是根据中职学校师资队伍存在的关键问题而提出来的。中职学校师资队伍存在的问题很多，如数量问题、结构问题、学历问题等，然而最关键的却是能力问题，中职学校教师普遍缺乏教育学生的能力、课堂教学的能力、与社会接轨的能力，特别是缺乏实践操作的能力与改革创新的能力。提高能力是中职学校师资队伍建设的重中之重，一切工作都应该围绕提高能力而展开。

中职学校最需要的是以下四类教师：

一是技能尖子。中职学校的教师需要有很强的动手能力，不但要会讲，更要会做，不仅能当"讲师"，更要能够做"师傅"。有了这样的教师队伍，就能有效地提高学生的技能水平，就能在各级技能比武中屡屡获得大奖。更进一步，如果教师具有技术研发能力，能成为某个专业、技术领域的专家，就能够研发新技术、新工艺、新产品，就能更好地为企业服务，进一步增强职业教育的吸引力。因此在师资队伍建设中，必须把建设"双师型"教师作为重点。

二是教学能手。中职学校的教师需要有很强的教学能力与改革创新能力，不但要会教，更要会"改"，不仅能执行教学任务，更要能够改革教学。有了这样的教师队伍，就能够改革教学内容、开发校本教材，就能够有效地改革教学方法与评价机制，就能够把在课堂上睡觉的学生唤醒，把基础很差

223

的学生教好。因此，在师资队伍建设中，必须十分注重教学观念的更新与创新能力的培养。

三是教育行家。中职学校的教师需要有很强的教育能力与组织管理能力，熟知中职学生的行为表现与心理特点，不但要会管，更要会导，不仅仅能够当"老师"，更要能够做"导师"。有了这样的教师队伍，就能够完全胜任班主任工作，能够更有效地转化"问题"学生，能够把"头上长角"的学生管好。因此，在师资队伍建设中，必须十分注重学生观的更新与教育管理能力的培养。

四是科研骨干。中职学校的教师需要有很强的科研能力，不仅要会管，更要会研，不仅会做教育者，更要成为学者。有了这样的教师队伍，才能够通过科研有效促进学校的改革与发展。因此，在师资队伍建设中，必须十分注重教师职教理论的提升与科研能力的培养。

师资队伍建设总的策略是"上挂、横联、外引、内提"。所谓"上挂"，就是与高等院校及科研院所挂钩，使之成为教师的进修基地；所谓"横联"，主要是与企业合作，在企业建立教师实践基地，并且聘请企业技术人员担任兼职教师；所谓"外引"，就是面向全国各地引进优秀的人才，集天下精英为我所用。所谓"内提"，就是内部提高，就是强化

大方公司工程师来校上课

校本培训，帮助在职教师提高素质。"内提"是策略的核心，是师资队伍建设的重头戏。"内提"提什么？主要是让教师在校本培训中，在与社会的接触中，更新观念、积累经验、提高技能，最终形成中职教育所需的综合能力。

实践应用

一、"上挂"——与高等院校及科研院所挂钩

高等院校及科研院所具有人才、学术方面的强大优势，对于人才相当匮乏、学历与学术水平都还不高的中职学校来说，充分利用高等院校与科研院所的这种优势，实为明智之举。多年来，永康市职业技术学校通过各种途

径，与浙江大学、浙江工业大学、浙江师范大学、华东师范大学、厦门大学、西安交通大学等一批高等院校挂钩，同时也与金华教科所、浙江教科院、华东师大职成教研究所、北京职成教研究所等科研院所挂钩，建立了紧密的合作关系，采用各种形式，致力于促进学校师资队伍建设。

（一）学历进修

十年前，永康市职业技术学校教师中无一人具有研究生学历，具有本科学历的也只占教师总数的 80％左右。为了提高教师的学历水平，学校有计划地派出教师到这些挂钩院校进修学习。目前，本科合格率从 80％提高到了 95.4％，同时还培养出了 34 名硕士学历教师。

（二）短期培训

在众多的短期培训中，学校选择其中一些适合职业学校的培训项目，选派老师前去参加。实践证明，让教师多参加一些"短平快"的培训，对于提高教师在某一方面的观念、技术、能力等是非常有好处的。

（三）结对拜师

学校规定新教师必须与校内老教师结对拜师，名师培养对象必须与校外专家、教授结对拜师。在高等院校与科研院所中的专家、教授的指点下，一批优秀教师迅速成长起来。

（四）聘请顾问

学校不但经常请有关专家学者讲学传经，并且还下聘书、签协议，聘请专家学者担任学校的办学顾问与专业指导师。如 2003 年，学校聘请了华东师大钱景舫教授担任办学顾问。从 2007 年以来，学校先后聘请了浙江大学、浙江师范大学、金华职业技术学院、金华交通技师学院的多位专家、教授担任专业指导师。

"上挂"策略的实施，不但使学校师资队伍的建设走上了一条捷径，而且能够使学校及时了解职教理论的最新成果与动态，保证学校始终沿着正确的方向前行。

二、"横联"——与企业及其他各种社会组织联合办学

（一）与企业联合，教师下企业实践

学校从 1999 年就开始选派教师下企业参加实践。随着校企合作的深入，

学校与永康市当地的 130 多家企业签订了合作协议，这些企业成为学校稳固的教师实践基地。学校制订了《关于教师下企业实践的实施方案》，使教师下企业实践成为常态。教师下企业实践有两种情况，一种情况是"计划内实践"，也就是按照学校计划，由学校选派，教师带着规定任务到指定企业进行实践。另一种是"计划外实践"，也叫教师自主实践。一些教师由于某种特殊的需要，如为了搞课改、做课题、学技术等，向学校提出申请得到认可后，自行去目标企业实践。

（二）与企业联合，从企业聘请兼职教师

改革开放以来，永康市的工业企业发展很快，许多企业都已经完成了原始的资本积累，正处于由家庭作坊向现代集团公司过渡的时期。在这个过程中，许多企业都非常注重引进人才，一大批来自全国的优秀技术人才在永康汇聚。这种理论深厚、技能高超、经验丰富的人才也是学校所缺乏的，是一种中职学校可以利用也应该利用的宝贵资源。学校通过各种办法，聘请他们担任兼职教师，如"永康锡雕"非物质文化遗产传承人应业根、浙江四方集团公司杨宏、浙江铁牛公司高级工程师胡新如、中国南龙集团机械制造工程师骆幸久、永康市尤奈特电机公司高级工程师王宇、浙江双健集团高级会计师徐美云、中国众泰集团汽车制造工程师刘华伟等。兼职教师队伍的形成，有效地改进了学校师资队伍的知识结构、技术结构与经验结构。

在聘请兼职教师的过程中，学校采取了以下一些做法：在课程设置上，坚持从实际出发，适当调整专业课开设的进程和次序，旨在有效发挥兼职教师的专长；在教学时间的安排上，统筹兼顾，在保证按大纲要求开足课程节数的基础上，灵活改变固定的授课形式，采取集中与分散授课相结合的方式，解决工作时间的矛盾；在教学进程中，采取灵活多样的教学形式，不仅要把教师请进来，还要把学生领出去，把学生带到生产实践的第一线，增强学生的动手能力，将理论和实际很好地结合起来。

（三）与普通学校联合，置换教师

2001 年 2 月，学校聘请永康二中的教育专家朱益虎老师担任校长顾问，专门负责教师的培训工作；2003 年 6 月，学校与永康二中正式签订合作办学协议。在合作办学的过程中，学校把一批文化课教师调往二中，同时从二中挑选了一些具有专业特长的教师来校任职，有效地优化了专业课与文化课教师的结构。

（四）与兄弟职校联合，共享人才资源

2003年，永康市职业技术学校牵头组建了金华市机电职业教育集团。这是由多所企业与多个学校组成的跨区域的校企、校校联合组织。成员中除了多家知名企业外，还有其他6家中职学校，分别是诸暨轻工技校、江山职业技术学校、金华市九峰职校、武义职业技术学校、磐安职业技术学校、永康市求知职校。自成立8年以来，职教集团发挥了强大的信息汇聚功能和人才互补功能，在师资队伍建设方面发挥了重要的作用。2010年，学校又与新昌大市聚职业中学、余姚职业技术学校、富阳职业高级中学、永嘉职业技术学校联合，成立了"浙江省中职五校联盟"，进一步拓展了与兄弟职校合作的渠道。

（五）与其他社会组织联合，拓展教师实践基地

教师参加社会实践的主要目的，一是更新观念，二是积累经验，三是提高技能。要提高技能，首选的实践单位当然是企业，但是要更新观念、积累经验，就不一定非到企业实践不可。于是，学校把一些文化课教师派到其他社会组织中挂职锻炼。

2009年9月，语文老师夏献峰动身到北京，前往中国教育报刊社报到。这是永康市职业技术学校培养教师的又一新招。夏献峰老师说："非常感谢学校给我这样的学习机会，我一定不会辜负学校的期望。"

来到北京，中国教育报刊社职教部的时晓玲主任热情地接待了他，从此他就在职教部工作，当起了一名记者。此后的一年时间，夏献峰老师奔波在全国各地，采访了一百多所职业院校，访问了三十多名教育行政官员与职业教育专家，参加了十多次职业教育会议，同时也走访了多家企业。在工作过程中他写出了六十多篇有关职业教育的报道，受到了同行的赞赏与好评。

夏献峰在教育报社挂职

2010年8月底，夏献峰老师挂职期满回到学校。有人问："在北京挂职一年，你最大的收获是什么？"他是这样回答的："收获多着呢，首先是我的眼界开阔了，觉得自己站得高、看得远了；其次是学会了沟通与交流，再也不怕与人交往了；再次就是认识到中职学校的语文教学必须改革。"

这样的例子还有很多，如 2009 年 2 月，李媛老师到金华教研室挂职锻炼；2010 年 2 月，陈宛老师也到金华教研室挂职锻炼；2010 年 6 月，卢晓宁老师赴浙江省教育厅挂职锻炼……

三、"外引"——从全国各地引进优秀人才

近几年来，学校求贤若渴，先后从陕西、内蒙古、河南、山东、山西、湖北、江西、上海等省市及本省各市县引进了一批优秀教师。在"外引"过程中，天津工程师范学院引起了学校的注意，这所学院所培养的学生不但具有本科学历，而且在职业资格上达到了技师水平，动手能力比较强，这种教师正是中职学校最需要的。于是从 2005 年开始，学校每年从天津工程师范学院"批发"教师，有效地提高了教师队伍的整体技能水平。

王金虎老师是山西大同人，毕业于天津工程师范学院，2003 年 7 月进校，现在已经成为学校数控专业的带头人、金华市优秀"双师型"教师。从 2003 年 9 月至今进入实训车间担任指导师，经他指导的学生达 4000 多人次，其中初级工考证的通过率为 100%，中级工考证的通过率在 96% 以上。从 2004 年 6 月开始，他参与数控车工、铣工社会培训工作。到目前为止经他培训的农民工、企业员工多达 1400 人次，其中 80% 以上取得了中级工职业资格证书。2008 年他编写的校本教材《数控车床培训教程》，至今在数控专业已经连续使用了 3 年，反响良好。8 年来，在浙江省、金华市历届数控技能比武中，王老师所指导的学生都能获得大奖，他个人也多次获得浙江省数控大赛教师组的一等奖和二等奖。

四、"内提"——强化校本培训，帮助在职教师提高素质

"内提"是学校师资队伍建设策略的核心，是师资队伍建设的重头戏。在"内提"方面，学校下了狠工夫，提出并实施了四项工程——"青蓝工程""双师型工程""名师工程"与"'371'工程"，采取了企业挂职、车间锻炼、高校进修、校本培训、教育科研、产品研发、教学改革等多项措施。

教师在学校"教师论坛"上发言

（一）青蓝工程

所谓"青蓝工程"，就是青年教师培养工程。随着中职教育师资规模的迅速扩大，青年教师所占的比例也越来越大，这已经成为中职学校的普遍现象。永康市职业技术学校的青年教师比例高达 70％，加强对青年教师的培养，使之快速地成长起来，已经成为学校师资队伍建设的当务之急。

为此，学校实施了"青蓝工程"，以老带新，新老相长。学校要求青年教师必须在三年内过好"五关"（备课关、板书关、口才关、现代教育技术关、职业技能关），以提高其课堂教学能力、教育能力、专业动手能力、科研能力和改革创新能力。

每年新教师到校，学校都要召开座谈会，了解他们对学校的要求，向他们介绍学校的现状、改革方向、奋斗目标和对新教师的要求，与他们谈形势、谈理想，激发他们对职业教育工作的责任感和热情。

加强对青年教师的教学基本功的训练。青年教师大都刚经过师范院校的系统学习，文化知识一般来说不成问题，缺乏的是教学基本功。为使青年教师尽快成长起来，能担负起教育教学的重担，学校对青年教师进行了教学业务方面的培训和指导，如请专家和各校的名师介绍经验和上示范课；学校领导和有经验的教师深入课堂听课指导，并与他们一起分析教材，研究如何处理教材、选用教学方法等。

重视教育科学理论武装。青年教师是在应试教育模式中成长起来的，传统教育中的许多不合理的教育观念对他们产生了深刻的影响，这对于他们适应素质教育、创新教育具有很大阻碍。大多数青年教师都是在普通中学里成长的，对职业教育的理论与实践知之甚少。如果不能使青年教师树立起正确的职业教育观念，也就谈不上在职业中学里实施素质教育、开展创新教育。为此，学校邀请教育行政部门领导、知名的职教专家给青年教师做学术报告，帮助青年教师掌握职业教育的理论和改革发展的方向，使青年教师树立正确的职业教育观念，掌握现代教育理论和教学手段，树立素质教育的理念。为了督促青年教师学习教育科学理论、总结教育教学成功经验，学校要求青年教师每学期认真钻研一本教育教学专著，写一本不少于一万字的学习摘记，写一篇教育教学经验总结或论文，并把这些列入教师的年终考核项目。

拜师结对。青年教师积极进取，思想活跃；老教师经验丰富，乐于奉献。为了使青年教师与老教师优势互补，促进青年教师的成长和教育教学质量的提高，学校制订了《青年教师拜师结对制度》，采取"以老带新，共同提高"的方法，安排教学经验丰富、教学水平高、组织能力强的老教师与青年教师"结对子"，签订"拜师协议"，要求新、老教师在工作中做到"三个共同"，即在备课中，共同研究教案；在相互听课过程中，共同探讨提高课堂教学效果的途径；在辅导中，共同分析学生的基础情况和研究学生学习的规律。通过这些措施，学校致力于提高青年教师教学的理论水准，解决他们在教学工作中的难题，丰富他们的教学经验，缩短他们与资深教师的差距。

压担子。有压力才有动力。学校根据青年教师进取心强烈和精力旺盛的特点，给他们"压担子"，以促进其不断奋进。具体做法为：一是高标准、严要求。学校为青年教师制订了"一年站稳讲台，三年站好讲台，六年形成风格，九年成为名师"的成长目标。对于优秀的青年教师，多让他们在公开课、汇报课、观摩课中登台亮相，要求他们进行教科研，促使他们向更高的目标前进。对于一般的青年教师，则要求他们以优秀的教师为榜样，激励他们早日成为教育教学骨干。二是委以重任。学校挑选管理能力较强的青年骨干教师担任班主任、教研组长并兼任管理职务，有的甚至提拔到处室主任、校级领导岗位，让他们在实际的工作中经受锻炼，增长才干，提高管理能力。

开路子。一是鼓励青年教师积极向上，及时把德才兼备的青年教师吸收到党组织。二是创造条件，为青年教师的业务进修铺路搭桥，鼓励青年教师向外校优秀教师拜师学艺、取经学习，不断提高其业务水平。三是提供方便，使青年教师尽快掌握现代化教学设备的使用方法。四是组织青年教师到外地参观学习，参加有关的教育教学研讨会，鼓励青年教师参加各级教坛新秀、优质课、说课评比等活动。五是要求青年教师开设选修课，组织课外兴趣小组活动，充分发挥青年教师的特长，展示其才华。六是注重对青年教师进行包装。如承接各种级别的教学研究活动，让青年教师担任主讲，为青年教师提供展示才华的舞台；对青年教师的先进事迹进行宣传，扩大他们的影响，提高他们的知名度。

在永康市职业技术学校，可以看到每一位青年教师的案头上都有一本《教师成长手册》。里面除了"青蓝工程"的有关制度外，还留有大量的空白页，以方便青年教师记录自己学习、成长的详细过程。

通过"青蓝工程"的实施，一大批青年教师快速成长起来。胡桂兰老师就是其中的一个代表。她刚进校时，业务水平不高，然而她很快领悟了学校的办学理念，在良好的氛围中快速成长起来。她多次到高校进修，取得了电焊高级工、数控车技师证书，CAD、钳工中级证书，在技能大比武中屡获大奖；拜众泰集团高级工程师徐崇正为师，利用节假日时间到企业学习新技术、新工艺；发表论文二十多篇，编写并由机械工业出版社出版的《机械工安全知识读本》成为教育部的规划教材。短短几年间，她成为了学校机电与数控专业的学科带头人。

（二）双师型工程

所谓"双师型"教师，就是同时具有教师资格证书和高级工以上职业资格证书的教师。根据中职学校的性质与培养目标，培养"双师型"教师队伍无疑是师资队伍建设的重点，而提高教师的技能水平又是其中的关键。

为此，学校实施了"双师型工程"，要求所有专业课教师都必须达到技师水平，所有文化课教师都必须掌握一种专业技能，至少考取一本中级工以上的技能证书，并把这种要求列入教师考核工作当中，与教师的职称评聘、先进评选、结构工资挂钩。

在具体的方法上，一是下企业实践。学校有计划、有组织地选派教师深入企业，熟悉企业的生产环节和操作工艺，提高实际操作能力；二是下车间"练兵"。学校在组织统一培训的同时还建立教师自我培训机制，由教师自主选择一种技能，利用学校实训设备的优势，自己找师傅，自己训练。不久之后，学校出现了可喜的现象，教师有空

董哲学教师在企业挂职

就往实训车间跑。不少教师挤出时间到实训车间和学生同台训练，与学生一起参加技能等级考核和技能比武。

三年来，学校师资队伍已经发生了根本性的变化，90％以上的专业课教师和30％以上的文化课教师成长为"双师型"教师。

（三）名师工程

"名校育名师，名师捧名校。"从2002年开始，学校实施"名师工程"，制订了《关于名师培养工作的意见》，成立名师培养领导小组，确定名师培养对象，建立名师档案，以教科研、课程改革、技能比武、技术研发等为载

体，采取各种措施，引导、激励、帮助教师向名师的目标迈进。

正是因为实施了"名师工程"，吕兴昌等教师才有机会到德国参加进修培训；正是因为实施了"名师工程"，一大批教师脱颖而出，成为各级名师、教坛新秀、教学能手和学科带头人。

陈笑宜老师任教于永康市职业技术学校，原来是一位十分普通的数学教

名师培养对象座谈会

师，但她遵循华康清校长提出的"教数学要把前后连接的链条砸断，与学生现在的生活结合起来，与学生将来的工作结合起来"的理念，积极进行教学内容与教学方法的改革，编写并出版了校本教材，受到专家与同行的高度赞赏，经常应邀到省内外讲学。2009 年 9 月，她被评为"首届中国职业院校教学名师"。

（四）"371"工程

2009 年上半年，为了进一步提高教师的整体水平，学校在"双师型工程"的基础上，又提出并实施了"'371'工程"，计划用 5 年左右的时间，培养 30 名硕士学历教师，其中包括功勋教师、特级教师、地市级以上教坛新秀或名师，培养 70 名技师和考评员，培养 10 名高级技师、高级考评员和工程师。

学校要求各车间主任及专业组的教研组长以身作则，在 5 年内考取高级技师或相当的技能证书，或者获取"教坛新秀""学科带头人"等称号，或者攻读硕士学位。学校要求各文化课的教研组长，在 5 年内考取一门中级技能证书或获取硕士学位，或者获取"教坛新秀""学科带头人"的称号。

学校规定教师的培养工作由教务处负责领导，各教研组推出每年的培养对象。学校建立申报机制，每学期初教师向教研组长申报本学期的发展方向，由教务处汇总，并根据教师的申报情况负责联系培训部门，安排考证及培训时间。

为了更好地实施"'371'工程"，学校还采取了一系列奖罚措施。对取得高级技师证书的教师，学校承担其培训及考证的学费、鉴定费，并按相关政策补助车旅费，在学校结构工资制中享受中学高级教师的相关待遇；对取得高级考评员资格的教师，学校一次性奖励 1000 元；对取得硕士学位的教

师，学校按相关规定报销其学费；对取得省教坛新秀及相当荣誉的教师，学校一次性奖励2000元；对取得地市教坛新秀及相当荣誉的教师，学校一次性奖励1000元；对取得县市教坛新秀及相当荣誉的教师，学校一次性奖励500元；对取得其他荣誉的教师，学校将视情况给予奖励。专业课教师5年之内必须取得一门高级工及以上的技能证书，否则每年将扣除综合奖500元；40周岁以下的文化课教师5年之内必须取得一门中级及以上的技能证书，否则每年扣除综合奖500元。

 反思拓展

一、搞活"八项"机制，调动教师的积极性

教师成长的关键在于自身的努力。学校采取了以下八项激励措施，极大地提高了教师自学进修、参与培训的自觉性，使"要我培训"变成了"我要培训"，从"要我提高"变成了"我要提高"，有效地促进了师资队伍建设。

（一）实施教师聘任制，形成上岗竞争机制

永康市职业技术学校根据按需设岗、择优聘任、双向选择、公开公平的原则，在学校内实施了全员聘任、竞争上岗制度。学校根据教师德、能、勤、绩等情况，实行分批聘任。对工作态度不端正、能力低下、绩效不佳的教师，学校有权不聘或缓聘。这样一来，教师自己能否上岗、上什么岗、担任什么职务、承担什么责任，都与其思想观念、业务水平、工作态度和业绩有直接的关系，"今年工作不努力，明年不知哪里去"成为教师的共识，这大大激发了教师加强学习、完善自我和做好工作的积极性。

（二）实施中层干部民主选举，形成干部能上能下机制

2004年8月，教代会讨论通过了《永康市职技校中层干部竞聘方案》，把中层干部的选拔权交给教师，用民主选举的方法选举中层干部。具体步骤是：1. 自愿报名，填写报名表，并签订承诺书；2. 举行第一轮投票，校长办公会议参照票数情况，确定候选人；3. 召开竞聘大会，候选人上台进行竞聘演讲并宣读承诺书；4. 进行第二轮投票并公开计票，按票数多少确定当选的干部；5. 校长办公会议研究确定当选人的职务分工，报上级批准并发文公布。这项举措显示出很大的优越性，营造了民主治校的氛围，建立了干部能

上能下的机制，督促中层干部履行职责、转变观念，实现了人性化管理。

（三）实施校内结构工资制，建立优质优酬分配机制

学校从 2000 年开始就实施了校内结构工资制，课上得好、教学改革成效显著的教师多拿奖金，积极参与教师培训，在科研中成果丰富的，也能提高自己的收入。这项制度拉开了教师之间的收入差距，不但使优秀教师在经济上得到了激励，更使他们觉得自己的工作得到了学校的认可，同时对少数暂时落后的教师也是一种有力的鞭策。

（四）实施岗位问责制，形成岗位责任追究机制

学校在教师聘任过程中明确了每一个岗位的具体职责，实施了岗位问责制，对因不履行职责而造成事故者，由教代会进行问责。其程序是召开教代会，先由责任人向大会申述，然后学校领导宣读该事件的调查报告，在代表充分讨论后进行处理意向投票，最后宣布对责任人的处理意见。2004 年以来，学校曾经对多位教师根据事故发生的因果关系、职责范畴、事故性质、情节轻重及当事人的事后态度等情况追究有关人员的责任，给予口头批评、通报批评、赔偿损失、扣发奖金、待聘、解聘等校内处分。

（五）加强教师考核工作，完善教师评价机制

学校制订了《教师考核制度》，将教师的德育工作、教学工作、科研工作与学习培训工作分成三十多个具体的指标进行考核，并将考核的结果与职称评聘、先进评选及结构工资挂钩，进一步完善了教师的评价机制。

（六）实施奖励制度，形成优秀教师表彰机制

学校先后出台了《关于评选功勋教师的规定》《关于评选星级教师的规定》《关于评选教学免检教师的规定》等多项奖励制度，除了按上级要求评选出省、市级先进教师外，还在校内开展评选首席教师、功勋教师、科研先进者、校本培训积极分子、教学工作免检教师等活动，形成了优秀教师表彰机制。学校每学期对先进教师都要进行大力表彰，还多次约请报社、电视台等新闻媒体对先进教师进行采访报道。

（七）采用人性化管理，形成感情投资机制

为了凝聚人心，充分调动教师的工作积极性，学校十分重视感情投资和人性化管理，力争做到理解、尊重、爱护教师；注意协调好与医院的关系，使教师能得到满意的医疗服务；对教师的子女学习、家属就业等方面的困

难，学校尽力予以帮助解决，以解除教师的后顾之忧；当教师遭受挫折，情绪低落时，学校领导及时与之谈心，沟通思想，使之振作精神；加大硬件建设和校园文化建设，美化校园，开展各种文娱体育活动，想方设法改善教师的工作环境与生活条件，尽量使教师能在一个较舒适的环境中工作和生活。以人为本和人性化的管理，在学校里产生了一种和谐愉悦的心理氛围和人际关系，形成了全校团结一致与教师奋发向上的心理基础，有力地促进了学校的师资队伍建设。

（八）依法治校，激活民主管理机制

学校建立了政策研究室，实行校务公开，完善教代会制度，形成了规章制度让教师讨论、职称评聘让教师赏握、财务收支让教师查究、失职行为由教代会问责、结构工资让教师预算、中层干部由教师选举的民主管理机制。这种机制营造了一种上下一心、团结拼搏的氛围，激发了教师的责任感，调动了教师工作、学习的积极性，为强大的教师队伍建设打下了坚实的基础。

二、巧借校企合作，探寻提高教师技术水平的捷径

职业教育之前叫职业技术教育，原本是应该非常注重技术的，可后来改称职业教育，这导致许多人关注的是职业，以为只要让学生能够就业就可以了。由于只讲职业，而忽视了技术这个内涵，结果造成了职业教育办学方向上的偏差，同时也造成了企业对职业教育的不认可，造成了老百姓对职业教育的不认可。现在中职学校的实训设备数量多了、质量先进了，教师与学生的技术水平也提高了，但是应该清醒地认识到，中职学校的技术水平还远远落后于企业，两者完全不在同一档次上。未来的职业教育如果要得到企业与老百姓的认可，要具有真正的竞争力与吸引力，就必须突破技术这个瓶颈，就必须切实提高师资队伍的技术水平。

如何提高教师的技术水平？一是靠培养，二是靠引进。开展校本培训当然是一条路，也有效果，但是单靠学校自己的力量，所培养的教师其技术水平远低于企业。用高薪向全国聘请高技术人才是一种办法，但行不通，一是因为聘请费用高，二是容易造成在校教师心理的不平衡。

为解决这个问题，永康市职业技术学校在校园里建造了一个占地面积1600平方米的实训车间，建立起"永康市模具技术研发中心"。这个研发中心是与企业合作建立的，主权归属学校，但是由企业负责经营。如果经营亏本，学校不负责任，如果经营盈利，学校只收取利润的5%。学校的目的不

是为了赚钱，而是为了培养教师与学生。研发中心将拥有来自全国的高级技术人员，他们都由企业聘请而来并支付工资，但同时也都是学校的兼职教师。这个方法正在实施，如果运行成功，学校就能汇聚一批具有全国先进水平的技术专家，就能快速地提高教师的技术水平。这不但为中职学校的师资队伍建设找到一条新路，而且为突破中职学校的技术瓶颈开了先河。

 专家点评

高素质的师资是职业学校深化教学改革、提高学生就业能力、建设一流学校的重要保障。永康市职业技术学校以建设具有职教特点的高能力师资队伍为目标，为教师专业发展架桥铺路，形成了由目标体系、运行体系和保障体系相结合的职教师资队伍建设机制。

1. 目标体系

学校将建设具有职教特点的高能力师资队伍作为发展的长远大计，提出职校教师应"职""能"结合的观点。学校认为中职学校需要四类教师：一是技能尖子，不仅能当"讲师"，更要能够做"师傅"；二是教学能手，不但会教学，还能进行教学改革；三是教育行家，熟知中职生心理和行为表现，不但会管，还会引导；四是科研骨干，有很强的科研能力，不仅会做"教者"，更要成为"学者"。

2. 运行体系

为提高师资能力与水平，学校在师资队伍建设上采用"上挂、横联、外引、内提"策略。"上挂"是与高等院校及科研院所挂钩，使之成为教师的进修基地，采取的主要措施有学历进修、短期培训、结对拜师和聘请顾问等。"上挂"使教师队伍建设能够与专家接轨，保证学校沿着正确方向前行。"横联"是与企业合作，在企业建立教师实践基地，并且聘请企业技术人员担任兼职教师，采取的措施有让教师下企业实践、从企业聘请兼职教师、与普高置换教师、与兄弟职校共享人才、让教师去其他社会组织实践等。"横联"提高了教师的实践操作、与社会接轨和改革创新能力。"外引"是向全国各地引进优秀的人才，集天下精英为我所用。"内提"即内部提高，强化校本培训，帮助在职教师提高素质。"内提"是师资队伍建设策略的核心，学校通过实施"青蓝工程""双师型工程""名师工程"与"'371'工程"，采取企业挂职、车间锻炼、高校进修、校本培训、教育科研、产品研发、教

学改革等多项措施，提高了教师队伍的整体素质。

3. 保障体系

任何机制的运行都有赖于系统、全面的保障。永康市职业技术学校通过八项改革措施，调动教师的积极性，保障了师资队伍水平的提高。一是实施教师聘任制，形成上岗竞争机制；二是实施中层干部民主选举，形成干部能上能下机制；三是实施校内结构工资制，建立优质优酬分配机制；四是实施岗位问责制，形成岗位责任追究机制；五是加强教师考核工作，完善教师评价机制；六是实施奖励制度，形成优秀教师表彰机制；七是采用人性化管理，形成感情投资机制；八是依法治校，激活民主管理机制。八项改革措施贯穿于教师管理的聘任、分配、问责、考核和奖励等环节，保证了教师责权的对等，体现了民主和人本化的师资队伍管理理念。

（点评：佛朝晖）

名校／名校长简介

　　东莞市塘厦理工学校开办于1993年，现有在校中职生2500多人，高等学历函授生2000多人，是一所朝气蓬勃的国家级重点职业学校。学校占地10万平方米，建筑面积达8万平方米，环境宜人，是省级绿色学校。学校现有140多位专任教师，其中具有本科学历以上者占99%，具有硕士研究生学历的占40%，具有中、高级专业技术职务职称的占68%，"双师型"教师占78%，师资力量雄厚。

　　东莞市塘厦理工学校根据企业的用人需求，以开发职业素养课程为重点，探索出了职校教师队伍建设的新渠道。一是关注教师能力的提高。为此，学校开发了职业素养课程，开展职业素养和专业能力并重的职业教育。职业素养课程开发和教学，使教师在培训中提高团队凝聚力、沟通能力以及问题解决、项目管理等方面的能力。二是首创了教师教育行业外培训模式。学校除鼓励教师参加在职研究生学习之外，还引入企业培训，首创了教师教育行业外培训模式。这种培训模式大大提高了教师的积极性和职业能力。三是教师培训与课程开发、实际工作同步。课程开发是职业教育的核心竞争力。学校将职业素养作为教师培训的出发点，与培训公司合作，开发出了团队沟通、价值观、问题解决、时间管理、项目管理等 12 门职业素养课程，培养了一批以企业培训教学模式授课的教师，提升了师资队伍的整体素质。

职业教育"以服务为宗旨、以就业为导向"的办学方针,决定着职业教育是随着市场导向的不断变化而变革的教育。因此,教育内涵与方式的不断变革就成为职业教育的重要特点,作为职教教师,必须迎合并适应这个特点,才能有效实现职业教育的目标。此外,在市场经济与信息社会环境里,教师面临的各种诱惑与困境更多,因此,学校需要通过各种有效途径引导教师实现成长。东莞市塘厦理工学校在致力于师生共同成长、校企共同发展的理念下,采用"学习引领、任务驱动、成长激励"的师资培养方式,加大教师培训力度,帮助教师改善职业心态,树立正确的职业成长观,提升其成长内驱力;帮助教师更新职教理念,提升其职业能力;鼓励教师拓展职业圈、充分利用教育资源,以提升教育成效。学校着力培养一支职业道德过关、素质过硬、能适应现代职业教育要求的职业教师队伍。

东莞市塘厦理工学校非常重视教师的培养、提升工作,通过各种渠道激发教师学习的积极性,建立各种学习、实践平台引领教师成长,取得了一定成效。

一、通识教育引领,营造学习氛围

高层次的通识教育可以造就视野开阔、识见通融、精神博雅的教师。东莞市塘厦理工学校把硕士研究生学习视为通识教育,鼓励教师参加在职硕士研究生学习,现已有 57 位教师参与硕士研究生学习,占学校教师总数的 1/3 以上。这是全方位激励教师提升自我的良好途径,可吸引教师参与学习。因学习时间长达 3 年,可培养或巩固教师的学习习惯;进行课题研究，能提升教师的教研能力，可扩大教师专业视野，更新知识体系；可扩大教师的职业圈，以获得更多的教育资源。这几年，经教师推荐来学校讲学的教授与专业人士越来越多。学校教师开展教学研究、撰写校本教材和论文的积极性也得到了提升。如 2011 年全国遴选中等职业教育示范教材，东莞市塘厦理工学校通过广东省审核的有 9 本，是此次全省示范教材通过初选最多的学校。

二、企业培训引领，提升了教育能力

学校从 2007 年开始引进企业讲师对教师进行职业心态、职业能力培养，使教师的积极性和能力得到大幅提升。作为教育行业外师资培训的尝试，此举得到东莞市教育局的认可，并在全市推广。此模式亦被广东省师培中心所引用。

2007 年 6 月，学校成为联想校企合作院校后，按照联想的要求派出 3 位教师接受联想培训，3 位教师回来后在联想华南区的帮助下组建专班开展教学。在专班的教育教学过程中，学校深刻感受到企业教育模式的先进与有效性。于是，在 2008 年 7 月，学校与联想公司合作，聘请联想讲师对全校班主任

联想专班开展职业素养课程教学

进行了职业心态、团队建设、有效沟通和高效激励四个主题的培训。两个阶段为期 4 天的培训，班主任们获益良多、感慨万分，教育激情被点燃的同时，对未来也满怀信心。这是东莞市塘厦理工学校首次尝试非教育行业的培训，效果良好。从此，东莞市塘厦理工学校积极开展这种教育行业外的师资培训，其中最值得称道的是项目管理培训。

随着校企合作项目的增加，为了管理好这些合作项目，从 2008 年起，学校在一线教师中任命了一批项目经理，全权负责这些校企合作项目。但要进行有效的项目管理，教师仍需要培训。为此，学校聘请了我国首批获得项目管理国际认证，有海内外大型项目管理经历的资深项目管理咨询师、培训师前来授课，收获颇大。

（一）项目管理是系统思考工作的有效思维方式

1. 项目管理计划是从项目范围和产品范围来入手制订的，可采用各种结构形式的 WBS 将面向可交付成果的项目工作进行层次化分解，涵盖相关范围的方方面面。采用这种方式，可对工作作系统、全面的思考和规划。2. 在规划的过程中，可用"概率——影响"矩阵（PI 矩阵）优化工作步骤。3. 采用项目管理方式不仅能对工作进行静态的规划，更重要的是能对变化进行应对和控制，充分体现了理性的、系统的决策思维。

（二）项目管理是系统、科学地安排工作先后顺序的有效办法

项目管理中一个重要的工具是甘特图，运用这个工具，能全面地将项目工作进行分解和排序，可以对项目实施过程进行优化，科学地安排工作的先后顺序，保证项目按时保质完成。

（三）通过项目管理能有效控制成本

1. 项目管理的一个重要的理念是在预算内按时完成工作，这就意味着要对成本进行有效控制。在计划过程中，在对工作的层次分解中，最终所分解的每项工作都需要确定成本预算，即使过程中需要变更，也须确定变更后的预算，这样就能做到精准控制成本。2. 项目管理是对变化的管理。工作内涵的变化意味着成本的变化，项目管理要求对变化进行管理和控制，这也就意味着整个工作过程都是可控的，能对成本进行有效的核算。

（四）项目管理能降低工作的风险

项目管理可以优化工作过程，优化意味着对完成项目息息相关的时间、质量和成本三个重要指标的综合考量，意味着对风险的有效控制。为了进一步控制风险，项目管理建立了风险模型，可首先通过"概率——影响"矩阵识别风险等级，再通过四个涵盖了所有出路的应对策略，让管理者选择最佳的应对方案，从而有效应对可能出现的风险。

（五）项目管理能促进计划的执行

项目管理工具中的甘特图，事实上就是整个项目分解后所有工作的进度控制图。甘特图可以反映每项工作所需要的时间、开始时间和结束时间，将复杂的工作流程条理化、可视化，管理者可随时查看进度并能及时督促。同时，甘特图可以反映整个项目开展期间的关键节点，通过对这些关键节点的管理和监控，就能有效控制项目进度。因此，通过项目管理的方式，能有效

促进计划的执行。

在培训过程中，教师了解并掌握了项目管理的实战手段和方法，收获甚大，同时也通过模拟练习熟悉了应用工具，进一步了解了项目管理"在预算内按时完成工作"的理念。现在，学校里很多教师已开始用项目管理的方法进行教学计划制订、班级管理、事务管理。学校认为，养成项目管理的思维并运用这一工具，对教师的学习、工作和生活等有全方位的帮助，不仅能有效提升教学质量，同时也能有效培养教师系统思维、理性分析的能力和判断能力，从而提升其工作能力。

三、管理任务引领，培养管理能力

（一）开展深度汇谈，引导教师参与学校管理

深度汇谈是一种利用一段相对比较长的时间，采用头脑风暴法，大家紧紧围绕一个问题集中讨论，解决一个问题后继续下一个问题的一种汇集大家智慧、取得共识的商谈方式。

1. 深度汇谈是一种深度交流，因此，需要能提供一段相对比较长时间的汇谈环境，以便参与者能充分、不受影响地交流。最好的选择是外出，离开单位、家庭，减少干扰，为深度交流提供环境条件。

2. 深度汇谈的目的是"汇"，只有汇集所有参与者的建议，才能达到目的，这就要求组织者提供轻松、愉快、可畅所欲言的汇谈环境，让所有参与者都能充分发挥才智，献谋献策。在汇谈的过程中难免会有争议，组织者要能及时调控，引导参与者以积极的心态继续汇谈。领导者要有能解决的问题就解决，不能解决、分歧大的问题先放一放的态度；要有即使一个问题都解决不了也要营造团队氛围的思想准备。广泛涉猎教育问题而不是紧紧盯住某个结果才是汇谈的最好办法，才能得到最好的结果。

3. 深度汇谈的方式是"谈"，是轻松地围绕目标的漫谈，而不是汇报，参与者无须准备，因为平时的工作困惑就是参与者最好的准备。

4. 深度汇谈的过程是"导"。在汇谈的过程中，难免会出现偏离具体目标或中心话题的情形，这时组织者要能引导，明确先谈哪个问题，后谈哪个问题，引导参与者围绕具体目标思考。组织者要在漫谈中及时发现问题，偏离目标的原因往往是一个问题引发出来的与其相关的衍生问题，组织者要能及时记录下来，在解决上一个问题后抛出衍生问题，这样就能不断地抛出参

与者关心并期待解决的问题，从而激发参与者的兴趣，挖掘更多问题，以达到更好的汇谈效果。

（二）引进项目管理制，创新学校管理和师资培养模式

为了维护与拓展校企合作平台，学校任命了一批一线教师为各合作项目的项目经理，让他们组建核心教学与管理团队，全权负责校企合作工作。这不仅有效推动了校企合作的开展，而且为一线教师的职业成长搭建了一个广阔的平台。

职业学校的管理特点是压力上移（招生、就业、校企合作、专业设置、设备规划与进购、课程改革、教学模式选择等都需要管理层决定，越高层压力越大，而非班主任的一线教师则相对轻松），随着校企合作的广泛开展，管理层有限的人力难于应对，如学校与联想合作，负责联想华南区三省阳光服务站人才输送，但仅仅珠三角地区就有上百家服务站，靠有限的行政人员去对接，不太现实。为了维护和进一步拓展校企合作平台，提高培养成效，学校引入企业的项目管理制度，聘请一线教师担任项目经理，由项目经理选择合适的一线教师组建核心团队，负责相应校企合作的所有事务性工作和拓展工作。

项目管理制度的实施，充分调动了一线教师的积极性，使其主动参与校企合作项目。各项目经理都自觉利用空余时间或假期，带领团队回访合作单位、调研教育需求、自主改革课程教学，使学校的校企合作开展得非常顺利而有效。如联想项目经理李老师利用课余时间自驾车跑遍了广东区域的所有联想服

校企合作签约

务站，与各投资人及管理人员建立了良好的客户关系；用友 ERP 项目经理张老师同用友公司建立了良好的沟通渠道，为学生的高层次就业赢得了许多企业资源。

四、课程开发引领，提升教研能力

（一）开发职业素养课程，开展职业素养和专业能力并重的职业教育

企业对人员的录用要求排在第一位的不是技术（高精尖人才除外），而

是合作、沟通、组织、问题解决、服务精神等能力和价值观，他们称之为核心能力或关键任职要求，而排在最后的才是专业技术。据此，职业教育不能以专业技术教育为单一目标，而应该以培养学生的综合职业能力为本位，这样培养出来的人才才能与社会、企业无缝对接。

2008年，东莞市塘厦理工学校与北京澜海源创管理咨询公司合作，开发出团队、沟通、价值观、问题解决、时间管理、项目管理等12门职业素养课程，创设了职业素养与职业技能并重的课程体系，并聘请该公司的讲师以企业培训的教学模式授课，培训学校教师，取得了很好的教育效果。

职业素养课堂

（二）开发岗位技能课程，开展基础技能与岗位技能并重的专业教育

全日制的职业教育不仅应帮助学生打下深厚的专业基础，同时也应该教授他们岗位技能，使他们能迅速地在专业岗位上立足，顺利渡过相对困难的专业成长期。对中职生而言，最初的专业成长期非常关键，不少学生因难于顺利渡过这个时期而放弃了所学专业，这不仅使教育成效不能最大化，同时也影响着学生的职业发展，因此，传授学生岗位技能不仅仅是就业率的问题。基于此，学校非常重视岗位技能课程的开发，充分利用学校众多的校企合作项目，开发了一系列岗位技能课程，如"计算机主板维修""IT客服技巧""SMT操作技能"等，这些课程的开发，带动了专业课教师成长为熟悉岗位技能与知识应用的"双师型"教师。

（三）引进企业培训模式，改善课堂教学

在企业培训师中流行这样一句话：课前，内容重于形式；课中，形式重于内容。其含义是在备课的时候，要关注讲课的内容，要紧紧围绕内容来设计课堂教学；而在授课的过程中，则要关注形式，要让学员有很好的听课状态，这样才能有效教授课程。为此，在合作企业的支持下，经过两年多的各种企业培训，现已有50多位教师掌握了企业讲师的上课模式，并能灵活应用于学校的课堂教学，受到学生的欢迎。

反思拓展

在致力于师生共同成长的理念下，随着学校对师资培养工作的推进，随着校企合作的深入开展，职校师资的培养应紧跟职教的发展要求来进行。当前，职业教育已开始从以技能为核心的专业教育，走向以职业化培养为目标的新型职业教育。在这个阶段，对教师的培养应侧重于职业心态、职业道德、岗位职业要求等方面的教育教学能力、教研能力的提升上，以使教师能够适应不断发展的信息化、后工业化时代的要求。

一、提升教师的信息收集与整合能力

在当前瞬息万变的信息化时代，以就业教育为目标的职业教育本身就决定着其具有不断变化的特点，而作为职校师资，不断学习以应对这种变化是必然选择。因此，提升教师的信息收集与整合能力就尤为重要。学校应从两方面来达到这个目标，一是加强对学校原有师资的信息化能力培养，提升教师从海量信息中选择、优化信息的敏感性与整合能力；二是重视来自社会、企业的兼职教师的动态引进。学校教育永远滞后于市场的变化，只有不断地引进来自生产一线、市场前端的能工巧匠参与职业教育，才能更加有效地促进学校的发展。

二、提升教师的课程开发能力

在信息化社会里，知识的交互性可以说是毫无障碍，因此，职业课程的开发不应该是个别教师的专有能力，而应该成为所有教师的基本能力，只有这样，课程的二次开发、灵活讲授才能成为现实。为此，学校应继续鼓励教师参与课程开发，鼓励教师结合当地的用人需求，不断调整授课内涵；结合学生的实际，调整授课的方法，不断提升教育成效。

三、提升教师的心智辅导能力

提升职业教育师资的心智辅导能力是职教发展的重要途径和手段。这项工作可从两种途径并举来实现：一是加强对现有师资的心智培养，让教师了解、掌握心理知识，使教师成为学生学习的引导者和职业人生的激励者；二

是重视专业心理教师的配置。在当前的市场经济与信息社会里，学生的心态非常复杂，心理辅导已成为普遍的教育需求，因此，学校心理教师的配置应不再是"医生式"配置，而应该不断扩大配置规模，以适应时代，逐步达到为大多数学生重建心智模式的要求。

四、培养教师的服务理念

学校能得到企业的支持，在很多方面取得成效，其原因就是蕴涵其中的核心理念"服务"，即要服务好学生、服务好企业、服务好教师。

中等职业教育要发展，必须与时俱进，树立服务理念，从立足于校内的技能型人才培养走向面向整个社会的人才服务，即工作的思考点要转向学生和用人单位。立足于学生，就是要对学生进行职业化培养，不仅要让学生掌握岗位技能，更要进行职业素养培养，为学生的就业和职业可持续发展服务，这样才能得到学生、家长的认同，才能真正实现职业教育应有的功能。立足于用人单位，就要充分了解其需求，不仅要提高人才培养的针对性，同时也要激发企业参与人才培养的积极性，赢得更多的教育资源，达到提高培养成效的目的。因此，学校应加大培养教师的服务意识和能力的力度，进一步提升教师的服务理念。

东莞市塘厦理工学校根据企业对用人的需求状况，以开发职业素养课程为重点，探索出了职校教师队伍建设的新渠道。

1. 关注能力的提高是教师培训的出发点

学校根据调研发现，企业对录用员工要求排在第一位的是合作、沟通、组织、解决问题、服务意识等能力和价值观，最后才是专业技术。因此，职业教育不能仅仅以专业技术教育为唯一的教育目的，而应该以培养学生综合职业能力为立足点，关注学生的职业素养。为此，学校开发了职业素养课程，开展职业素养和专业能力并重的职业教育。通过职业素养课程开发和教学，不仅学生深受企业欢迎，与此同时，教师队伍也在培训中提高了团队凝聚力、沟通以及问题解决、项目管理等方面的能力。

2. 首创教师教育行业外培训模式

学校除鼓励教师参加在职研究生学习之外，还引入企业培训，首创了教师教育行业外培训模式。学校从 2007 年开始引进企业讲师对教师进行职业培训，这种培训模式大大提高了教师的积极性和职业能力，并得到东莞市教育局的认可，还被广东省师培中心引用。

3. 教师培训与课程开发、实际工作同步

课程开发是职业教育的核心竞争力。为开发职业素养课程，2008 年，学校将职业素养作为教师培训的出发点，与培训公司合作，开发出团队沟通、价值观、问题解决、时间管理、项目管理等 12 门职业素养课程，培养了一批以企业培训教学模式授课的教师，提升了师资队伍的整体素质。尤其是在课堂教学中，教师们引入企业培训模式，在教学中采用多种方法激励学生参与，受到学生欢迎。在实际工作中，学校以培训为先导，促进管理体制的创新。随着校企合作项目的增加，为了管理好这些合作项目，学校实行项目经理制度。为保证制度有效运行，学校开展项目管理培训，提高了一线教师系统思维和项目管理的能力，让一线教师走上了宽阔的成长之路。

（点评：佛朝晖）